부자가 되는
책읽기

Read the book to be rich

잃지 않는 투자를 위한 체계적인 돈 공부법

부자가 되는
책읽기

이재범 지음

다온북스
DAON BOOKS

PART 02

돈이 어디서 와서 어디로 가는지 파악하라

PART 03

기본을 닦고 투자하자

PART 04

실전투자 이야기

11장 실전 투자자의 투자법을 훔쳐라

12장 실전 고수의 투자 방법 따라하기

13장 워런 버핏처럼 투자하기

투자하기 전에 읽었더라면 좋았을 책들

처음 투자를 접한 때가 2000년 전후였다. 당시에 나는 돈이 없었지만 딱히 돈을 벌고자 하는 의지도 없었다. 돈에 대한 개념도 없었다. 그때까지 돈이 없으면 없는 대로 살아갔던 아주 무지한 상태였다. 사람을 만나면 얻어먹고 1시간 내외 거리는 걸어 다녔다. 전혀 문제의식을 갖지 않고 살았다. 살아가는 데 아무런 지장이 없었다. 결혼을 하지 않은 상태라 안분지족한 삶을 살 수 있었다.

결혼과 동시에 현실을 깨달았다. 결혼은 단순히 누군가를 만나 함께 살아가는 그 이상의 의미를 갖는다. 그렇게 부모님에게 손을 벌릴 수 없고 오로지 둘이 모든 것을 해결해야 하는 현실에 눈을 떴다. 부자 부모 밑이라면 도움이라도 요청할 수 있겠지만 전혀 그렇지 못했다. 이제부터 혼자 힘으로 자립해야 했다. 투자에 관심 갖고 공부하려던 때가 그때쯤이었다. 나도 돈을 벌어보겠다는 생각과 결심으로 움직이려 시도한 시기였다.

　내 생각과 달리 투자를 배울 수 있는 사람도 강의도 없었다. 지금은 수없이 많은 투자자와 강의가 도처에 널려 있다. 블로그나 각종 카페에 가도 나보다 먼저 투자를 시작한 사람들의 주옥같은 글이 있다. 꽤 성공한 투자자가 쓴 글도 많다. 2000년 정도엔 그런 글도 없었다. 아직까지 투자 개념조차도 사람들에게 널리 퍼지지 않았다. 모든 사람이 투자보다는 저축을 했던 시절이다. 워낙 금리가 높아 투자를 꼭 해야 할 필요도 없었다.

　아무것도 모르고 무엇부터 배워야 할지도 몰라 내가 선택한 것은 책이었다. 그나마 몇몇 인터넷 카페에서 투자 관련 글이 올라오면 열심히 읽었다. 이런 글이라도 읽는 게 큰 도움이 되었지만 문제는 체계가 잡히지 않았다. 체계적으로 A부터 알려주는 것이 아닌 투자자가 자신이 하고 싶은 이야기를 일방적으로 쓴 글이었다. 분명히 큰 도움이 된 글이지만 맥락이 뚝뚝 끊기고 내가 제대로 하고 있는지 파악하는 것이 너무 힘들었다.

　아무것도 모르는 상태에서 현재 읽고 있는 내용 중 무엇이 중요한지 어떤 부분이 도움이 될지도 몰라 읽기는 했지만 여전히 안개 속에 갇혀 있는 느낌이었다. 안개가 걷히면 시선이 확보되며 운신의 폭이 넓어지며 움직일 수 있겠지만 당시의 나는 안개 속에서 단 한발도 내딛지 못하고 있었다. 투자를 배우는 최고의 방법으로 독서를 선택했지만 이마저도 쉽지 않았다. 아는 것이 있어야 나에게 맞는 책을 선택할 수 있는데 수없이 많은 책 중 어떤 것을 택해야 할지 막막했다.

다행히도 각종 재테크 카페에서 사람들이 책을 추천해줬다. 여기서도 약간 문제가 있었다. 추천한 사람에게 그 책이 도움이 되었을지 몰라도 나에게도 효과가 똑같을 수는 없었다. 책을 추천한 사람이 어떤 수준이냐가 중요했다. 추천자가 믿을 만한 사람인가도 나에겐 중요했다. 그래서 단순히 추천한 책만 본 것이 아니라 글을 쓴 당사자의 다른 글도 읽었다. 다른 글을 읽어보고 신뢰할 수 있다는 판단이 들면 추천한 책을 따로 기록했다.

그렇게 따로 정리한 책들을 한 권씩 읽기 시작했다. 소개된 책들은 내 수준에 맞는 책도 있었지만 아직까지 내 수준에서 읽기 어려운 책들도 존재했다. 책이 어려운지 여부는 읽기 전까지는 전혀 알 수 없었다. 아무것도 모르는 상태에서 책을 접하고 읽었으니 모든 책이 다 어렵게 느껴져서 고르고 할 틈이 없었다. 쉽다는 것 자체가 이미 어느 정도 알고 있다는 전제다.

처음 부동산이나 주식 투자 책을 접할 때는 모르는 용어가 계속 매 페이지마다 나오니 내용이 하나도 들어오지 않았다. 몇 권을 연속해서 읽을 때 겨우 조금씩 용어가 눈에 들어왔지만 좋은 책인지 내 수준에 맞는 책인지 여부는 잘 몰랐다. 그저 남들이 좋다고 추천하니 무조건 읽었을 뿐이다. 이제 다행히도 그런 수준은 지났다. 어떤 책이 어렵고 쉬운지 파악 가능한 수준이 되었다.

워낙 내가 독서를 많이 하고 관련 리뷰 글로 많이 알려져서인지 어떤 책을 읽으면 좋을지 문의를 받는 경우가 많다. 종종 내가 볼 때 별로인 책을 사람들이 많이 구입하는 경우도 본다. 책 자체는 절대로 별로인 경우가 없다. 모든 책은 읽을 가치가 있다. 도움이 된다. 그런데 별로라는 표현을 한 것은 초보자가 보기에 다소 맞지 않는 책을 사람들이 읽는다. 워낙 유명한 저자거나 베스트셀러라서 선택되는 책들이다.

내 판단으로는 사람들이 많이 선택하는 베스트셀러보다는 다른 책이 훨씬 더 도움이 되고 읽을 가치는 물론이고, 제대로 된 투자 개념과 이론뿐만 아니라 적용할 수 있는 방법까지 담고 있다. 그런 책이 사람들에게 오히려 선택받지 못하고 조용히 묻히는 것도 안타까웠다. 정말 투자할 사람이나 이제부터 본격적으로 준비하는 사람에게 큰 도움이 될 텐데 아쉬웠다.

어느덧 투자 관련 책을 — 범위를 확대해서 경제/경영 서적 — 읽은 지 10년이 훨씬 넘었다. 그 기간 동안 투자와 독서를 함께했다. 책을 읽어가며 투자에 접목했다. 모든 책을 읽어가며 빨리 투자하고 싶다는 마음에 들뜨기도 했다. 생각과 달리 투자는 쉽지 않다. 책에서 본 모든 방법이 꼭 나에게 맞는 것도 아니었다. 이런저런 모의투자도 하며 책에서 알려준 방법을 실천해서 난 '천천히 꾸준히'라는 방법을 터득했고 실천했다. 내 삶을 희생하고 싶지도 않았고 능력이 부족해서 빠른 시간 내에 큰 수익을 내는 투자도 못했다. 나에게 가장 어울리는 방식은 현금흐름을 중시하며 단기보다 장기로 보며 될 수 있는 한 일희일비하지 않고 투자하는 방법이다. 이 방식대로 책을 읽어가며 투자에 접목했다.

오늘도 투자를 시작하는 사람에게 가장 저렴하고 쉽게 접근할 수 있는 방법은 독서다. 이보다 더 좋은 방법은 없다. 수없이 많은 강의가 있고 인터넷으로 접할 수 있는 글도 많지만 그 중에서도 최고는 독서다. 직접 투자도 하고, 강의도 하고, 독서도 하고, 책도 쓴 사람으로서 생각해보면 나에게 독서만큼 지식 확장을 불러일으킨 도구는 없었다. 물론 강의가 더 직접적으로 핵심을 알려주는 도구인 것은 맞지만 여러 가지 조건이 맞아야 한다.

독서는 아무런 제반 조건이나 시간을 맞춰야 할 필요가 없다. 책한 권도 읽기 힘들다고 말하는 사람이 있다. 그런 사람은 극단적으로 표현해서 투자할 생각을 하지 말아야 한다. 투자란 재미삼아 내 돈을 투입하고 거래하는 행위가 아니다. 열심히 벌어 모은 돈을 갖고 더불리기 위한 노력이다. 누구도 내 돈을 지켜주지 않고 불려주지 않는다. 오로지 나만이 할 수 있다.

이 와중에 기초도 없고 준비도 없이 덜컥 투자를 한다. 스스로 충분히 준비하고 노력했다고 말하지만 과연 그럴까? 투자 책을 읽지 않아도 충분히 투자 수익을 낼 수 있다. 투자는 책으로 하는 것이 아니라 가능하다. 하지만 한두 번은 가능할지 몰라도 책을 읽지 않는 투자자가 오래도록 투자 세계에서 살아남은 경우를 보지 못했다. 투자를 잘하는 사람들은 한 명도 빼놓지 않고 독서가다. 투자할 시간이 모자라 책을 볼 짬도 없을 것 같지만 결코 그렇지 않다.

출퇴근 시간이나 약속을 기다리는 시간에도 책을 읽을 수 있다. 자투리 시간을 잘 활용해도 책 한 권은 뚝딱 읽을 수 있다. 모든 책의 저자는 자신이 알고 있는 대부분을 책으로 알려준다. 책 한 권 분량을 채우는 것은 의외로 쉽지 않다. 저자가 알고 있는 마지막 하나까지 알려줘야만 책 한 권을 겨우 채울 수 있다. 이러니 책 한 권 읽을 시간이 없다고 독서를 소홀히 하는 것은 명백한 손해다. 이보다 더 훌륭한 투자의 도구도 없다. 궁금하거나 의문투성이의 문제로 고민하는 내용에 대해 나보다 먼저 투자한 사람이 하는 이야기를 들을 수 있으니까.

지금까지 읽은 투자 관련 책이 1,000권도 넘는다. 워낙 예전부터 읽어 정말 좋은 책이지만 이제는 구하기 힘든 책도 있다. 절판된 책도 있어 그런 책은 이번 소개에서 제외할 수밖에 없었다. 될 수 있는 한 최근 책 위주로 소개했다. 고전 소설은 시대가 지나도 그 가치가 변함없다. 인간을 바라보는 시선이 변하지 않기 때문이다. 하지만 투자는 제도와 정책은 물론이고 시대 상황과 사회 변화에 따라 대처해야 한다. 출판된 지 오래된 책은 현 실정에 다소 맞지 않다는 판단에 제외했다.

투자 마인드 고전 책은 지금도 여전히 유효하지만 전체 관점에서 될 수 있는 한 최근 출판 책으로 구성한다는 기획에 부합되지 않아 선정하지 않았다. 아울러 선정하다 아쉽게도 탈락한 책도 있다. 분명히 말하건대 이 목록에 선정되지 않았다고 해서 나쁜 책이 아니다. 여기서 선정되었다고 훌륭한 책이란 의미도 아니다.

어디까지나 투자 관련 책을 읽을 때 이런 순서대로 읽으면 좋겠다는 지독한 편견에 사로잡혀 선정했다고 봐도 무방하다. 그래도 오랜 시간동안 고민하고 수없이 많은 책 중에 고르고 골라 선정한 책이란 점만은 알아줬으면 한다. 어떤 책은 너무 좋은데 될 수 있는 한 저자가 중복될 때는 어쩔 수 없이 한 권만 선정했다. 이 책에 소개된 저자가 출판한 다른 책이 있다면 반드시 찾아 읽기를 권한다.

여기서 소개한 책을 쓴 저자라면 다른 책을 읽어도 일정 이상의 수준은 무조건 보장할 뿐만 아니라 향후에 그 어떤 책을 펴내도 최소한 어지간한 책보다 읽을 가치가 있다고 본다. 나 또한 소개한 저자가 출판한 신간은 시간이 걸리더라도 반드시 읽는다. 은근히 좋은 책을 써 내는 저자가 많지 않다. 특히, 투자 관련 책은 이해관계가 얽혀 있는 경우가 많아 진솔하게 투자를 알려주는 것보다 그 이면에 다른 목적을 갖고 있을 때도 많다.

그 점을 이제 막 투자 세계에 진입한 초보자가 알기는 힘들다. 특히 외국 저자와 달리 국내 저자를 선정할 때 더 심혈을 기울였다. 책이 아무리 좋아도 저자가 문제가 있거나 흑심이 느껴질 때는 과감히 배제했다. 그만큼 여기 선정된 책은 자신 있게 권한다. 분야별로 선정한 모든 책을 읽지 못해도 그 중에 딱 한 권만이라도 꼭 읽기를 권한다. 이 정도 책도 읽지 않고 투자한다는 것은 소중한 돈을 허공에 뿌리는 것과 똑같다. 투자가 아닌 투기를 넘어 도박을 하는 것과 다를 게 없다고 생각한다.

투자를 위해 시작한 독서지만 이제는 투자보다 독서에 더 많은 시간을 할애하고 있다. 투자 관련 책을 선택할 때 내가 쓴 리뷰가 있는지 확인한 후에 책을 읽는 경우도 있다는 말을 들었다. 어지간한 투자 관련 책은 다 읽고 리뷰를 쓰기에 내 리뷰의 영향이 그만큼 커졌다는 의미로 받아들였다.

   단순한 다독가가 아닌 직접 투자를 하고 있는 다독가가 권유하는
책이다.

   준비 되었는가?
독서로 투자 기초를 닦고 기본을 쌓아 실제 적용할 마음의 준비가.
여기에 소개한 책으로 당신의 투자를 시작하라.
결코 후회하지 않을 선택이다!

_이재범(핑크팬더)

Read the book to be rich

PART 01

나를 아는 자,
투자의 세계에서 살아남는다

몇 번을 반복해서 질리도록 이야기해도 절대로 과하지 않은 말이 '투자는 자신과의 싸움이다'는 표현이다. 뛰어난 투자자나 이제 갓 입문한 투자자나 경쟁 상대는 타인이 아니다. 투자로 손해를 본 사람도 나고, 이익을 취한 당사자도 바로 나다. 끊임없이 강조하고 지겹게 반복해서 머릿속에 각인시키는 이유다.

처음에 동기부여 책을 열심히 읽으며 자기 자신을 다스렸다면 시간이 지날수록 새로운 분야에 눈이 떠졌다. '행동심리학'과 '뇌신경학'이다. 이 외에도 오랫동안 투자를 한 투자구루들이 알려주는 투자철학 책을 읽으며 내가 했던 투자를 되돌아보고 비슷한 상황이라면 나는 어떻게 대처해서 슬기롭게 헤쳐나갈 것인지 고민하며 발전하도록 노력했다.

흔히 인간을 무척이나 이성적인 존재로 본다. 경제학에서 묘사하는 인간은 합리적인 판단으로 가장 최적의 선택으로 이익을 본다. 누가 봐도 멍청한 행동을 하지 않고 늘 현명한 사람으로 묘사된다. 절대로 손해 볼 짓도 하지 않는다. 각자 최선의 선택으로 내린 결론은 최대의 이익을 달성할 것으로 보았다. 하지만 우리는 알고 있다. 이렇게 합리적이고 이상적인 인간은 현실에 존재하지 않는다는 걸 말이다.

신자유주의와 만난 신고전주의 경제학파는 인간이 내리는 모든 판단에 간섭하지 말라고 한다. 어떤 결론을 내리든 합리적인 인간은 절대로 멍청한 행동을 하지 않는다고 보았다. 사람들은 자신이 내린 결론이 늘 합리적이라 믿었다. 시간이 지나며 경제학은 심리학과 만났다. 우리 모두가 합리적으로 판단하고 내렸던 결정이 지독한 편견에 사로잡힌 상태에서 나온 바보 같은 행동으로 밝혀졌다.

각종 실험과 조사를 해보니 인간은 절대로 합리적이지도 이성적으로 행동하지도 않았다. 감정에 치우칠 때가 더 많고 조금만 더 멀리 떨어져 보면 손해가 날 행동인데도 단기적인 이익에 눈이 멀어 잘못된 판단을 내린다. 동기부여 책에서 시작한 인간 탐구는 심리학으로 넘어가 대중 심리에 대한 공부로 연결됐다.

투자는 내가 원하는 것이 무엇인지 발견하는 게 중요하다. 더 중요한 것은 사람들이 좋아하는 게 무엇인지 파악하는 것이다. 아무리 내가 좋아하고 즐겨도 사람들이 관심 갖지 않으면 아무런 소용이 없다. 사람들이 관심 갖고 해당 물건을 구입할 때 서서히 이익이 늘어난다. 나 혼자만 좋아하는 걸 아무리 사람들에게 좋다고 해도 벽에 대고 외치는 고함에 그친다. 이런 면에서 심리학은 투자를 공부하면서 자연스럽게 받아들이게 된 분야였다.

심리학은 철학과 과학이 만나 발달했다. 인간 본질과 존재 유무 등을 고민하며 삼라만상에 관심을 갖던 사람이 감과 촉으로 파악하던 영역을 과학적으로 풀어내며 인간의 심리를 밝히는 중이다. 서서히 인간의 본능에 대해 탐구하며 영역을 넓혀온 심리학이 자본주의와 만나 행동경제학이 탄생했다. '부자가 되는 책읽기'라면서 왜 어려운 심리학 책까지 읽어야 하는지에 대한 답이 될 것이다.

1장부터 3장까지는 인간 본성과 투자 심리를 굳건히 하는 데 도움이 되는 책이다. 돈 앞에 인간은 무엇보다 탐욕스럽고 게걸스러워지며 공포에 휩싸여 올바른 판단을 내리지 못한다. 우리 인간이 얼마나 합리적이지 못하고 충동적인지 알아야 한다. 투자를 할 때 이성보다 감정이 앞서며 즉흥적으로 내린 판단으로 생각지도 못한 결과를 맛볼 때가 많다. 차분하게 여러 관점에서 상황을 판단하고 정신 똑바로 차려야 한다.

1장

나는 어떤 투자가 맞을까?

돈 복 없는
사람들을 위한 고전

여러 재테크 카페 중 가장 오래되고 수많은 투자자들이 거쳐 간 카페는 역시나 〈맞벌이 부부 10년 10억 모으기〉 — 일명 '텐인텐' — 다. 이 카페 초창기에 칼럼니스트로 활동했던 사람들 가운데 상당한 실력자들이 많았다. 여전히 활동하고 있는 '행복투자'도 있지만 초창기의 칼럼니스트 대부분이 지금은 활동을 하지 않는다. 그 중에서 가장 아쉬운 사람이 바로 이 책의 저자인 필명 '브라운스톤'이다.

재테크 책에는 여러 종류가 있다. 재무를 이야기하는 책들도 있고, 주식 투자 내지 부동산 투자에 대해 이야기하는 책들도 있다. 가장 대표적인 것들은 재테크를 어떻게 해야 하는지 설명하는 책들이라 볼 수 있다. 그런 책들이 대부분 소개한 금융상품으로 돈을 모으라는 식이라 다소 금융상품 제안서스러운 경우가 많다. 틀린 설명은 아니지만 이론에 치중되어 있어 오래도록 가슴에 남기는 힘들다.

막연히 투자를 하는 초보자들은 자신의 행동을 파악하지 못한다. 자신이 부화뇌동하고 있다는 사실을 깨닫지 못하고 행동한다. 자신이 내린 선택이 최선이라 믿지만 지나고 보면 얼마나 멍청했는지 알게 된다. 이런 인간 심리를 브라운스톤의 『내 안의 부자를 깨워라』는 자세히 알려준다. 딱딱하기 쉬운 투자 책이 각종 사례, 우화와 함께 곁들여져 있어 읽다 보면 자신을 돌아보게 해 투자에 큰 도움이 된다.

이 책의 초판이 출판된 후에 브라운스톤이 카페에 올린 글을 스크랩하여 간직하고 있었다. 저자에게 메일을 보내 책을 근거로 강의를 해도 되냐는 문의를 했고 그는 흔쾌히 동의했다. 자신의 책 내용이 여러 사람에게 전파되는 것에 기꺼이 동의하고 기쁘다는 식의 답 메일을 받았다. 한동안 이 책을 근거로 PT파일을 만들어 사람들에게 알려주기도 했다. 지금은 나도 비슷한 책을 이미 썼기에 이 책을 근거로 강의는 하지 않지만 지금이나 그 당시나 강의 내용이 훌륭했다는 판단은 여전히 변함이 없다.

많은 사람들이 재테크를 하지만 성공하는 사람들은 여전히 극소수이다. 그렇기 때문에 '이렇게 성공했다'는 류의 책이 나올 수 있다. 투자로 성공하는 것이 누구나 할 수 있다면 책으로 펴냈을 때 누구도 관심을 갖지 않을 것이다. 팔리지도 않을 테고.

투자 공부를 맨 처음 시작할 때 나 자신에 대해 알아야 한다고 판단했다. 아울러 사람들에 대해 아는 것이 중요하다고 봤다. 아마도, 『내 안의 부자를 깨워라』 같은 책들이 나에게 영향을 끼쳐 그런 것이 아닐까 싶다. 투자 기술이나 이론은 조금만 노력하면 알 수 있고 접목할 수 있다. 하지만 그보다 더 중요한 것은 나 자신의 마음을 다스리는 것이다.

투자를 할 때 늘 선택의 강요를 당하게 된다. 불안감과 공포감이 나를 짓누르고, 나도 모르게 욕심을 넘어 탐욕에 지배당하게 된다. 기술만 갖고 있다고 해서 성공하지 못하는 것은 바로 이성뿐만 아니라 감정이라는 감당할 수 없는 심리 때문이다. 이를 다스리는 것이 가장 중요하다.

워런 버핏이 이야기했던 '절대로 잃지 않는다'를 지키기 위해 해야 할 것이 너무나 많다. 이런 어려움은 투자하려는 대상에 있는 것이 아니라 그 투자 대상을 바라보는 나 자신에게 있다. 같은 투자 대상이라도 누군가는 힘들다고 하고 누군가는 어렵다고 하고 누군가는 쉽다고 하고 누군가는 충분히 이익이 된다고 한다. 각자의 투자 능력에 따라 보는 관점이 다를 수도 있지만 그보다는 자신의 마음가짐에 달려 있다.

『내 안의 부자를 깨워라』는 이런 어려움을 극복하는 마음가짐에 대해 알려주는 책이다. 기발한 투자기술이나 이렇게 저렇게 투자하는 방법을 알려주는 것이 아니다. 왜 우리는 투자에 성공하고 실패하는지에 대한 근본적인 질문에 답을 주는 책이다. 이 책에 나온 이야기는 단순하게 투자에만 접목할 수 있는 것이 아니라 우리 인생 전반에 걸쳐 적용해야 하는 내용이다.

투자 책들이 쓸데없이 어렵게 이야기하는 부분을 쉽게 읽히게 썼다. 독자가 읽으면 저절로 알아들을 수 있는 내용으로 구성했다. 저자 자신이 투자에 제대로 접목하고 확실하게 이해하고 있어 가능했을 것이라 본다. 투자를 잘하는 사람처럼 보이는데 자신의 투자를 제대로 설명 못하는 사람들이 있다. 그런 사람은 투자한 대상이 많지 않고 원칙 없이 한두 건의 요행으로 성공했기 때문이다.

이 책에는 부자 되기를 방해하는 9가지의 장애물과 부자를 깨우는 8가지의 도구가 나와 있다. 나도 이 부분을 집중적으로 강의했다. 솔직히 그 당시에 내 능력이 부족했기에 그 강의를 통해 '아하~'했던 사람들이 과연 얼마나 지금도 접목하고 살고 있을까 하는 의문이 든다. 일회성 강연이라 분명히 부족한 점이 아주 많았다. 지금 하면 좀 더 풍부한 사례를 통해 이야기할 수는 있을 듯하다.

2004년에 나왔던 책이 절판 이후에 2010년에 개정판이 나왔다. 2006년에 출판된 『남에게 가르쳐주기 싫은 주식 투자법』도 참 좋다. 책의 저자인 '브라운스톤'은 지금 무엇을 하는지 궁금하다. 책 출판 후에 몇몇 곳에서 인터뷰도 하고 그 이후로 몇몇 경제주간지 등에 투자 책 리뷰도 올렸으나 지금은 공식적인 활동이 없다.

그래도 'oldies but goodies'라고 이 책은 몇 년이 지나 다시 읽어도 여전히 그 당시의 느낌이 남아 있고 아직도 투자에 적용하는 데 무리가 없는 정도가 아니라 평생을 기억해야 할 메시지들이 담겨 있다. 몇 년이 지난 지금 시점에 다시 보니 책에서 얼핏 미래에 대해 몇 가지 이야기를 했는데 거기에 쓰인 대로 진행이 되고 있다. 누구나 이야기할 수 있는 전망이지만 꼭 그렇다고 볼 수 없었기 때문이다.

이 책을 통해 내 안에 숨어 있는 부자를 깨우고 부자를 방해하는 놈들을 발견하여 부단히 없앤다면 분명히 나중에 『내 안의 부자를 깨워라』에 대해 고마워할 것이라 본다.

책 속으로

▶ 극복해야 할 9가지 본능

1. 무리 짓는 본능 : 꼭지에 사서 손해 보는 투자, 알고 보면 무리 짓는 본능 때문이다.

2. 영토 본능 : 우리 집값만 안 올라서 분통 터지는 이유, 알고 보면 영토 본능 때문이다.

3. 쾌락 본능 : 마음대로 잘 안 되는 절약과 저축, 알고 보면 쾌락 본능 때문이다.

4. 근시안적 본능: 번번이 실패하는 주식 투자, 알고 보면 근시안적 본능 때문이다.

5. 손실공포 본능: 바닥에서 팔고 손해 보는 투자, 알고 보면 손실공포 본능 때문이다.

6. 과시 본능 : 카드소비와 지출이 줄지 않는 이유, 알고 보면 과시 본능 때문이다.

7. 도사 환상 : 자칭 도사와 전문가 말을 들어 손해 보는 이유, 알고 보면 도사 환상 때문이다.

8. 마녀 환상 : 남 탓하는 사람이 부자 되기 어려운 이유, 마녀 환상 때문이다.

9. 결함 있는 인식체계 : 올인 투자로 쪽박 차는 이유, 두뇌의 결함 있는 인식체계 때문이다.

▶ **부자를 깨우는 8가지 도구**

1. 신경조건화하기
2. 모델 따라하기
3. 유혹 회피하기
4. 가계부 쓰기
5. 작은 성공 체험하기
6. 서약서 쓰기
7. 진실 파악하기
8. 신에게 기도하기

『이웃집 백만장자』 | 토마스 J.스탠리, 윌리엄 D.댄코 지음
| 리드리드출판

부자들의 선택은
무엇이 다를까

한상복 저자가 쓴 『한국의 부자들』은 좋은 책이다. 박용석 저자가 쓴 『한국의 젊은 부자들』도 좋은 책이다. 나폴레온 힐이 쓴 『놓치고 싶지 않은 나의 꿈 나의 인생』과 같은 성공학 책들도 역시 훌륭한 책들이다. 이러한 책들로 나 자신을 다시 돌아보고 미래를 다짐하며 부자가 되고 싶다는 일념을 새긴다면 아주 좋은 일이다. 그러니 좋은 책이라고 부르는 데 부족함이 전혀 없다. 처음 부자에 대해 알고 싶고 그들이 어떻게 그처럼 성공할 수 있는지를 배우는 데 도움이 되는 것이 분명한 사실이다. 다만, 이런 책들만으로는 무엇인가 조금은 부족하다는 생각이 든다.

아주 열심히 성공학과 관련된 책을 무척이나 많이 읽었다. 지그 지글러의 『정상에서 만납시다』나 앤서니 라빈스의 『네 안에 잠든 거인을 깨워라』와 같은 책들은 아무것도 모르는 나에게 마음속 변화를 일

으키게 만들고 내면의 중요성에 대해 깨닫게 만들었다. '외부 상황과는 상관없이 나 자신이 믿고 노력한다면 성공할 수 있다.' 이런 이야기는 분명히 뜬구름 잡기식의 논리지만 그런 것이라도 믿고 따른다면 인생에 긍정적인 변화가 생긴다. 다만, 무엇인가 조금은 아쉽게 느껴지는 것이 사실이다.

진정으로 부자가 어떤 식으로 살고 그들은 어떻게 지금과 같은 부자가 되었는지에 대한 구체적인 언급은 없다는 것이 가장 아쉬웠다. 열렬히 희망하고 강렬히 바라고 노력하면 생각지도 못한 부가 나에게 다가온다는 이야기는 읽을 때는 가슴이 뜨거워지면서 마음이 들뜬다. 불행히도 며칠 지나지 않아 봄날 얼음보다 더 빨리 녹아 내 마음에서 빠져 나가고 말지만. 잊지 않고 내 마음을 다스리기 위해 성공학 책들을 읽고 또 읽었다.

우리는 부자에 대해 환상을 갖고 있다. 비싼 차를 몰고 고가의 명품 옷을 입고 다니며 멋진 장소에서 식사를 한다. 아무런 부담도 없이 사고 싶은 것을 척척 살 수 있는 능력자로 말이다. 이러한 환상은 대부분 영화나 드라마에서 묘사된 부자의 아들, 딸들이거나 부자의 손자, 손녀들이다. 그런 영화나 드라마에서도 정작 부자로 나오는 아빠는 돈 쓰는 모습이 거의 나오지 않는다.

사고 싶은 것을 살 수 있는 능력이 있어도 사지 않는 것과 살 수 없기 때문에 사지 않는 것은 엄청난 차이가 있다. 얼핏 봐서는 이 둘은 전혀 차이가 없어 보이지만 삶과 생활태도에서 큰 차이가 나타난다. 전자는 자신의 겉모습과 상관없이 늘 당당하고 자신 있는 태도를 보이지만 후자는 남들에게 보여지는 모습에 신경 쓰며 자신을 가꾸려 한다. 삶의 태도에서도 당당하지 못하고 오히려 남들의 눈치를 본다.

『이웃집 백만장자』에서는 진짜 부자들과 부자로 보이는 사람들의 이야기가 나온다. 우리는 다들 진짜 부자가 아니라 부자로 보이는 사람들에게 현혹되어 부자를 갈구한다. 진짜 부자들은 남들의 눈을 의식하며 지출하지 않는다. 자신이 써야 할 곳에는 아낌없이 쓰지만 그 외는 허투루 쓰지 않는다. 사소한 동전도 챙기는 모습이 바로 진짜 부자의 전형적인 모습이다. 오히려 검소한 생활이 몸에 밴 사람들이다.

자신들의 품위 유지를 위해 부자로 보이고 싶은 사람들은 끊임없이 지출을 해야만 한다. 일반 사람들에 비해 틀림없이 많은 수입을 벌지만 감당하지 못할 정도의 많은 지출로 인해 자신의 수입이 끊기면 품위 유지는커녕 생활마저 힘들어진다. 이보다 더 힘든 것은 자신들이 세웠다고 착각한 인간관계를 포함한 제국 아닌 제국이 사상누각처럼 급격히 사라지고 만다는 사실이다.

부자를 두 유형으로 나눈다면 전문가 부자와 사업가 부자로 나눌 수 있다. 전문가 부자들이 부자로 보이고 싶어 하는 부자들인 경우가 많다. 전문가라는 타이틀은 남들에게 보이는 면을 중시하는 직업이다. 많은 돈을 쓸 수밖에 없어 지출이 수입을 거의 상쇄하거나 전문가라는 직함을 잃으면 그나마 유지되는 수입도 끊겨 부가 흔적도 없이 사라질 수 있는 위험이 존재한다.

반대로 사업가 부자들은 — 여기서 말하는 사업가 부자는 우리가

TV에서 보는 대기업 사업가가 아니다 — 굳이 자신들을 잘 꾸밀 필요도 없고 자신이 돈을 많이 번다고 알릴 필요도 없다. 오히려 알려봤자 긍정적인 작용은 못하고 인간관계를 귀찮고 어렵게 만들기 때문에 굳이 밝히지 않는다. 아주 평범한 사람들 속에서 같이 부대끼며 산다. 그렇기 때문에 당장 일을 하지 않아도 먹고사는 데 지장 없는 부를 형성하고 있다.

우리들은 대부분 '부자로 보이고 싶은 부자'를 꿈꾼다. 굳이 부자로 보일 필요가 없는 주변의 부자들은 신경도 쓰지 않고 있다. 내가 부자가 되지 못하는 이유는 바로 부자로 보이고 싶은 부자가 되려고 하기 때문이다. 남들에게 보여야 하기 때문에 능력에 맞지 않는 주택을 구입하거나 전세로 살고, 남들의 눈을 의식하여 멋진 자동차를 구입한다. 자신의 능력은 전혀 고려하지 않고 말이다.

최소한 자신의 능력보다는 한 단계 밑의 생활을 해야 한다. 그동안 잉여자본을 축적하며 투자하고 계속 키워야 한다. 이런 점이 중요한 것은 자신이 남들을 의식하지 않아도 되는 부자가 될 수 있기 때문이다. 어느 모임을 가도 자유로울 수 있고 자본의 구속에서 벗어날 수 있다.

흔히 '나는 참아도 내 식구들을 위해서'라며 자신을 속인다. '내 자식만큼은'이라며 지출한다. 바로 그런 선택이 자신과 가족을 결국에는 잘못된 방향으로 가게 만든다는 사실을 깨닫지 못한다. 이런 상황은 부를 형성하기는커녕 현상유지도 힘들고 지속적으로 추락하게 만든다.

이 책은 겉멋 든 부자가 되지 말라고 한다. 그들은 부자가 아니라 부자인 체하는 역할극에 충실한 배우라는 것이다. 역할극의 주인공은 배역이 교체되거나 출연료가 한 달이라도 밀리거나 단역으로 밀리면 그 즉시 끝장이다. 인기라는 것이 파도에 휩쓸리는 물과 같아 잡을 수 없다. 추락한 스타들과 같은 처지가 되고 만다. 좋아하고 그치면 되는 스타들과 달리 잘못된 부자관은 내 미래와 직접적으로 연결된다.

람보르기니 차를 몰고 와서 호텔에 데리고 가 비싼 음식을 만날 때마다 사주는 부자도 있다. 힘들고 어렵게 번 돈을 아끼지 않고 쓰는 부자가 있을까? 내 주변에서 만나는 부자들은 이웃집 백만장자에 나오는 부자들과 같은 성향과 삶의 태도를 보이고 있다. 돈을 척척 쓰는 멋(?)있는 부자들을 만나본 적이 없다. 그런 부자들을 만나면 나도 좋겠다. 얼마나 좋은가, TV에 나오는 것과 같이 멋진 부자라니 말이다. 만날 때마다 돈을 써대는.

현실에서 그런 부자들을 거의 극소수에 불과하다고 본다. 아마도 내가 만나볼 수도 없을 것 같고 말이다. 그런 부자들과 만날 수 있는 동선이 나랑은 많이 다를 것 같고 그런 부자들을 만나면 비슷한 정도의 지출을 해야 한다는 점에서 만나는 것이 오히려 부담스럽지 않을까. TV에서나 보면서 멋지다고 하는 정도가 딱 좋을 거 같다.

돈을 많이 버는 것은 중요하다. 많이 벌면 그만큼 더 유리하기 때문이다. 하지만 그보다 더 중요한 것은 수입보다 지출을 잘 조절해서 많은 부분을 저축하고, 투자하고, 자본을 늘리고, 자산을 키우는 것이다. 부자라고 하는 사람들은 하나같이 자신의 자산을 키우기 위해 많은 노력을 한다. 시간이 많이 남아 그럴 수 있는 것이 아니다. 자신의 자산을 스스로 지키고 키워야만 하기 때문이다. 자산은 줄 수도 있고 늘 수도 있지만 그 경험과 지식은 절대로 사라지지 않고 남는다.

굳이 강남의 몇 십 층이나 되는 빌딩의 주인이 아니더라도 내가 살고 있는 동네 주변 도로에 있는 빌딩이나 3~4층 되는 건물에는 하나같이 건물주들이 있다. 바로 이런 건물의 주인들이 바로 옆집에 사는 부자 아저씨, 아줌마인지도 모른다.

책 속으로

▶ 백만장자들의 7가지 공통점

1. 소비는 적게, 나머지는 모두 투자하는 습관을 갖고 있다.
2. 시간, 돈, 에너지를 효율적으로 배분한다.
3. 사회적 지위보다 경제적 독립을 중요시 한다.
4. 부모의 도움 없이 부를 축적, 이를 자녀 교육에도 적용한다.
5. 가족들에게 경제적 자립을 유도한다.
6. 새로운 시장 기회에 대해 적극적으로 공략한다.
7. 자영업이나 전문직에 종사한다.

『행복한 부자의 닭고기 수프』 | 마크 빅터 한센, 제임스 G.알렌 지음
| 청림출판

당신이
진정 하고 싶은 것

어느 날 갑자기 나에게 1,000억이 생긴다면 무엇을 할 것인가? 사람들의 답은 아마도 '내가 하고 싶은 것을 하며 살겠다'이지 않을까. 평생 써도 남을 돈이 생겼으니 회사를 다니지 않아도 되고, 여유롭게 늦게 자고 늦게 일어나도 된다. 사고 싶은 것을 사고, 먹고 싶은 것을 마음껏 먹으며 살 것이라고 기쁜 생각에 잠긴다.

다시 처음 질문으로 돌아가서 1,000억이 생기면 무엇을 할 것인가? 하고 싶은 것을 하면서 살겠다고 이야기를 했는데 그 '하고 싶은 것'이 무엇인가에 대해 생각해본 적이 있는가? 이것도 하고 싶고, 저것도 하고 싶다고 평소에 입버릇처럼 말을 한다. 막상 그런 상황이 와도 대부분 사람들은 자신이 정말로 하고 싶은 것이 무엇인지에 대해 답을 하지 못한다. 경제적 자유를 이루지 못해 하고 싶은 것을 못한다고 말하는 것은 변명이다. 내가 정말로 하고 싶은 것이 무엇인지

를 모르는 것이다.

자기계발서에서 이야기하는 모든 주제는 바로 여기서 출발한다고 봐야 한다. 제일 행복한 사람은 자신이 좋아하는 일을 하면서 돈을 버는 것이다. 그 다음이 자신이 좋아하는 일을 하며 사는 것이고, 다음이 좋아하지 않는 일을 하면서 돈을 버는 것이고, 가장 최악이 자신이 좋아하지 않는 일을 하면서 돈도 벌지 못하는 것이다.

중요한 것은 대다수의 사람이 바로 자신이 좋아하지 않는 일을 하면서 돈도 벌지 못한다는 사실이다. 통계를 내본 적이 없지만 분명히 90%가 넘는 사람이 그런 삶을 살고 있으면서도 자신의 삶을 변화하려는 노력조차 하지 않는다. 최소한, 자신이 무엇을 하고 싶어 하는지에 대한 고민만 해결해도 자신의 인생이 보다 긍정적으로 변화할 것이다.

자기계발서를 읽는 사람들은 크게 두 가지 반응을 보인다. 허무맹랑한 이야기라고 치부하는 사람도 있지만 자신의 인생에 있어 큰 도움이 되었다고 하는 부류도 있다. 내 경우는 후자로 투자를 공부하던 초반 1~2년 동안 읽은 책 대다수가 자기계발서였다. 인생에서 무엇을 하든 중요한 것은 바로 나 자신이 똑바로 서서 정면으로 내 인생을 바라봐야 한다고 생각했기 때문이다.

그 당시에 읽은 책 중에 『1분이 만드는 백만장자』가 있었다. 여타 우화 형식의 책이 동화나 예화를 이야기하는 데 반해 이 책은 이론적인 이야기를 먼저 보여주고 반은 우화를 실어 한 페이지씩 번갈아 가며 읽는 구조로 되어 있었다. 상당히 인상에 남아 다시 읽어야겠다는 생각을 늘 갖고 있었다. 그 책의 저자가 바로 『행복한 부자의 닭고기 수프』를 쓴 장본인이자 『영혼을 위한 닭고기 수프』라는 초베스트셀러를 쓴 마크 빅터 한센이다. 아마도 이 책만으로도 평생 먹고 살 돈을 벌었을 거다.

책이 모든 사람에게 영향을 끼치는 것은 아니다. 누군가에게 깊은 감명을 주고 인생을 변화시킨 책이 누군가에게는 따분하거나 아무런 인상도 남기지 못하는 책이 되기도 한다. 그 이유는 책 자체가 갖고 있는 영향력이나 진정성도 있겠지만 그보다는 독자의 현재 상황과 마음의 자세 등이 복합적으로 작용할 때 생각지도 못한 시너지를 일으키며 한 사람의 인생을 변화시키기 때문이다.

나도 한참 자기계발서를 열심히 읽다가 뻔한 내용에 충분히 예측할 수 있는 전개 형식은 물론이고 허무맹랑한 느낌도 들어 점차 의식적으로 읽지 않게 되었다. 흔들리지 않게 중심을 잡고, 나 자신을 잃지 않도록 도움 받은 것을 어느새 망각하고 있었던 듯하다. 『행복한 부자의 닭고기 수프』는 잊고 있었던 기본을 다시 떠올리게 해줬다.

저자는 『시크릿』처럼 단순하게 생각만 하면 이뤄진다는 이야기를 하지 않는다. 개인적으로 『시크릿』은 좀 허황되다고 생각한다. 생각만으로 우리는 변화되지 않는다. 이 책은 경제적 자유를 이루기 위한 이론적인 이야기뿐만 아니라 그 방법에 대해서도 설명해준다. 어떤 내용은 우리나라 현실에 안 맞기도 하고, 아직까지 네트워크 마케팅은 우리나라에서는 부정적인 시선이 더 많기도 하다.

책에서 나온 방법 중에 '자신의 지식을 판매'하는 단락이 나오는데 나는 이 부분에 대해 깊은 생각을 하게 되었다. 지금까지 쌓아온 나름대로 무시하지 못할 이 지식을 사람들에게 전파하는 것이 나에게도 도움이 되고, 다른 사람들에게도 도움이 되지 않을까 하는 생각. '감히, 내가 어떻게 사람들에게 할 수 있을까'라는 불안감도 있었다. 하지만 자신 있게 내가 갖고 있는 지식과 경험을 알려주는 것이 부자에 대해 막연히 생각만 하고 방법을 모르는 사람들에게 도움이 되지 않을까 하는 생각이 들었다.

책에는 그런 것들이 남을 도와주면서 자신도 경제적 부를 획득하는 하나의 방법으로 나온다. 우리나라는 미국과는 다른 환경으로 인해 — 미국은 강연으로만 수십 억을 벌 수 있는 시스템이 존재한다 — 내가 전파하는 행동으로 경제적 자유까지는 힘들고 보탬은 될 수 있다는 생각이 들었다. 어디서부터 어떻게 해야 하는지에 대한 고민을 해야겠지만 말이다. 이를테면, '책으로 경제적 자유를 획득하는 방법' 같은 것도 하나의 해법이라 생각된다.

개인적으로 사람을 교육하고 가르치면서 함께 무엇인가를 배운다는 것에 대한 성취감이 있다. 그런 교육에 스스로 상당한 장점이 있다고 느끼기도 하지만 다른 사람들로부터 좋은 피드백을 듣기도 했다. 이 책을 읽으며 그 점에 대해 심사숙고하는 계기가 되었다.

정말로, 경제적 자유를 획득하여 생활비 걱정을 전혀 하지 않는 상태가 되었을 때 당신이 하고 싶은 것은 무엇인가?

이에 대한 답을 찾는 것부터 시작해보자!

(참고로 이 책 리뷰를 쓴 2011년 8월 이후로 난 정말로 사람들에게 내가 갖

고 있는 지식을 전달하는 강의를 하고 있다.)

책 속으로

▶ **부자가 되는 레시피의 3가지 기본 재료**

1. 와우나우: 꿈을 두려움보다 생생하게 창조한다. 이상적인 미래를 지금 이 순간으로 옮겨놓는다. 현재 무슨 일을 겪고 있든, 그 속에서 가슴이 벅차오르는 일을 찾아낸다. 그대의 영혼이 벅차오르고 돈이 불어나기를 바란다.

2. 내면의 승자: 내면의 승자와 친구가 되고 내면의 투덜이를 잠재우는 법을 배운다.

3. 드림팀: 최대한 짧은 시간 내에 가장 쉬운 방법으로 꿈에 다가서게 도와줄 유일한 자신의 지원팀을 가능한 한 빨리 구성한다.

2장

공격적이지 않아도
투자에 성공할 수 있다

『콰이어트』 | 수잔 케인 지음 | 알에치코리아

시작은 자기 자신을 인정하는 것부터

20대 중반에 맹장으로 병원에 입원을 한 적이 있다. 6인실에 입원을 했는데 병원에 있으니 할 일이 특별히 없어 ― 스마트 폰은커녕 노트북도 드물던 시절이니 ― 도서대여점을 하던 친구에게 책을 잔뜩 가져 오라고 해서 만화책이나 책을 읽었던 것으로 기억한다. 같은 입원실에 한 친구는 이제 막 20세가 되었거나 고등학생 정도의 나이였는데 어찌나 활발한지 입원실의 분위기를 이끌었다. 틈만 나면 나가서 인형 뽑기도 했는데 돈을 넣으면 거의 뽑았다. 그런 친구를 보면서 아버지는 나에게 '너도 저렇게 좀 활발했으면 좋겠는데'라는 이야기를 지나가는 말로 하셨다.

성격을 외향과 내향으로 딱 부러지게 구분한다면 분명히 난 내향적인 성격이다. 여러모로 살펴봐도 외향적인 면보다는 내향적인 면이 컸다. 다만, 딱히 내가 내향적이라는 이유로 움츠러들거나 성격에 대해 딱히 아쉬워하지는 않았다. 내향적인 성향이 내 성격에 문제가 있거나 인생의 실패자를 뜻하는 건 아니었다. 다만, 무조건 사람을 외향과 내향으로 나누는 이분법적인 구분에는 거부감이 든다. 내향적이지만 적극적으로 참여할 때도 있고 사람들 앞에 나서서 이야기도 곧잘 했다. 심지어 대학교 때에는 첫 만남인 오리엔테이션에서 과대표로 나가 레크레이션 사회도 보고 그로 인해 과대표를 하라는 제안도 받았고 엄청나게 잘 논다는 이야기도 들었다.

『콰이어트』는 이런 궁금증을 풀어주는 책이다. 그 이유는 제목 자체에 있다. 내성적인 사람들도 이 사회의 구성원이고 각자 맡은 바 소임을 충실히 하고 있는데 왜 제대로 조명을 받지 못할까에 대한 의문과 호기심을 해소시켜준다. 부모들은 자신의 자녀가 활발하고 적극적이라 무엇을 하든 꼬리보다는 머리가 되기를 원한다. 모든 아이들이 다 그럴 수 없다는 것을 부모들도 인식하고 있다. 그런 면에서 활발하지 않고 적극적이지 못한 자녀를 아쉬워한다. 외향적인 아이를 부러워하며 자녀를 변화시키는 걸 결국에는 포기하고 마는 일이 비일비재하다. 이 책을 읽어보면 그럴 필요가 전혀 없다는 걸 깨닫게 된다.

나는 처음 만나는 사람들과 낯을 가리는 스타일이지만 일대일로 만나 이야기할 때는 그렇지 않다. 사람들 앞에서 강의도 하는 것을 보면 내 성격이 꼭 내향적이라고 할 수만은 없다. 사람들 앞에 서는 것이 부담스러워도 마다하거나 두려워하지는 않는다. 불특정 다수가 모이면 누구랑 이야기를 해야 할지도 어색하고 모르는 사람들이 잔뜩 있어 참여를 하지 않는 편이다. 반면에 내가 주최하는 소규모 모임에서는 부담 없이 적극적으로 이야기한다. 내 성격이 꼭 내향적이라고 규정할 수 없다는 판단도 든다. 모든 것을 다 떠나서 내 성격을 인정하고 받아들이고 장점, 단점을 취하며 살고 있다.

대체적으로 내향적인 사람들은 조용히 묵상하고, 책 읽고, TV를 본다. 많은 사람들과 만나서 이야기하기보다는 몇몇 사람들을 만나 조용히 담소할 때 활력을 얻는다. 사람들을 만나는 것 자체가 엄청난 에너지를 소비하기 때문에 집에 와서는 무조건 에너지를 충전하며 푹 쉬어야 한다. 이런 면을 이해하지 못하면 결혼생활도 힘들 수 있다. 특히, 서로 정반대의 성향을 갖고 있는 부부일수록. 그렇다고 정반대의 성향이 친해질 수 없다는 뜻은 아니다. 오히려 자신이 갖지 못하고 있는 성질을 서로 보완하면서 더 이상적인 팀이 될 수 있다.

리더는 카리스마가 넘치고 정열적으로 사원들을 독려하고 이끌어야 한다는 선입견을 갖고 있지만 오히려 그런 사장보다 조용히 내향적인 사장들이 회사를 더 크고 멋지게 키우는 경우도 많다. 외향적인 사장이 '나를 따르라'는 스타일이면 내향적인 사장은 '너를 믿으마' 스타일이라 꼭 외향적인 타입이 사장으로서 적합한 성질은 아니다. 기업의 업무에 따라 맞는 사장 스타일이 있다. 실질적으로 외향적인 사장보다는 내향적인 사장들이 더 많기도 하다. 그들이 어쩔 수 없이 속이고 있어 드러나지 않을 뿐이다.

내향적인 사람들에게 외향적인 사람들을 위한 방법은 맞지 않는다. 남들 앞에서 자신 있게 성공할 수 있다고 외친다거나 뜨거운 불 위를 걸어가며 할 수 있다는 자신감을 고취하는 일련의 독려 방법은 내향적인 사람에게는 전혀 맞지 않는 일이다. 자신에게 안 맞는데 유행에 따라 살 필요는 없지 않을까?

우리는 마시멜로 이야기를 알고 있다. 참을성 있는 아이가 성공한다는 이야기다. 『콰이어트』를 읽으면서 혹시나 마시멜로를 먹지 않고 참은 아이들은 내향적인 아이들이고 먹은 아이들은 외향적인 아이들이 아닐까 하는 의문이 들었다. 만약, 그렇다면 그 실험은 다시 생각해봐야 하지 않을까. 참을성의 문제가 아니라 인간 성질에 대한 ― 그게 그거인 듯도 하지만 ― 이야기가 된다. 대체적으로 외향적인 인물들은 즉흥적으로 보이면 하는 스타일이고, 내향적인 인물들은 즉시 하지 않고 한번 더 생각하는 스타일이다. 이걸 참을성 있는 아이들은 꼭 성공한다는 전제로 갈 수는 없지 않을까 싶다. 그렇게 보면 외향적인 사람들은 대체적으로 성공하기 힘들다는 뜻이 되어 우리가 알고 있는 기존 통념과는 완전히 반대되는 상황이 생긴다. 우리는 외향적인 기질에 적극적으로 임하는 사람들이 성공한다는 신화 속에 살고 있으니 말이다.

외향적인 사람과 내향적인 사람 모두 각자 자신의 고유한 성질을 타고 난다. 내향적인 사람들은 참을성 있게 인내를 갖고 성공을 한다는 기존의 개념에 부합한다. 반면에 적극적으로 도전하는 외향적인 사람들이 성공한다는 이야기도 한편에 존재한다. 조건을 비슷하게 하면서 실험을 해보면 변별성이 덜 하다는 이야기도 있다. 자신의 성격을 얼마나 잘 파악하고 인정해서 활용하느냐가 오히려 관건으로 보인다. 꼭 적극적으로 나서서 일을 하거나 인내를 갖는 것이 중요한 것이 아니라.

성공한 선수나 지도자를 볼 때 어떤 경우에는 성공하고 어떤 경우에는 실패하는지 항상 의문이었다. 어떤 선수는 지도자가 강하게 압박을 해서 성공했다고 하지만 어떤 선수는 지도자가 믿고 기다려줘서 성공을 했다고 한다. 『콰이어트』를 읽어 보면 해답을 알게 된다.

외향적인 성격의 사람들은 윽박지르고 자극을 주며 '넌 할 수 있다'라는 용기를 심어주는 게 좋다. 잘하라고 타박도 하면서 벌도 주면 오히려 이에 대해 반응을 하고 '그래 까짓것 할게…할게' 하면서 열심히 한다고 한다. 반면에 내향적인 사람에게 이 방법은 역효과가 난다. 최대한 기다리면서 잘한다고 칭찬을 하고 다독여줄 때 비로소 자신의 능력을 발휘한다. 이런 것도 모르고 지도자들이나 관리자들이 무조건 윽박을 지르면 실패할 수밖에 없다. 각 개인의 성질에 따라 코칭을 달리 해야만 그 사람의 잠재력을 끌어낼 수 있다.

본인 스스로 자신의 성질에 따라 잠재력과 능력을 끌어내기 위해 어떤 선택을 해야 하는지 올바르게 판단해야 한다. 그 후에 맞는 노력을 해야만 사회에서 말하는 성공을 할 수 있다. 예전에 윽박지르고 욕하면서 나를 자극하는 관리자에게 오히려 반감만 생기고 더 안하려고 했던 것을 떠올려보면 그 방법이 누구에게나 통하는 것은 아닌 게 확실하다.

『콰이어트』에는 자신이 질투하는 대상이 바로 본인이 해야 할 일이라고 말한다. 누구나 사람들을 만나고 이야기하고 책을 읽을 때 질투하며 부러워하는 부분이 있다. 부러움의 대상이 반드시 돈이 많거나 좋은 차를 타거나 멋진 집에서 사는 것은 아니다. 높은 투자 수익률을 자랑하는 것도 아니다. 내 경우에 방향성에 대해 어렴풋이 깨닫고 목표를 설정했지만 이 책을 통해 내가 추구하는 방향을 더욱 더 확신하게 되었다.

책 속으로

인격에서 성격으로 변하는 과정을 살펴볼 가장 강력한 렌즈는 데일 카네기가 눈에 띄게 활약한 '자기계발'의 전통이다. 자기계발서는 미국인들의 마음에 늘 중요하게 인식되었다. 초기의 처세 지침은 종교적인 우화들, 이를테면 1678년에 출간된 『천로역정』 같은 것이었다. 이 책은 천국에 들어가려면 자제력 있게 행동해야 한다고 말한다. 19세기의 지침서들은 그보다는 덜 종교적이지만 여전히 고귀한 인격의 가치를 찬양했다. (중략) 하지만 1920년이 되자, 인기 자기계발서도 내면의 덕목에서 외부의 매력으로 초점을 바꾸었다. 한 책에는 "무엇을 어떻게 말하는지 알아야 한다"고 쓰여 있고, 다른 책에는 "성격은 곧 권력"이라고 쓰여 있다. 또 다른 책에는 이렇게 되어 있다. "사람들이 '무지 호감 가는 친구야'라고 생각하게 하는 태도가 늘 몸에 배어 있도록 모든 면에서 노력하라. 그것이 성격이 좋다는 명성을 얻는 첫걸음이다." 「석세스」지와 「더 새터데이 이브닝 포스트」지는 독자들에게 대화의 기술을 전수하는 부서를 설립했다. 1899년에 『인격: 세상에서 가장 숭고한 것』을 쓴 오리슨 스웨트 마든Orison Swett Marden은 1921년에 또 다른 인기 작품을 출간했다. 그 책의 제목은 『능수능란한 성격Masterful Personality』이었다.

가정 원칙,
'만약에'의 힘

"어떤 성격을 원한다면 이미 그런 성격을 가지고 있는
사람처럼 행동하라."

_ 윌리엄 제임스, 철학자, 1884년

『립잇업』은 바로 이 문구로부터 시작한다. 이 문구
는 이 책을 관통하는 핵심이자 전부이자 모든 것이다. 많은 동기부여
책들이 한결같이 하는 이야기는 '생각대로 된다'이다. 마음만 먹으면
무엇이든지 할 수 있다. 간절히 원하면 이뤄진다. 이런 내용이 가득하
다. 믿음은 보이지 않는 것의 실상이라는 의미다.

투자는 자신과의 싸움이기에 나를 먼저 알고자 투자 마인드와 동
기부여에 관한 수많은 책을 읽었다. 그럴 때 읽은 책들 중 거의 대부
분은 '믿는 대로 될 지어다'라며 간절히 바라고 바라면 원하는 것을

이룰 수 있다고 말했다.

　그런 책을 읽으면 가슴이 뜨거워진다. 생각만으로 될 수 있다고 하니 나도 할 수 있다는 자신감이 생긴다. 그런 책들은 이야기한다. '나도 해냈으니 너도 할 수 있다'라고. 나도 힘들고 어렵거나 지칠 때마다 이런 책을 읽으면서 마음을 다잡고 '할 수 있다'라고 끊임없이 되뇌었다. 인디언들이 비가 올 때까지 천 번이든 만 번이든 기우제를 지내는 것처럼.

　바보 같은 행동이라는 것을 깨달아도 여전히 반복하는 까닭은 지푸라기라도 건져야겠다는 절박한 심정 때문이다. 간절히 원하면 이뤄진다는 메시지가 약한 사람의 마음을 후벼 파기 때문이다. 이런 동기부여를 하는 강사나 저자들의 성공이 바로 자신이 기꺼이 돈을 낸 강연과 책을 통해 이뤄졌다는 것을 사람들은 인지하지 못한다.

　투자나 본업으로 성공하고 나서 자신이 생각한대로 이뤄졌다는 이야기를 하는 사람은 거의 없다. 대부분 자신의 사례보다는 타인의 사례를 많이 소개한다. 이쪽 분야에는 시장이 큰 만큼 동어반복적인 사례들이 넘쳐 나기에 — 성공 사례들은 우연히 이뤄진 결과라 인과관계를 확인할 수 있는 방법은 없다 — 사람들에게 들려줄 이야깃거리는 얼마든지 많다. 그렇다고 동기부여에 대해 무조건 폄하하지는 않는다. 나 자신도 그런 책을 읽으면서 분명히 도움을 받았고, 덕분에 최소한 올바른 방향으로 나아갈 수 있었다. 그렇지만 마음만 다잡는 책만으로는 무언가 부족하다.

　인간은 생각대로 행동하는 것이 아니라 행동하는 대로 생각하게 된다. 내가 무엇인가를 하고 싶다면 먼저 그에 대한 아주 아주 작은 실천부터 하자는 것이 바로 『립잇업』의 핵심이다. 사람들은 '생각만으로 이루어지는' 쪽을 훨씬 더 쉽고 편하고 마음에 들어 한다. 몸은 움직이지 않아도 머리로 생각을 먼저 한다는 것이 인간의 본능에 더 부합한다. 나 역시 그러하기 때문에 동기부여 책들이 더 마음에 들었는지도 모른다. 반면에 『립잇업』은 행동경제학 분야에서 이미 검증을 마친 '행동' 실험과 사례가 많이 실려 있어 시중에 있는 동기부여 책들과 확실한 차별성을 갖는다.

심리학 분야는 엄청난 발전을 거듭하고 있다. 점점 인간의 단순한 심리만 알고자 하는 것을 넘어 인간이 하는 행동에 대한 이유와 원인까지도 파악하고 있다. 인간 행동에 대한 다방면의 사례 검증으로 인간에 대해 탐구와 이해가 높아지고 있다. 똑똑한 인간들이 왜 멍청한 짓을 하는지를 다양한 조건으로 원인을 밝혀냈다. 상황이 주어지면 어지간한 인간은 무조건 실험 설계자가 의도한 대로 행동하게 되어 있다. 엄청난 의지와 생각대로 할 수 있는 사람이라고 자만해도 결국은 주어진 상황에 굴복하고 만다. 그게 인간의 본성이다.

어떻게 보면 참 간단하다. 행동하면 된다고 하니. 행복해지고 싶으면 간절히 행복에 대해 생각하고 좋은 기억이나 행복한 것에 대해 떠올리기 위해 노력하기보다는 단순하게 거짓웃음이라도 '하하하' 하고 웃으면 된다. 아님, 입꼬리를 올리기 위해 볼펜만 물고 있어도 된다. 머리로 아무런 생각을 하지 않아도 상황을 만들어 버리면 저절로 엔돌핀이 돌면서 행복감이 느껴진다.

이런 행동들이 오히려 사이비 같다는 느낌이 들 수 있다. 사람들이 기존에 알고 있던 것과는 다르기 때문이다. 받아들이기 힘들 수도 있다. 자신이 이미 익히 알고 있는 것과 다른 이야기를 하면 받아들이는 데 오래 걸린다. 저항하면서 기존의 것을 더욱 굳건하게 믿고 자기합리화를 공고하게 강화하기 때문이다.

가끔 정말로 대단한 사람들이 있다. 믿는 대로 행하고 생각한대로 실천하는 사람들. 이런 사람들의 위대한 이야기가 일반인들에게 전달되고 전파되면서 사람들은 '나도 할 수 있다'며 노력한다. 며칠 못 가서 그만두겠지만. '나도 할 수 있다'는 믿음을 갖는 것도 좋지만 '상황을 만들어 어쩔 수 없이 실천하도록 만드는 편'이 훨씬 더 확실하고 분명한 실행법이다.

생각하고 믿는 바를 애써 실천하려고 하지 말고 생각하고 믿는 바를 실천하기 위한 상황을 만들어라!

책 속으로

▶ 순식간에 감정을 전환하는 10가지 작은 행동

1. 동기부여: 밀고 당기기

2. 다이어트: 주로 쓰지 않는 손을 이용하기

3. 의지력: 근육을 긴장시키기

4. 끈기: 똑바로 앉아서 팔짱 끼기

5. 자신감: 당당한 자세

6. 미루는 습관: 시작하기

7. 창조성: 상자에서 뛰쳐나오자

8. 설득: 고개를 끄덕이게 만들기

9. 협상: 따뜻한 차와 폭신한 의자

10. 죄의식: 죄를 씻어버리기

지식과 경험을 합친 직관의 힘

중세 시대를 넘어 현대로 오면서 서양 문화가 온 인류를 뒤덮으면서 서구적 합리성이 우리의 일상을 지배하고 있다. 눈으로 볼 수 있는 것이든 볼 수 없는 것이든 합리적으로 판단해서 맞아야만 인정을 받을 수 있다. 과학의 발달과 함께 이런 면은 더욱 공고해졌다. 현대 사회는 워낙 세분화되어 있어서 한 개인이 전부 알고 판단할 수 있는 수준이나 범위를 넘어서는 일들이 많다. 남의 말을 무조건 믿을 수 없기에 객관적으로 신뢰할 수 있는 증거와 증명이 필요하다.

여기서 이용하려는 사람과 이용당하는지 모르는 사람들이 생긴다. 같은 현상을 두고 어떻게 표현하느냐에 따라 엄청난 차이가 난다. 그 차이가 얼마나 엄청난 것인지조차 대다수의 사람들은 확인할 방법이 없다. 자신이 잘 알지 못하는 영역을 온갖 수치와 통계를 섞어 보여주니 당연히 우리는 그 수치를 믿게 된다. 우리에게 제시되는 수치가 신뢰성을 높여주는 장치로써 이용된다는 걸 추호도 의심하지 않는다.

제시된 수치가 자신에게 유리하게 이용하려는 의도인지 여부를 아무도 모를 수 있다. 전문가라 하는 사람들은 관련 분야의 전문가이다. 타 분야의 지식과 정보가 없는 상태에서는 전문가도 누군가에게 자신이 이용당한다는 사실을 모를 수 있다. 이럴 때 전문가라는 권위가 오히려 잘못된 정보와 지식을 일반인들에게 퍼뜨리는 데 쓰인다. 그 후에 벌어진 일에 전문가는 스스로 죄가 없다고 항변하는 것도 일견 수긍은 간다.

일련의 합리성에 기초한 오류들은 '권위의 법칙'과 같이 이제는 많은 사람들에게 알려져 있지만 여전히 그 영향력에서 벗어날 수 없다. 일반인들은 감히 측정할 수도 없는 전문적인 단어와 수치에 아무런 소리도 못하고 말없이 따르게 된다. 저자의 전작인 『숫자에 속아 위험한 선택을 하는 사람들』과 이번에 소개하는 『지금 생각이 답이다』는 바로 이 문제에 대해 올바른 정보와 지식을 전달해주는 책이다.

직관이 옳다는 이야기를 하는 많은 책들은 실제로 직관에 따른 결정으로 성공한 사례를 보여준다. 미지의 영역인 직관은 현대인들에게는 여전히 과학이라는 틀에서 볼 때 무엇인가 부족하다는 인상을 줄 수밖에 없다. 게르트 기거렌처는 직관과 합리성을 조화해서 우리에게 알려준다. 왜 직관이 훌륭하고 직관을 따라야 하는지를 수치로써 보여준다.

직관을 따라야 한다는 것은 무조건 감에 의존해서 결정하는 것이 아니다. 우리가 보는 수치와 통계에서 알려주는 잘못된 정보에 의존하지 말아야 한다. 올바른 판단을 내릴 수 있는 정보와 수치를 보고 직관적으로 움직여야 한다. 즉흥적인 결정은 대부분 무의식적으로 '옳다' '아니다'라는 판단을 내린다. 무의식은 과학적으로 증명될 수 없지만 우리에게 제시되는 수치는 권위라는 이름으로 직관을 억누른다.

가령, 위험성이 20퍼센트가 낮아졌다는 기사를 읽었다고 하자. 엄청나게 감소한 수치에 관심을 갖게 된다. 수치가 알려주지 않은 사실은 이렇다. 1,000명 중에 5명이 발병했던 것이 1,000명 중에 4명이 발병하는 것으로 줄었다. 5명에서 4명으로 줄었으니 20퍼센트나 줄어든 것이지만 1000명에서 겨우 한 명이 줄어든 것이라 실제 데이터로써 의미는 퇴색되고 무시해도 된다. 어떤 이유에서인지 언론은 이런식으로 표현하지 않는다. 20퍼센트가 줄었다고 표현한다. 그 이유는 발표한 사람이나 기관만이 알 것이다.

자신의 직관이 맞을 때도 있지만 '직관이 올바르지 않다'는 온갖 지표가 우리의 올바른 직관력을 방해한다. 자신의 직관을 오히려 의심하고 부정하게 한다. 더 큰 문제는 자신의 직관이 맞았다는 것을 평생 알지도 못하고 산다는 점이다. 이미 우리를 둘러싼 정보는 누군가가 자신에게 유리한 방향으로 유도하는 것들이다. 직관이 아닌 합리적인 판단이라 믿고 정한 결정이 잘못 되었다는 것도 모르고 지나친다.

신종 플루 같은 경우에도 약이 전 세계적으로 엄청나게 팔렸다. 어마어마한 사람이 사망할 수 있다는 수치에 모두들 겁을 먹었고 신종 플루로 죽은 사람도 뉴스에 나온다. 통계상으로 그 숫자는 하루에 교통사고로 죽은 사망자수보다 적다. 그렇다면 자동차를 타지 않거나 전부 없애야 하는데 결코 그런 주장은 나오지 않는다. 신종 플루 공포에 질린 수많은 사람들이 약을 처방받았지만 실제 약의 효과는 없었다는 결론이 나왔다. 누군가는 그 약으로 엄청난 돈을 벌었다.

명확한 근거와 수치를 제시하지 못하면 부하직원뿐만 아니라 상사들도 자신의 직관대로 밀고 나가지 못한다. 근거와 수치를 봐야 사람들은 인정한다. 정작, 그 근거와 수치가 정확한지에 대한 명확한 증명은 하지도 않는다. 또 다른 믿음일 뿐이다. 현재 전 세계 곳곳에서 벌어지고 있는 현상이다. 과학의 발달로 우리는 과거와 다른 편리한 세상을 살고 있지만 굳이 몰라도 되는 온갖 정보로 스스로 어려운 삶을 선택하기도 한다. 이 책에서는 전립샘암이 그런 경우라 말한다. 전립샘암은 평생 갖고 살아도 큰 지장은 없는데 검진해서 발견하면 굳이 없애려 해서 더 어려워진다는 것이다.

특히, 의학적으로 어떤 검사를 통해 양성이 나왔다는 것은 그 병에 걸렸다는 확실한 판명이 아니다. 가능성일 뿐이다. 실제 그 병을 갖고 있지 않아도 양성으로 나올 가능성은 있다. 더구나, 검사를 통해 조기 발견한다고 해도 실제 통계상 조기 발견은 무의미한 결과라 한다. 검사를 하나 하지 않으나 이미 병을 갖고 있기에 실제 수치상으로는 무의미하고 치료를 받는 것도 결과적으로는 별 차이가 없다고 한다. 오히려, 쓸데없는 지출이 늘어날 뿐이라는 것이다. 오히려, 검진을 통해 비용을 지출하는 것보다는 예방을 하려고 노력하는 것이 중요하다.

검진은 결코 예방이 아니다. 하지만 이런 사실은 알려지지 않는다.

현대에 와서 건강 부분, 금융 부분, 디지털 부분은 과장된 정보와 잘못된 (의도된) 수치로 사람들에게 공포와 환상을 심어준다. 한동안 한국에서는 일본의 '잃어버린 20년' 이야기가 많이 회자되었다. 한국의 미래가 일본이라며 각종 수치를 보여줬다. 일본의 인구구조를 보여주며 한국도 일본처럼 진행될 것이라 믿는 사람이 생겼다. 하지만 실상은 달랐다. 주택 가격 같은 경우 일본과는 다른 상황으로 전개되고 있다. 이에 많은 사람들이 일본 데이터를 믿고 내린 판단이 오판이었다고 후회하는 경우가 생겼다. 일본처럼 될 가능성이 없는 것은 아니지만 너무 공포에 휩싸였던 것이다.

『지금 생각이 답이다』에서는 이와 관련해서 쓸데없이 지출을 한 다양한 사례를 보여준다. 속지 않으려면 정확한 수치를 볼 줄 아는 통계적 사고와 직관적으로 볼 수 있는 어림셈법, 올바른 위험 심리를 갖는 것이 중요하다. 이를 위해서는 제대로 된 교육이 필요하다. 좋은 성적을 받기 위해 하는 공부가 아니라 말이다. 공식을 외우는 것이 아니라 정확한 사고 판단을 할 수 있게 만드는 교육이 현대에 와서는 가장 필요한 교육이 되고 있다.

직관은 그 분야에 어느 정도 정보와 지식과 경험을 갖고 있어야 나온다. 올바른 직관은 내가 알고 있는 모든 정보의 총합을 통해 자연스럽게 나온다. 알지도 못하면서 무조건 똥고집을 부린다고 되지 않는다. 그 점만 유의한다면 직관은 거절하지 말고 키워야 한다. 속지 말자! 우리에게 제시되는 수치와 통계에!

1. 열망 수준을 설정하라.
2. 열망 수준을 충족하는 첫 번째 대안을 선택하고, 더 찾아 헤매지 마라.

이 전략은 배우자나 주택, 기타 중요한 선택을 할 때 도움이 된다. 열망 수준이 지나치게 높지 않으면 결정도 빨라질 것이다. 열망 수준이 지나치게 높다면 단계적으로 낮출 수 있다.

3장

투자는 자신과의 싸움이다

실패를 줄이는
결정의 기술, WRAP

특정 사건을 획일적인 이론이나 정의로 규정하려
는 시도는 바보 같은 생각이다. 인간의 행동은 단 하나의 원인으로
벌어지는 일이 결코 아니다. 다양한 원인이 복합적으로 작용해서 행
동을 이끌어낸다. 내가 하는 행동도 가끔 이해할 수 없을 때가 자주
있는 걸 보면 더더욱 그렇지 않을까 한다.

하루에도 몇 번씩 시시때때로 변하는 마음 상태를 보더라도 특정
순간에 좀 더 강한 영향을 끼치는 놈이 나를 지배하게 된다. 나도 모
르게 평소와 전혀 다른 결정을 내려 행동한 후에 후회한다. 인간의
복잡다단한 면은 무엇으로도 설명할 수 없다. 그럼에도 인간은 또 그
걸 밝히기 위해 지금도 노력하고 앞으로도 계속 노력할 것이다.

그러한 노력 중 하나가 바로 이 책의 저자인 히스 형제와 같은 사
람들이 하고 있는 작업이다. 무엇 때문에 인간은 특정 상황에 그런

판단을 내리고 현명하게 대처하거나 바보 같은 행동을 하는지 연구한다. 그걸 알게 된다고 크게 달라질 것은 없다. 그걸 밝힌 사람마저도 여전히 똑같은 행동을 천연덕스럽게 반복하며 사니까.

오늘 바로 이 순간에도 무척이나 많은 결정을 내려야만 한다. 어떨 때는 무의식적으로, 어떤 행동은 온갖 고민을 거쳐서. 단기기억과 장기기억을 통해 끊임없이 결정에 방해를 받기도 하고 도움을 받기도 한다. 결정을 내린 후에 후회하기도 기뻐하기도 한다. 결정의 순간들은 쉬지 않고 우리에게 강요를 한다. 결정하라고!

결정을 늘 현명하고 올바르게 한다면 더 이상 바랄 것이 없다. 아무리 뛰어난 결정을 계속해도 결정적인 순간에는 말도 안 되는 행동을 한다. 지금까지의 고민이 무색할 정도다. 결정을 잘하고 못하고의 차이는 어디서 오는 것일까. 보다 현명한 결정을 위해 어떻게 행동하고 생각해야 하는지 알려주는 책이 바로 『자신 있게 결정하라』이다.

책에서는 WRAP라는 개념을 소개한다.

W: Widen Your Option – 선택 안은 정말 충분한가.

R: Reality-Test Your Assumptions – 검증의 과정을 거쳤는가.

A: Attain Distance Before Deciding – 충분한 심리적 거리를 확보했는가.

P: Prepare to Be Wrong – 실패의 비용은 준비했는가.

우리는 결정을 할 때 넓고 깊게 다양한 선택을 고민한다. 이럴 때 전혀 상관없는 결정을 할 수도 있다는 것을 생각하지 못한다. 오로지 하나의 선택을 할지 말지 고민한다. A안, B안 중 하나를 택해야 하는 순간에도 제대로 된 결정을 하지 못한다. 그러다 오히려 고민 끝에 잘못된 결정을 내리는 경우가 더 많다.

그런 관점에서 볼 때 결정을 잘 못하는 것이 아니라 결정을 내리는 과정이 잘못되었다고 할 수 있다. 다양한 선택 중 최선의 결과가 나올 수 있는 결정을 하도록 노력해야 한다. 나 역시 잘못된 결정이 될 수도 있는 상황에서 내린 결정이 많다. 운 좋게 올바른 결정을 내릴 때보다 터무니없는 결정을 내릴 때가 훨씬 많다.

훈수를 두는 사람들이 객관적으로 더 올바른 판단을 내리는 경우가 많다. 딱 하나의 선택이 아닌 다양한 선택을 고려하며 좀 더 유연하게 상황을 바라보기 때문이다. 따라서 직접 하기보다는 간접경험이나 작은 경험을 바탕으로 결정에 도움이 되는 행동을 연습하는 것이 필요하다. 언제든지 실패할 가능성을 염두에 두고 행동한다면 자신이 내린 결정이 보다 올바르고 현명한 결정이 될 수 있다.

고민 끝에 말도 안 되는 결정을 내리는 것보다 체계적인 프로세스를 통해 결정을 한다면 잘못된 선택을 할 확률이 보다 떨어질 수 있다. 아무리 고민하고 또 고민한다고 해도 딱히 달라지지 않는다. 개인이 할 수 있는 생각에는 한계가 분명히 있다. 이럴 때 『자신 있게 결정하라』에서 소개한 'WRAP'를 통해 결정을 내린다면 큰 도움이 된다. 그런 과정을 거친 후에는 더 이상 고민하지 말고 자신 있게 결정하라는 것이다.

사람들은 무의식적으로 판단하는 일상적인 결정이 아닐 때는 고민에 고민을 거듭한다. 이럴 때 내린 결정이 꼭 올바른 선택이 아니라는 것이 문제다. 결정하기 전에 프로세스를 만들어 순차적으로 고민해야 한다. WRAP 프로세스를 두고 여러 선택 안을 하나씩 고려한 후에 결정하는 연습을 해보자. 이런 선택으로 그나마 잘못된 결정을 할 가능성이 줄지 않을까.

책 속으로

　　나는 창문을 통해 저 멀리 그레이트아메리카 놀이공원의 대회전 관람차가 돌아가는 모습을 바라보고 있었다. 그러다 고든 회장에게 돌아서서 이렇게 물었다. "만약 우리가 회사에서 축출되고 이사회에서 새로운 CEO를 영입한다면 그 CEO는 어떤 조치를 취할까요?" 고든 회장이 주저 없이 대답했다. "그러면 우리의 메모리 사업을 접겠지요." 나는 회장을 멍하니 쳐다보다 입을 열었다. "그렇다면 회장님과 제가 회사를 나갔다가 다시 돌아온 셈 치고 직접 메모리 사업을 접지 못할 이유가 무엇인가요?"

경제도 실험이 가능하다

일상생활에서 벌어지는 일들을 근거로 우리들의 행동을 경제적으로 풀어 알려준 책들이 많다. 이를 통해 사람들이 멍청한 행동을 하는 이유가 속속 밝혀지고 있다. 또한 인간이 얼마나 비이성적이며 집단적으로 행동을 하고 주체성이 없는지 등 합리적인 존재가 아닌 것도 드러나고 있다.

멍청한 행동에 대한 이유가 밝혀지고 이를 공부해도 인간은 실수를 반복한다. 일상생활에서 벌어지는 다양한 변수 때문이다. 이미 책이나 여러 가지 경로로 알고 있어도 그런 멍청한 행동을 반복하게 만든다. 연구를 위해 만들어진 단순화된 조건에서는 그렇게 행동하면 안 된다는 걸 즉시 알아챈다. 하지만 실험실 밖의 복잡한 현대사회에서 살아가는 우리는 미처 생각지도 못하고 행동을 한 후에도 전혀 깨닫지 못한 채 살아가는 경우가 많다.

어느 날 짜장면 값이 2,500원으로 내렸다. 이건 엄청난 일이다. 반 값에 판매를 하고 있으니 말이다. 단순한 이유로 온 가족이 짜장면에 탕수육까지 먹는다. 탕수육도 5,000원에 판매를 하고 있어 부담 없이 식사했다. 만약에 50% 할인 광고를 보지 못했다면 짜장면을 먹을 일 은 전혀 없었다. 단순히 싸다는 이유로 뜻하지 않게 온 가족이 외식 을 했더니 10,000원이 넘는 돈이 지출되었다. 원래라면 아무런 지출 도 없이 돈이 내 지갑에 있어야 하는데 말이다. 결국, 나는 생각지도 못한 지출을 한 것이다. 짜장면을 싸게 판 것은 맞지만 이유 불문하 고 나로서는 생각지도 못한 지출이 발생했다.

이런 일은 자주 벌어진다. 싸다는 이유로 온 가족이 먹었고, 싸다는 이유로 지인까지 초대해서 먹었다. 비용을 지불한 이후에 큰돈이 나 갔다는 사실을 깨달았다. 식구들에게 한턱 쐈다는 위로와 덕분에 한 끼를 잘 해결한 것은 잊기로 하자. 부차적인 긍정적 요소는 다 배제하 고 순수하게 경제적으로 봤을 때는 분명히 손해다. 이런 일들은 실험 실 밖에서는 비일비재하게 벌어진다. 책을 읽고 TV프로에서 본 내용 이라도 우리 인간은 현명하게 실생활에서 적용하고 대처하지 못한다.

인간은 이익에 따라 움직이고 인센티브에 따라 조정할 수도 있다 고 믿었다. 하지만 현대 자본주의를 지배했던 신고전주의학파에서 이야기한 이성적인 인간은 없는 듯하다. 오히려 이익에 움직이지 않 을 때도 많다. 오히려 손해 볼 행동을 하는 일도 많고 인센티브를 따 르지 않는 행동을 할 때도 너무 많다. 바보 같은 행동을 하지 않는다 는 생각과 달리 움직인다. 고민 끝에 내린 결론이 고민하지 않은 것과 똑같을 때도 많다. 특히나 주변 사람들의 압력을 무시하고 나만의 결정과 판단으로 남들과 다른 행동을 한다는 것이 얼마나 힘든 일인지 우리는 알고 있다.

다른 책들은 대부분 인간의 행동과 심리에 대해 열거하면서 그렇게 하지 말고 당하지 말라고 알려주는 데 그친다. 그에 반해 『머니 랩』은 우리가 어떻게 타인에게 당하지 않고 오히려 상대방을 조정할 수 있는지 알려준다.

우리는 부동산 계약을 할 때 상대방에게 계약금을 보낸다. 어떤 사정이 생겨 계약을 하지 않게 되면 계약금은 되돌려 받지 못한다. 어떤 결정을 할 때 부동산 계약처럼 상대방과의 관계를 설정하라고 알려준다. 계약금을 받는 입장으로 일 처리를 해야 한다. 이미 계약금을 받아둔 입장이라면 손해 볼 일은 적다. 반대로 계약금을 주는 입장이라면 신중하게 결정하고 행동해야 손해 보지 않는다.

성공한 사람들은 대부분 미래에 대한 예측을 잘 하거나 대응을 잘한다. 이 예측에는 거의 대부분 운이 작용하는 결과가 많지만 이러한 예측을 잘하기 위해서는 지속적으로 과거를 참고할 수밖에 없다. 현재 벌어진 그 모든 현상은 과거에 벌어진 일들의 총합과 경험이 쌓여 나타난 결과일 뿐이다. 과거가 쌓여 현재가 되는 것처럼 현재는 미래를 알 수 있는 아주 작은 단초이다.

책의 카피 문구처럼 '이 책을 모른다면 당신은 이미 한발 늦었다' 정도는 아니지만 인지부조화나 사후편향 같은 행동경제학에서 언급하는 부분을 상당히 많이 다룬다. 여타의 행동경제학 책이 대부분 대학교수가 작성한 논문을 기초로 했다면 『머니랩』은 HP연구소 소장이 기업 판매와 도움되는 연구를 기초로 작성한 책이다. 그런 관계로 보다 현실성 있는 실험사례들이 소개된다.

책 속으로

사람들은 합리적으로 의사결정하지 않는다. 그렇다면 소비자를 어떻게 설득해야 할까?

행동심리학에서 이미 밝혀졌듯, 사람들은 어떤 정보에 주의를 기울여야 하는지 알아내는 데 그다지 재능이 없다. 이른바 앵커링 효과 (anchoring tactic, 가장 최초에 제시된 정보에 마치 닻을 내리듯 집착하는 심리)가 증명하듯이, 사람들은 문제의 핵심과 전혀 '연관이 없는' 정보를 심각하게 고려하는 경향이 있다.

만약 당신이 사람들로 붐비는 현금인출기 앞에서 장시간 줄을 서 기다리고 있다고 가정해보자. 당신은 계속 기다려야 할까 아니면 포기해야 할까? 유일한 관련 요인(줄이 얼마나 빨리 줄어드는가)은 당신 '앞'에 서 있는 사람 숫자다. 하지만 많은 사람들이 '뒤쪽'도 보는 것으로 밝혀졌다. 자기 '뒤'에 서 있는 사람이 많아질수록, 줄에서 이탈할 확률은 낮아진다. 생각해보면 아주 바보 같은 일인데도 말이다.

『생각에 관한 생각』| 대니얼 카너먼 지음 | 김영사

투자를 잘하는 사람이
되고 싶다면

행동경제학을 알고 열심히 관련 책을 읽을 때 행동경제학을 연구해 노벨 경제학상을 받은 대니얼 카너먼의 책을 아무리 찾아도 발견할 수 없었다. 잘 모를 때는 행동경제학 책은 당연히 대니얼 카너먼이 저술한 책이라 생각하고 읽었는데 아니었다. 수많은 책에서 대니얼 카너먼의 연구논문을 참고사례나 문헌으로 다뤘기 때문이다.

드디어 바로 그 대니얼 카너먼이 직접 저술한 책이 나왔다. 그동안 행동경제학이라는 이름으로 나온 책들을 수없이 많이 읽었다. 어지간한 행동경제학에 대한 이론이나 이야기들은 최소한 한 번은 들어 알고 있다고 해도 과언이 아니었다. 그렇다고 내 삶이 특별히 변한 것은 없었다. 알고 있는 것과 실천하는 것의 괴리는 이토록 엄청나다.

행동경제학에서 항상 인간은 합리적이지 못하고 감정에 치우친 행동을 한다. 정말로 바보 같은 짓을 너무 당당하게 한다. 자신이 했던 행동이 바보 같다는 것을 아예 눈치 채지도 못한다.

대니얼 카너먼은 '시스템1'과 '시스템2'라는 표현을 쓴다. '시스템1'은 즉각적이고 말초적이고 보이는 걸 믿고 생각한다. '시스템2'는 이와 반대로 느리고 이성적으로 노력을 해야만 알 수 있다. 평소에 우리를 지배하는 것은 바로 '시스템1'이다. 편안한 순간에는 '시스템1'이 항상 우리를 반응하게 만든다. '시스템2'가 조언을 하고 경고를 해도 그 소리는 들릴 듯 말 듯해서 귀 기울일 수 없다.

말하자면 기존 경제학자들이 이야기한 합리적인 인간은 바로 '시스템2'라고 할 수 있다. 행동경제학에서 발견한 인간은 바로 '시스템1'이다. 고로 합리적인 인간이다 아니다로 판단할 문제가 아니라 원래 인간은 양면성을 다 갖고 있다. '시스템1'이 대부분 우리를 지배한다. 꼭 필요한 순간에 '시스템2'가 발동하기도 전에 이미 '시스템1'이 먼저 반응을 한다.

책에서 끊임없이 나오는 개념이 바로 '시스템1', '시스템2'와 'WYSIATI' 개념이다. 'WYSIATI'는 'What you see is all there is'의 영어 약자로 '당신에게 보이는 것이 세상의 전부다'라는 뜻이다. 우리가 흔히 보고 싶은 것만 본다는 내용이다. 아무리 누가 무엇이라고 해도 사람은 자신에게 보이는 것만 보면서 믿고 싶은 것만 믿는다.

생각해 보면 행동경제학에서 이야기하는 모든 오류(?)가 결국에는 인간은 보고 싶은 것만 본다는 카이사르의 이야기와 일맥상통한다. 행동경제학이라는 거창한 학문으로 파고 들어갈 필요도 없이 이미 예전부터 사람들은 알고 있었나 보다. 그럼에도 여전히 변하지 않고 반복하는 걸 보면 인간이 갖고 있는 인간다운 모습이 아닐까 싶기도 하다.

모든 인간이 어떤 결정을 하든 합리적이고 이성적으로 판단하여 반응을 한다면 우리가 사는 세상이 과연 지금보다 더 발전될지는 모르겠다. 오히려 재미없고 따분해서 무미건조한 사회가 될 수 있다고 본다. 적당히 멍청한 행동을 하고 스스로 깨닫지 못하면서 당당하게 저지르는 많은 일들이 역설적으로 우리 사회를 발전시키고 세상을 긍정적이며 재미있게 만드는 것은 아닐까.

그래도 나만은 좀 합리적으로 똑똑하게 세상을 바라보며 행동해서 이익을 보고 싶다. 이런 욕심이 어떻게 보면 기존 경제학에서 이야기하는 이기적이고 합리적인 인간이 아닐까. 경제학자들이 자신들은 그래도 똑똑하다고 생각하기 때문에 끝까지 합리적인 인간을 고수하는 것은 아닌가 싶기도 하다. 이제는 많은 경제학자들도 인간이 합리적이지 않다는 것을 인정하지만.

책의 두께도 상당하고 나온 내용들도 무척이나 방대하다. 『생각에 대한 생각』은 우리가 익히 알고 있는 행동경제학에서 나온 유명한 실험을 어떻게 자신과 동료들이 연구해서 만들었는지 직접 밝혀준다. 그 후에 벌어진 여러 사건들에 대해 보강해서 행동경제학이라는 분야를 창시한 사람다운 이야기들로 가득 차 있다.

『생각에 관한 생각』뿐만 아니라 행동경제학 책과 심리학 책은 독서를 하면 할수록 더 깊이 파고들게 된다. 의도하지 않은 자연스러운 선택이었다. 투자는 좋은 투자처를 발견하고 싸게 구입해서 비싸게 매도하는 걸 반복하는 행위다. 투자처 자체의 저평가와 고평가는 대체적으로 인간이 갖고 있는 심리에 따른다. 분명히 좋은데도 불구하고 사람들이 싫어하면 저평가 되고, 좋은 물건에 과도한 관심이 쏠리면 가격이 미친 듯이 올라가게 된다. 모두 심리와 연결되어 있다.

투자를 잘하는 사람은 대부분 철학자와 같은 자신만의 투자관을 갖고 있다. 인간 심리에 강한 이유다. 인간을 알아야 한다. 과거에 철학이 한 역할을 이제는 투자에서는 행동경제학이 대체하고 있다. 책을 읽을수록 내가 한 행동을 나는 알고 있다고 생각하지만 뒤돌아보면 내 의지가 아니라 부화뇌동했다는 것을 깨닫게 된다. 행동경제학 책은 수많은 이론을 다양한 실험으로 알려준다. 내가 살고자 한 선택이 오히려 나를 파멸로 이끄는 '죄수의 딜레마' 같은 경우도 우리 일상생활에서 자주 벌어지는데 이를 알게 된 것은 다양한 행동경제학 책 덕분이었다. 여기서 소개한 책들만 읽어도 충분히 많은 것을 알고 깨닫게 된다.

1) 폴은 A회사의 주식을 보유하고 있다. 지난 일 년 동안 그는 A회사 주식을 팔고 B회사 주식으로 갈아탈까 고민했지만 그냥 그대로 있기로 했다. 이제 그는 만일 B회사 주식으로 갈아탔다면 1,200달러를 더 벌 수 있었다는 걸 알게 됐다.

2) 조지는 B회사의 주식을 보유하고 있다. 지난 일 년 동안 그는 B회사 주식을 팔고 A회사 주식으로 갈아탔다. 이제 그는 만일 B회사 주식을 그대로 보유했다면 1,200달러를 더 벌 수 있었다는 걸 알게 됐다.

누가 더 후회가 크겠는가?

답은 명확하다. 응답자의 8퍼센트는 폴을, 92퍼센트는 조지를 꼽았다. 이 결과는 이상하다. 객관적으로 봤을 때 두 사람이 처한 상황은 동일하기 때문이다. 둘 다 현재 A회사 주식을 보유하고 있으며, B회사 주식을 보유했다면 똑같은 액수의 돈을 더 벌었을 것이다. 유일한 차이점이라면 조지는 거래라는 행동을 통해 지금 위치에 와 있지만 폴은 거래하지 않았기에 똑같은 위치에 있다. 이 단편적인 사례는 많은 의미를 내포한다. 사람들은 결과가 똑같더라도 아무 행동을 하지 않았을 때 얻는 결과보다는 어떤 행동 때문에 생긴 결과에 후회를 포함한 더 강력한 감정적인 반응을 느낀다. 이러한 사실은 도박이라는 맥락 속에서도 입증되어 왔다. 도박을 하지 않아서 손해를 보지 않았을 때보다 도박을 해서 손해 보지 않았던 것과 동일한 액수를 벌었을 때 더 행복하다. 이런 불균형은 특히 손해의 경우에 두드러지며, 후회뿐 아니라 비난할 때도 마찬가지이다.

어디까지가 운이고, 기량일까

『내가 다시 서른 살이 된다면』의 영어 제목은 『The Success Equation』이다. '성공 공식'이라고 하는 영어 제목이 더 책 내용에 부합한다. 본문 내용에 다른 책 출판시에 저자가 원한 제목과 편집자가 원한 제목이 달랐는데 편집자가 반대한 이유가 출판사에서 바로 전 출판한 책 제목과 유사해서였다고 한다. 결국에 저자가 원하는 제목으로 다수의 투표를 통해 바꿨다고 한다. 마찬가지로 한국에서 책 제목이 원제나 내용과 동떨어지게 나와서 저자가 기분 나빠하지 않았을까. 차라리 '운과 기량'의 연관성이 적절한 제목이라 생각한다.

서두에 저자가 어떤 식으로 첫 직장을 갖게 되었는지 설명하며 시작한다. 입사 면접에서 최고 결정자의 휴지통에 있는 미식축구팀 팜플렛을 보고 자신과 연관성을 이야기한 결과로 취직이 되었다고 한다. 모든 사람이 반대했지만 최고 결정자가 마음에 든다는 이유로 입사되었다. 당시의 운 덕분에 현재까지 올 수 있었다는 이야기로 시작한다. 저자는 이런 경험을 통해 사람들이 실력으로 성공하는 것인지 운 덕분이었는지에 대한 의문을 던진다.

난 사업이나 투자로 성공한 사람들이 대부분 운이 작용한 결과라고 생각한다. 자신이 갖고 있는 기량 — 책에서는 능력이나 실력보다는 기량이라 표현한다 — 이 성공하는 데 중요한 요소임에는 부정할 수 없는 사실이지만 운에 따라 누구는 성공하고 누구는 실패하는 경우가 왕왕 있다는 사실을 솔직히 믿는다. 이렇게 생각하면 실제로 커다란 노력 없이 성공할 수 있냐는 반문이 나오지만 흔히 운도 노력하는 자에게 따라온다는 말이 있는 것처럼 노력과 운이 결합될 때 성공할 가능성이 클 뿐이다.

특히, 투자 쪽으로 많은 관심을 기울이다보니 그 쪽에서 성공한 사람들의 이야기나 책을 많이 읽는다. 성공한 사람이 갖고 있는 기량도 중요하지만 운이라는 요소가 일정 부분 중요한 역할을 했다고 보일 때가 많다. 다만, 이 점을 인정하느냐 인정하지 않느냐에 따라 역설적으로 성공을 오래도록 유지하느냐의 여부가 결정된다. 성공을 전적으로 자신의 능력과 실력에 따른 결과라고 생각하는 사람들은 거의 어김없이 머지않아 성공이라는 자리에서 내려온다. 성공에서 운이라는 요소가 다수 결합되었다는 것을 인정하는 고수(?)들은 오히려 그 자리를 오래도록 유지하는 것을 보았다.

이렇게 이야기하면 어딘지 무척이나 성공이 우습게 보일 수 있다.

아무리 노력해도 운이 결부되지 않으면 성공할 수 없다니. 그저 운이라는 놈을 어떻게 해야 내 편으로 만들지 연구하고 노력하는 것이 더 중요한 문제가 될 수 있다. 한마디로 비관론에 빠질 수밖에 없다. 태어날 때부터 금수저를 물고 태어나면 된다는 자조적이며 냉소적인 의미를 내뿜게 된다.

책에 나온 예시 중에 한 학생이 나온다. 이 학생은 선생님이 내는 100개의 문제 중 정확하게 80개를 외운다. 그래도 자신의 성적에는 큰 지장이 없다. 총 100 문제가 나오는데 그 중에 80 문제는 정확히 맞출 수 있기 때문이다. 이건 기량이다. 여기서 선생님이 문제를 20개만 낸다면 갑자기 자신의 기량만으로는 정확하게 점수가 나올 수 없다. 재수 없게 자신이 외우지 않은 20개에서 문제를 낸다면 0점이 되어 버린다. 외우고 있는 80개 내에서 낸다면 100점도 가능하다. 이럴 때 바로 운이라는 요소가 개입을 한다.

우리는 대부분 자신의 기량을 길러 100개 중에 보통 60~80개 정도를 외운다. 이 상황에서 어떤 문제가 출제되느냐에 따라 자신의 기량과 상관없이 운이라는 요소가 결부될 수밖에 없다. 간단하게 생각해서 100개를 다 외우면 되겠지만 우리 인생에 있어 그럴 수 있는 분야가 극히 제한적이다. 다 외웠는데 갑자기 기억이 안 날 수도 있다. 순수하게 기량으로만 성공이 정해지는 분야는 극히 드물다.

책에서는 체스를 기량으로 승부하는 대표적인 분야로 꼽는다. 체스는 기량을 제외한 운이라는 요소가 거의 제한적인 분야이다. 투자는 결코 그렇지 않다. 내 기량만으로 다른 사람과 승부를 벌이는 게임이 아니다. 내 기량은 물론이고 더 이상 파악하기 힘들 정도로 무작위로 펼쳐지는 문제를 풀어야 하는 분야이다. 이러다 보니 초심자의 행운도 통용이 되는 것이다. 딱 하나만 알고 있었는데 운 좋게 그 문제가 등장하여 100점을 맞출 수도 있다. 처음에는 행운이라 치부하지만 연속적으로 발생할 수도 있다. 자연스럽게 자신의 실력이 대단하다는 착각에 빠지게 된다. 운이라는 것이 어떤 식으로 자신에게 작용하는지 결코 알 수 없는 게 바로 투자 분야이다.

아무리 기량을 올리고 올려도 100개를 다 외울 수 없는 게 투자다. 우리가 하는 많은 일들이 그렇다. 우리에게 벌어지는 온갖 요소들을 하나도 남김없이 완벽하게 알 수 있는 사람은 없다. 각자의 직업에서 어느 정도의 수준만 되어도 굳이 더 이상 노력을 하지 않아도 흔한 말로 굴러갈 수 있게 된다. 자신의 기량이 더 이상 늘지 않고 정체되어도 여전히 큰 무리 없이 무난하게 넘어갈 수 있다.

성공한 사람들은 자신의 기량을 더욱 완벽하게 다듬고 올리려고 노력한다. 이 순간부터 진정한 어려움을 겪게 된다. 고도의 집중을 수반한 끊임없는 인내와 반복이라는 고통을 거쳐야만 한 단계 겨우 올라설 수 있으니 대부분 사람들은 더 이상 노력을 하지 않는다. 그래도 먹고사는 데 큰 지장은 없다. 그 정도로도 먹고사는 데 지장 없을 정도로 익숙해지면서 다 알고 있다고 착각을 하게 된다. 80개만 외우고 있어도 적당한 점수를 얻을 수 있다. 어쩌다 모르는 문제가 나와도 운이 없는 것으로 치부하고 전부 아는 문제가 나오면 지금까지 노력한 결과라고 자랑한다. 이런 모든 일들이 운이라는 요소가 결부된 결과인데.

자신이 하는 일에 있어 기량과 운에 대한 구분을 할 수 있는 능력을 기르는 것도 도움이 된다. 어디까지 본인의 기량이고 어디까지 운인지 아는 것은 일을 하는데 있어 냉정하게 스스로를 파악할 수 있게 해준다. 내가 몸담고 있는 분야에서 어디까지 기량으로 올라갈 수 있는지를 파악하면서 운이라는 놈을 내편으로 만들 수 있는지 따져 보는 것이다.

아무리 노력해도 복권은 운에 속한 영역이지 기량에 속한 영역이 아니다. 체스처럼 기량을 승부하는 분야는 철저하게 자신의 노력만큼 성공을 보장한다. 물론, 타고난 개인의 능력은 인정해야 한다. 운에 속한 영역에서 재수 없게 블랙스완 — 예측하지 못한 사건 — 이 나타날 수 있다는 점을 철저하게 숙지해야 한다. 기량으로 모든 것을 할 수 있다고 믿으면 블랙스완에게 잡아 먹힐 수 있다.

어떤 사건이 벌어지기 전부터 자신이 예상했던 방향으로 흘러갔다고 믿어버리는 사후편향에 빠지지 않도록 해야 한다. 결국에는 늘 평균으로 회귀할 수 있다는 점을 유념해야 한다. 언제나 평균을 올리도록 노력하는 것이 핵심이다. 평균의 편차가 크다면 어느 순간 운이 재수 없게 작용해서 완전히 나락으로 떨어질 수 있다.

이 책이 흥미로운 것은 모든 사람이 꿈꾸는 성공의 진실을 알려준다. 단순하게 이렇게 하면 성공할 수 있고 저렇게 하면 실패할 가능성이 크다고 말하지 않는다. 막연한 이야기를 꽤 설득력을 갖고 과학적으로 설명했다. 어째서 운이 작용하는지를 알려준다. 운을 부정할 수 없지만 기량을 올려야 하는 중요성도 설명한다. 이를테면 다윗은 자신이 집중할 수 있는 부분에만 집중해서 성공할 수 있었다. 그가 골리앗에게 달려들어 일대일로 싸우려 했다면 백전백패였겠지만 최대한 원거리에서 골리앗의 약점을 제대로 공략해서 성공했다. 나에게 맞는 기량을 키우는 것이 올바른 성공의 지름길이 아닌가 싶다.

운은 노력하는 자에게 찾아온다고 말한다. 100개의 문제에서 80개를 외운 사람과 60개를 외운 사람과 20개를 외운 사람은 몇 문제가 나오느냐에 따라 운이라는 요소가 작용을 한다. 딱 한 번의 시험이 아니라 여러 번 시험을 치게 되면 결국에는 80개 외운 사람의 점수가 가장 높게 나올 수밖에 없다. 자신의 기량을 올리기 위한 노력을 게을리 할 수 없는 이유다.

우리가 살고 있는 세상에서는 문제가 100개가 아니라 헤아릴 수도 없이 많다. 자신의 기량과 상관없이 운에 의해 100점을 맞을 수 있지만 지속할 수 없는 이유가 바로 여기에 있다. 기량을 올리면 올릴수록 보다 더 높은 점수를 획득할 수 있다. 다만, 순수하게 기량으로 승부하는 분야가 ― 음악 콩코르, 테니스 시합과 같은 운동종목 등등 ― 아닌 다음에는 운이라는 요소가 점수를 좌우할 수도 있다는 것을 인정하고 문제를 풀어야 한다.

▶ 표본 크기

	운이 지배적인 활동 분야	기량이 지배적인 활동 분야
작은 표본	무용지물(Useless)	충분(Sufficient)
큰 표본	필요(Necessary)	불필요(Redundant)

『기브 앤 테이크』, 애덤 그랜트 지음	☐
『나를 바꾸는 80/20법칙』, 리처드 코치 지음	☐
『뇌를 훔치는 사람들』, 데이비드 루이스 지음	☐
『당신의 고정관념을 깨뜨릴 심리실험 45가지』, 더글라스 무크 지음	☐
『돈의 심리학』, 뤼디거 달케 지음	☐
『돈의 인문학』, 김찬호 지음	☐
『맥스웰 몰츠 성공의 법칙』, 맥스웰 몰츠 지음	☐
『머니 앤드 브레인』, 제이슨 츠바이크 지음	☐
『뱀의 뇌에게 말을 걸지 마라』, 마크 고울스톤 지음	☐
『부의 추월차선』, 엠제이 드마코 지음	☐
『부자가 되는 생각의 법칙』, 월러스 워틀스 지음	☐
『부자가 되려면 부자에게 점심을 사라』, 혼다 켄 지음	☐
『부자들의 생각을 읽는다』, 이상건 지음	☐
『부자들의 선택』, 토머스 J. 스탠리 지음 (『백만장자 마인드』 개정판)	☐
『불안』, 알랭 드 보통 지음	☐
『빅토리』, 브라이언 트레이시 지음	☐
『새로운 부자들』, 짐 테일러, 더그 해리슨, 스티븐 크라우스 공저	☐
『생각의 탄생』, 로버트 루트번스타인, 미셸 루트번스타인 공저	☐
『서민갑부』, 채널A 서민갑부팀 지음	☐
『성공하는 사람들의 7가지 습관』, 스티븐 코비 지음	☐
『성공하는 시간관리와 인생 관리를 위한 10가지 자연법칙』, 하이럼 W. 스미스 지음	☐
『숫자에 속아 위험한 선택을 하는 사람들』, 게르트 기거렌처 지음	☐

『스키너의 심리상자 열기』, 로렌 슬레이터 지음	☐
『스틱』, 칩 히스, 댄 히스 공저	☐
『심리학을 변화시킨 40가지 연구』, 로저 R.호크 지음	☐
『어플루엔자』, 올리버 제임스 지음	☐
『영장류 게임』, 다리오 마에스트리피에리 지음	☐
『워렌버펏처럼 투자 심리 읽는 법』, 제임스 몬티어 지음	☐
『원화의 미래』, 홍춘욱 지음	☐
『월급쟁이 부자는 없다』, 김수영 지음	☐
『인구 변화가 부의 지도를 바꾼다』, 홍춘욱 지음	☐
『재테크의 99%는 실천이다』, 박용석 지음	☐
『주식투자가 부의 지도를 바꾼다』, 홍춘욱 지음	☐
『주식투자란 무엇인가』, 박경철 지음	☐
『죽음의 수용소에서』, 빅터 프랭클 지음	☐
『칭찬은 고래도 춤추게 한다』, 켄 블랜차드 지음	☐
『카네기 인간관계론』, 데일 카네기 지음	☐
『투자의 유혹』, 장득수 지음	☐
『한국의 부자들』, 한상복 지음	☐
『한국의 젊은 부자들』, 박용석 지음	☐
『행동경제학』, 도모노 노리오 지음	☐
『혼자 힘으로 백만장자가 된 사람들의 21가지 원칙』, 브라이언 트레이시 지음	☐

Read the book to be rich

PART 02

돈이 어디서 와서
어디로 가는지 파악하라

무엇이든 기초가 가장 중요하지만 지겹다. 쉽게 기초를 닦을 수 없다. 배우고 익히고 닦아도 완성되지 않는 영역이 기초다. 어느 정도 되었다 생각해도 또 다시 잊어버리는 기초. 난 여전히 기초가 부족하다고 생각해서 기본을 알려주는 책을 자주 읽는다. 투자와 관련된 전공을 갖은 적도 없고 죽어라 파고들어 일정 수준을 달성하는 타입도 아니라 읽고 또 읽는 방법 이외는 없다.

내 머리가 아둔해서 그런지 기초 책을 읽어도 또 다시 새롭게 몰랐던 부분을 알게 되는 경우가 많다. 큰 틀과 전체적인 아웃라인은 잡았을지 몰라도 세부적인 디테일에서 놓치는 것이 제법 많다. 내 성격이 자잘한 걸 신경 쓰지 않고 큰 틀에서 크게 어긋나지 않으면 실행하는 편이라 디테일을 자주 놓친다. 책을 읽으며 잊었던 걸 다시 반복하며 되새김질 한다.

어느 정도 수준 있는 투자자들은 기초에 해당하는 책을 이제는 안 읽는지도 모르겠다. 나처럼 읽은 책의 리뷰를 거의 다 올리는 경우가 드물어 확인하기는 힘들다. 이미 아는 내용이라 해도 투자 기초를 알려주는 책은 반복해서 읽고 또 읽게 된다. 아주 좋다고 소문난 책을 찾아 읽기도 하고 신간 중 좋은 책이라 판단되면 읽는다. 생각보다 투자 기초를 알려주는 책이 별로인 경우도 많다.

투자 기초라 표현하면 애매하고 무엇인지 감이 잡히지 않을 수 있다. 돈이라 표현하면 좀 더 머릿속에 확실히 들어올 것이다. 돈을 알아야 한다는 것에 의아할 수 있다. 현재 우리가 살고 있는 자본주의 시스템의 근본은 돈이다. 돈은 무엇인지 자본주의는 무엇인지 아는 것이 기초다. 자본주의 시스템에서 경제는 어떻게 움직이는지 금리와 갈수록 중요해지는 인구구조 역시도 투자 기초다. 돈이 무서운 이유는 탐욕과 공포 때문이다. 이 모든 것은 리스크와 관련되어 있다.

투자를 하려면 가장 기본 중 기본은 종잣돈이다. 투자할 수 있는 돈이 없다면 열심히 공부하고 마인드를 다스리고 방법을 배워도 아무 소용없다. 처음부터 갖고 있는 돈이 있을 확률이 적지만 종잣돈을 모으면서 독서하며 준비해야 한다. 종잣돈 모으기는 쉽지 않다. 우리 의지와 달리 모래를 손으로 움켜잡는 것처럼 빠져나가는 돈이 많다. 문제는 이를 스스로 전혀 인식하지 못할 때가 더 많다는 사실이다.

얼마 되지 않는 돈을 더 열심히 모으고 더 빨리 모으려 했던 노력이 부질없을 때도 많다. 이자를 더 많이 준다고 유혹하는 금융상품에 가입하거나 무작정 모든 돈을 한 상품에 가입하기도 한다. 생각보다 많은 금융상품에 제대로 알아보지 않고 덜컥 가입한 후 고민하고 후회하며 손해를 보고 해지하는 경우도 많다. 누구도 내 돈을 지켜주지 않고 불려주지 않는다. 스스로 좋은 상품을 찾지 못해도 나쁜 상품을 피하려 노력해야 한다. 개략적인 상품의 특성만 알아도 큰 도움이 된다.

막상 투자를 시작하면 책으로 보던 것과 많은 부분에서 다르다는 걸 깨닫는다. 분명히 냉철하고 이성적으로 어떤 유혹에도 흔들리지 않고 공포에 두려워하지 않을 것이라는 생각과 달리 바보 같은 행동을 반복한다. 초심자의 행운처럼 뜻하지 않게 투자 결과가 좋게 나와 기고만장해서 더 판을 키웠다가 큰 화를 불러일으키는 경우도 많다.

돈이 사라지고 난 다음에는 이미 늦는다.

투자는 자신과 싸움이라는 이야기를 반복할 수밖에 없다. 투자를 하면 할수록 주변에 흔들리고 중심을 잡지 못하는 나를 발견한다. 이럴 때 나보다 앞서 간 사람들은 어떻게 대처했고 생각하는지 미리 알아두면 큰 도움이 된다. 투자에 성공해서 기뻐하고 실패해서 슬퍼해야 할 필요가 없다. 성공과 실패는 투자하면서 반복적으로 발생하는 일상이다. 적게 실패하면 기회가 왔을 때 잡을 수 있다. 교만하지 않고 겸손히 투자해야 한다.

생각보다 투자는 큰 틀에서 보면 자산시장의 큰 흐름에서 함께 상승장과 하락장을 반복한다. 세계와 단일권이 되고 복합적으로 엮여 있어 한국만 경제가 좋거나 나쁠 수 없다. 이런 큰 흐름을 볼 줄 알아야 왜 나의 투자 수익이 어떨 때는 좋고 나쁜지 착각하지 않고 대처할 수 있다. 내가 수익을 잘 내는 것이 아니라 상승장이라 수익이 날 뿐이다. 상승장에 투자해서 크든 작든 수익을 낼 수 있었고 하락장에 투자해서 아무리 노력해도 손해를 보게 된 것이다.

이런 복합적인 자산시장의 상승과 하락을 알아야 한다. 공부한다고 알 수 있다는 보장은 없다. 아무리 공부해도 여전히 모르는 것 투성이다. 그렇다고 포기할 수 없다. 이제 처음 투자를 공부하는 사람이 모든 걸 완벽히 파악하고 대처한다는 것 자체가 말이 안 된다. 소개하는 책이라도 읽으며 큰 흐름을 어렴풋이라도 깨닫는다면 좋겠다. 쉽지 않더라도 여기서 소개한 책을 쓴 저자의 다른 책도 읽으며 조금씩 확장하며 범위를 넓혀가도록 하자. 당장은 효과가 없어도 투자를 포기하지 않고 지속적으로 한다면 점점 뼈가 튼튼해지고 살이 단단해지며 투자 근육이 생길 것이다.

4장

부자를 알아야 한다

부자가 될 수 없는
치명적인 돈 실수

단순하게 '얼마의 돈을 벌었다'거나 '얼마를 갖고 있다'와 같은 물질적인 부만 한정해서 부자에 대한 정의를 내리기에는 답이 없는 경우가 많다. 일정 금액 이상을 갖고 있어야 부자라고 해도 다들 자신은 해당되지 않는다며 손사래를 친다. 부자의 기준을 정해도 서로 자신은 해당되지 않는다고 하니 정답이 없다. 이러니 부자에 대한 여러 이야기가 지금도 나온다.

『지금 시작하는 부자공부』는 〈머니투데이〉신문에 '줄리아의 투자노트'라고 하여 발표된 기사를 책으로 펴낸 것이다. 미국에 거주하는 기자가 현지 언론에서 발표하는 부자와 관련되어 있는 설문이나 자료를 보고 이를 근거로 글을 썼다. 막연히 '부자는 이럴 것이다'나 직접 여러 부자들을 만나 인터뷰한 내용을 근거로 쓴 것이 아니다. 미국에서 발표한 기사들을 근거로 저자의 생각을 보태 주장을 펼친 책이다.

내용 중에 상당히 많이 언급되는 책은 읽다가 그 책을 직접 찾아보기도 했다. 『백만장자 마인드』를 쓴 토마스 스탠리는 워낙 부자학으로 유명한 사람이라 그 사람의 책은 다 읽었다. 『새로운 부자들』은 초반에 상당히 자주 언급되어 찾아보니 국내에 출판이 되었는데 미처 몰랐던 책이었다. 『계층 이동의 사다리』는 제목만으로 무엇을 이야기하는지 유추는 가능해도 읽으려 했다. 이처럼 책 속에 소개된 책을 읽는 것으로도 도움이 되었다.

특히나 많은 부분에서 연구소 자료나 기사를 발췌해서 신뢰도를 높이고, 검증을 통해 부자에 대한 정의와 소개를 한다는 점이 가장 좋다. 막연히 '부자는 이렇다'고 이야기하는 책들에 비해 『지금 시작하는 부자공부』는 부자를 주로 상대하는 재무 설계사들과 부자를 관리하는 재무 설계회사를 비롯한 금융기관에서 발표한 내용을 근거로 쓰여졌다.

책에서 소개하는 부자들은 전부 미국에서 성공한 부자들이라는 한계가 있다. 미국인은 전 세계적으로 가장 많은 부자들이 존재할 뿐만 아니라 부자 순위에서도 대다수를 차지한다. 주로 투자와 사업으로 이룬 부다. 미국은 특히나 성장시킨 기업이 M&A로 합병되거나 공개 상장될 때 큰 부를 획득한다. 나라별로 약간씩 부자가 되는 구체적인 방법은 다소 다를 수 있는데 너무 미국 사례 위주로 치중되어 있다는 것은 좀 아쉬운 점이다.

부자에 대해 알려주는 책이라 어느 페이지를 읽어도 된다. 제목만 보고 그때그때마다 원하는 걸 얻을 수 있는 것이 『지금 시작하는 부자공부』의 가장 큰 장점이다.

이를테면 부자가 될 수 없는 12가지 치명적인 돈 실수라는 주제에 대해 다음과 같이 알려준다. '주위 사람들을 의식한다' '인내심이 없다' '장기 계획을 세우지 않는다' '리스크를 지지 않는다' '과거에 연연한다' '잘못된 타이밍을 선택한다' '자산을 돌보지 않는다' '나쁜 습관이 있다' '대비가 되어 있지 않다' '돈을 쉽게 벌려 한다' '투자 결정을 전문가에게 의존한다' '이해하지 못하는 곳에 투자한다'

내가 아직 부자가 되지 못한 이유가 궁금하다면 다음과 같이 5가지를 알려준다. '상황이 좋아지기를 기다렸다' '내 사정을 알아주기를 바랐다' '다른 사람과 비교했다' '남들과 똑같이 생각했다' '대책없는 낙관론에 기댔다'

그렇다면 실망하지 말고 적은 돈으로 행복할 수 있는 방법도 알려준다. '명품 백을 사지 말고 여행을 떠나라' '이기적인 이유로라도 다른 사람들을 도와주라' '자동차를 사지 말고 속옷에 투자하라' '돈을 모아 현금으로 사라' '남들처럼 살아라'

책에서 알려준 핵심문구만 적어 놨기에 더 자세한 내용이 궁금하다면 직접 책에 있는 부연설명을 읽으면 된다. 아울러 저자는 여전히 〈머니투데이〉에 주말마다 '줄리아의 투자노트'로 꾸준히 부와 부자에 대해 알려주고 있다. 『지금 시작하는 부자공부』로 전체적인 큰 틀을 잡은 후에 매주 올라오는 내용을 업데이트하면 좋다.

『지금 시작하는 부자공부』는 이론적이지만 부자들에게 받은 설문

결과를 체계적으로 알려주고 있어 부자에 대해 명확한 그림을 그릴 수 있게 한다. 그만큼 부자에 대해 다양하게 알려주면서 허황된 이야기를 하는 책이 아니다. 부자에 대해 단지 돈만 많으면 된다고 선동하거나 빨리 부자가 되라고 강요하지 않는다. 자수성가로 부자가 된 사람들의 이야기를 들려주는 좋은 책이다.

책 속으로

▶ 행복한 부자가 되는 15가지 비밀

1. 행복은 100만 달러가 아니라 '인생을 얻는 것'
2. 행복은 돈에 '집착하지 않는 것'
3. 행복은 당신이 하는 '일을 사랑하는 것'
4. 행복은 당신이 정말, 정말 사랑하는 일을 하는 것
5. 행복은 당신이 하고 있는 일에 '푹 빠지는 것'
6. 행복이란 아기들, 치리오스, 그리고 포근한 강아지들
7. 행복이란 엄청난 한순간이 아니라 수많은 작은 순간들의 연속
8. 행복은 휘파람을 불며 '아무것도 하지 않는 것'
9. 행복은 다른 사람을 행복하게 만드는 것
10. 행복은 행동하는 것, 올바른 일을 하는 것
11. 행복은 인류애에 기여하는 것
12. 행복은 만족을 아는 것

『부자들의 선택』 | 토머스 J.스탠리 지음 | 북하우스

열정보다 중요한
자기 관리

전작인 『이웃집 백만장자』에서 부자들은 먼 곳에 있는 것이 아니라 바로 우리 옆에 살고 있다는 이야기를 했다면 『부자들의 선택』은 그들이 그런 부를 형성한 과정에 대해 아주 소상하게 밝혀주고 있다. 토마스 스탠리의 책을 좋아하는 이유가 바로 여기에 있다. 미국에서 들어온 성공학 책이나 국내 저자의 책들이 어느 정도 뜬구름잡기식이라면 토마스 스탠리의 책들은 정확한 방법과 구체적인 데이터를 보여준다.

구체적인 데이터로 부를 획득한 방법이 소개되지 않아도 책을 읽는 동안 꿈을 꾸게 만든다면 좋다는 식의 책이 많다. 지금까지와는 다른 삶을 꿈꾸도록 목표를 설정하여 도전할 수 있게 해준다면 좋은 책임에는 틀림없다. 그 책들의 목적에 충실했을 뿐이다. 그럼에도 아침마다 일어나서 '할 수 있다!'라고 목청껏 외친들 정작 특별히 할 것

도 없는 상황이라면 크게 도움이 된다고 보긴 어렵겠지만.

똑같은 책이라도 읽는 사람의 감정과 상태와 현재 상황 등의 복잡한 과정을 거쳐 받아들이는 부분이 다를 테지만『부자들의 선택』에서 내가 느낀 것은 한 가지였다. 백만장자가 된 사람들의 한결같은 공통점은 자기 관리가 뛰어나다는 점이다. 엄청난 열정을 갖고 일을 한 것도 아니고 앞만 보고 전진한 결과도 아니다. 그들은 끊임없이 자신이 해야 할 일을 한다. 주변 상황에 대해 관찰하고 자신의 상황에 대해 질문하며 자신을 관리했다.

나는 열정적으로 일을 한 적이 없다. 그래도 며칠 밤을 새며 일을 한 적은 있었다. 졸업작품전을 위해서 며칠 동안 집에 들어가지도 않고 밤을 샜다. 대단한 작품을 만드느라고 그런 것이 아니라 실력이 부족해 작품을 지키고 마무리 할 사람이 나밖에 없었기 때문이었다. 열정을 갖고 한 것이 아니라 당연히 해야 할 일이라 했다. 지금까지 내가 한 일들의 대부분은 열정을 갖고 목표를 달성하기 위해 했다는 느낌보다는 당연히 해야 할 일이라서 했던 것들이다.

세상은 열정을 강조하고 열정적으로 삶을 살고 죽을 만큼 열심히 일하라고 독려하며 구호를 외친다. 사회에서 유명하고 성공한 사람들이 그렇게 이야기하는 말에 사실 주눅 든 적이 많다. 단 한 번도 난 그렇게 열정을 갖고 살아본 적이 없었기 때문이다. 다만, 자기 관리는 철저한 편이다. 나 자신을 위해 해야 할 것은 타협하지 않고 시간이 걸려도 꼭 했다. 책에서는 이런 자기 관리가 성공한 사람들의 첫 번째 덕목이라고 나온다. 설문조사에서 많은 백만장자들이 성공비결로

꼽은 1등 항목은 바로 자기 관리이다.

다른 부분은 바로 용기였다. 편하게 월급 받고 생활하지 않고 생활비마저도 걱정해야 하는 어려움을 경험하면서도 창업해서 끝내 성공한 용기. 남들이 주저하고 감히 들어가지 못하는 순간에도 과감히 투자할 수 있는 용기. 이런 용기들은 결코 무모한 객기나 투기가 아니라 자신에 대해 끊임없이 관리하면서 얻은 경험을 통해 획득한 용기가 아닌가 한다.

많은 사람들이 가장 힘들어 하는 것이 바로 자기 관리가 아닐까. 솔직히 이게 제일 힘들다. 누가 시키지 않아도 해야 할 것을 알아서 하는 것. 시키는 일만 마지못해 하는 것에 익숙한 사람들에게 결코 쉽지 않은 일이다. 자신의 시간을 관리하는 것만큼 어려운 일이 없다. 잠시만 나태해져도 망가지는 것이 바로 자신의 시간을 스스로 관리하는 일이다.

많은 부모들이 공부를 잘해서 좋은 대학을 들어가라고 이야기한다. 한국만이 아니라 미국에서도 동일한 듯하다. 『부자들의 선택』에서는 그렇게 이야기하는 것이 바로 아이들을 죽이는 말이라고 한다. 그나마 미국은 우리나라보다 더 창의적인 교육을 한다고 하지만 그들이나 우리나 똑같다. 획일적이고 기계화된 사람을 만드는 과정이 바로 좋은 대학을 나와 일하라고 하는 것이 아닐까.

지금 우리 주위에 성공한 많은 사람들은 대학을 졸업한 사람보다 고졸이 많다. 아이러니하게도 대학도 좋은 대학이 아니라 그저 그런 대학(세상 사람들 관점에서)을 나온 사람들이 좋은 대학을 나온 사람들을 직원으로 쓰고 있다. 이 부분은 미국도 마찬가지로 나오는데 이러한 현상은 사실 우리 윗세대들의 환경에 기인한 것으로 보인다. 그들에게 대학졸업은 사치에 가까운 일이었으니 말이다.

이제는 점점 한국도 대학 졸업장은 그다지 대단한 것이 못된다. 공부 열심히 해서 좋은 대학 나오라고 하는 것은 예전이나 지금이나 같다. 과거와 달리 지금은 원한다면 대학은 갈 수 있는 곳으로 바뀌었다. 좋은 대학을 나와 좋은 직장에서 월급을 받으며 생활하는 시스템적인 인간이 좋은 대학을 나오지 못한 사장의 직원이 되는 상황이 계속 유효할지 궁금하다. 20년 뒤면 우리 윗세대와는 조금 다른 환경이 펼쳐지지 않을까.

한편으로는 여전히 지금까지와는 별 차이가 없을 것으로 보인다. 예전에는 고졸 출신이 대학 출신들을 직원으로 두었다면 이제는 그저 그런 대학을 나온 사람들이 좋은 대학을 나온 사람을 직원으로 쓴다는 정도의 차이가 있지 않을까. 그들은 좋은 대학을 나오지 못해서 역설적으로 자신에 대해 정확히 평가한다. 대단한 사람이 아니라는 자각과 함께 더 이상 물러날 곳이 없다는 걸 깨닫는다. 지극히 평범한 인물이라 인정하고 용기를 갖고 도전한다. 물론, 좋은 대학을 나와 크게 성공하는 사람들은 과거에도 지금도 미래에도 많겠지만 전체로 놓고 볼 때 통계적으로 큰 차이가 없을 것이라 본다.

『부자들의 선택』에는 부모의 중요성에 대해 나온다. 백만장자들의 부모는 한결같이 — 선생 포함 — 좋은 대학을 나오지 않았다고 책망하지 않았고 자기 자신을 그대로 인정해주었다고 한다. 좋은 대학을 가지 못했다고 인생 낙오자로 치부하지 않았고 굳이 좋은 대학을 가라고 압력을 넣지 않았다. 물론, 이왕이면 다홍치마라고 좋은 대학을 나오는 것은 개인적으로도 가족으로도 멋진 일이다. 하지만 부모의 욕망이 자녀를 망치는 결과인 경우도 많다. 난 그렇게 생각한다. 자신도 하지 못한 일을 자식들은 당연히 할 것이라 여기는 것이 더 이상한 행동 아닌가.

멋있는 직업이 아니라 남들로부터 관심 받지 못하는 직업에서 최선을 다한 노력으로 부자가 된다. 진짜 부자들은 직업의 귀천이 없다는 걸 몸소 실천한다. 한국에서 『서민갑부』에 나오는 부자들을 보면 동일하다. 처음에는 마인드를 다지기 위해 성공학 책들을 읽는 것도 좋지만 궁극적으로 『이웃집 백만장자』나 『부자들의 선택』이 훨씬 큰 도움이 된다. 우리가 생각하는 것과 부자는 다르다.

🔖 책 속으로

▶ 백만장자들의 8가지 성공 요인

1. 성실하라, 진실되라, 열정을 가져라. 이것은 우리의 경제를 유지시켜왔고 앞으로도 유지시켜줄 중요한 성공요인이다.
2. 학교 성적이 경제적 성공의 장애가 되도록 만들지 말라.
3. 금전적 모험을 감수할 용기를 가져라. 그리고 실패를 극복할 수 있

는 법을 배워라.

4. 독창적이면서도 이윤이 많이 날 수 있는 일을 선택하라. 그리고 자신이 좋아하는 일을 하라.

5. 배우자를 신중하게 선택하라. 실제, 경제적으로 성공한 사람은 성공과 조화를 이룰 수 있는 성격을 지닌 사람과 결혼했다.

6. 경제적으로 생산적인 가계를 꾸려나가라. 많은 백만장자들은 새것을 사기보다 쓰던 것을 고쳐서 쓴다.

7. 집을 고를 때는 백만장자들의 예를 따르라. 그들처럼 따져보고, 발로 찾아다니고, 적극적으로 협상하라.

8. 균형 있는 생활방식을 택하라. 많은 백만장자들은 '돈 안 드는 활동'을 한다. 가족이나 친구와 즐기는 데는 돈이 많이 들지 않는다.

일반인과 다른
부자의 생각

투자에서 가장 중요한 핵심은 수익이다. 어느 누구도 손해 보려고 투자하지 않는다. 재미로 투자하는 사람도 수익을 내려고 최선을 다하지 손해가 났는데 웃을 사람은 없다. 투자 분야에서 이익을 보기 위해 다들 전력투구하지만 노력을 비웃기라도 하듯 무의미하게 되는 경우가 많다. 가장 현명하고 올바른 판단이라 믿고 내린 결론이 바보 같은 결정이었다는 것을 알게 된다.

더 중요한 점은 이런 판단과정으로 선택한 결정에 따른 결과가 잘못되어도 스스로 그 원인을 전혀 알지 못한다. 잘못되어도 최선을 다한 결과로 벌어진 일이니 운이 좀 없었다고 치부한다. 다음번에 잘하면 된다고 스스로를 다독인다. 다시 또 반복해도 똑같은 결과를 맛보게 되는데 또 모른다. 그 이유는 바로 인간이 갖고 있는 속성 때문이다.

기존 경제학에서 이야기하는 인간은 이성적인 존재다. 어떤 경우에도 냉정하게 판단하고 감정에 흔들리지 않는다. 눈앞에서 곧 이익이 날 것인데도 불구하고 손해 보는 행동을 할 이유가 없다. 행동경제학에서 밝혀낸 인간은 감정을 갖고 있는 존재다. 이성적으로 판단하고 행동한다고 믿을 뿐이다. 실제로는 전혀 이성적이지도 않고 자신에게 이익이 되지 않는 행동도 바보같이 실행한다.

과학과 달리 경제학은 동물이 아니라 사람을 대상으로 다양한 조건을 설정하고 실험에 참여시켜 결과를 도출한다. 실험에서 거의 대부분의 사람들은 이익을 내려 최선의 노력을 했지만 결국 손해를 보는 쪽으로 움직였다. 하지만 당장은 손해를 보는 것 같아도 이익을 보는 결정을 하는 사람들도 있다. 이런 사람들의 선택이 결국에는 부자의 생각과 행동이라고 알려주는 책이 바로 『부자들의 생각법』이다.

부자라고 해서 완벽하게 판단하고 행동하지 않는다. 인간의 본능과 속성과 본질상 그건 절대로 불가능하다. 그나마 최대한 알고 있는 만큼 노력하고 가끔 본능적으로 남들과는 다른 판단과 결정을 하고 실행할 뿐이다. 『부자들의 생각법』이라는 제목답게 일반인들의 어리석은 결정에 대해 알려준다. 책에서는 바로 이 점이 부자가 일반인들과는 딱 한 가지 다른 점이라고 설명한다.

『부자들의 생각법』은 이미 잘 알고 있는 사건과 인물들의 행동의 결과를 언급하면서 자연스럽게 행동경제학의 용어들을 끌어들인다. 실제 사례뿐만 아니라 실험사례까지 소개하면서 개연성과 당위성을 분명히 제시한다. 기존의 내용을 잘 엮어 책을 새롭게 읽을 수 있게 만든 것이 베스트셀러로 많은 사람들에게 선택 받은 비결이다.

최근에 독일에서 건너온 책들이 인기다. 실용분야는 『보도 섀퍼의 돈』으로부터 출발해서 몇 년 전부터 추리소설까지 번역되어 사람들에게 인기를 얻고 있다. 그동안 많이 알려져 있지 않아 그렇지 책들이 하나같이 다 흥미와 재미, 정보를 잘 섞어 놓았다. 미국 책이 다소 들떠 있다면 독일에 대한 편견에 걸맞게 차분하고 이성적으로 자신들이 알려야 할 정보를 효과적으로 구성해서 보여준다.

여러 용어들과 사례들이 많이 있어도 책을 다 읽은 후에는 다시 찾아야 해서 귀찮다. 『부자들의 생각법』은 마지막에 가서 총괄적으로 다시 한 번 언급을 해주는 것도 부족해 책에서 소개한 모든 용어에 대해 다시 색인으로 알려준다. 그에 대한 설명까지 함께 곁들여 있어 책을 사놓고 두고두고 써먹을 수 있을 듯하다. 가끔, 기억이 떠오르는데 용어가 생각나지 않거나 그 자세한 사례를 언급할 필요가 있을 때 아주 요긴하게 써먹을 수 있는 책이다.

▶ **재산을 지키기 위해 꼭 알아야 할 18가지 투자 원칙**

1. 워런 버핏이 월스트리트에 살지 않는 이유를 기억하라.

2. 투자 세계에 언제나 통하는 법칙은 없다.

3. 본전 생각을 버려라.

4. 푼돈의 무서움을 기억하라.

5. 손해를 인정하는 법을 익혀라.

6. 늘 처음을 생각하라.

7. 말의 핵심을 파악하라.

8. 돈을 쓰기 전에 며칠만 기다려라.

9. 포트폴리오 전체를 생각하라.

10. 작은 변화를 자주 시도하라.

11. 아무것도 하지 않는 것도 비용이다.

12. 돈을 벌었을 때가 가장 위험한 때다.

13. 투자를 기록하라.

14. 늘 의심하라.

15. 계좌에 이름을 붙여라.

16. 금융 위기는 생각보다 자주 온다.

17. 자동 이체 자동 주문을 활용하라.

18. 지금 당장 시작하라.

태어날 때부터
승자는 없다

       성공한 사람들의 자녀들은 전부 어김없이 성공했을까? 만약 그렇다면 지금까지 우리가 살고 있는 세계 지도자들과 권력층은 변하지 않았을지도 모른다. 우리는 이미 알고 있다. 왕에게서 태어난 자녀들이 무조건 뛰어난 것은 아니라는 사실을. 위대한 사람의 자녀들은 그만큼 성공하지 못했다는 사실도. 아무리 노력해도 부모를 뛰어넘지 못한다는 주변의 시선과 자괴감도 영향을 미쳤을 것이다.

  피카소는 다른 화가들과 달리 당대에 성공했고 천재라고 불리며 부도 거머쥐었고 여성편력도 꽤 심했다. 그 아들은 어찌 되었을까. 최소한 피카소 정도는 아니라도 꽤 중요한 위치를 차지한 화가가 되었을까. 화가는커녕 실패한 인생을 살았다. 금수저로 태어났는데 왜 이렇게 되었을까. 그 전에 먼저 성공한 사람에 대해서 몇 가지 알아보자.

하버드 대학교의 데이비드 맥렐런드 교수의 연구 결과로 볼 때 성공한 사람들은 우리 생각과는 달랐다. 뜨거운 심장을 갖고 높은 목표를 설정하고 도전한 사람이 아니었다. 오히려 골디락스와 같았다. 뜨겁지도 차갑지도 않았다는 말인데 선뜻 이해가 되지 않는다. 즉 쉽지 않지만 달성할 수 있는 목표를 꾸준하게 설정해서 성공했다. 이런 사람들은 대부분 자신이 성취하고 싶은 목표를 달성한다. 이런 경험이 반복되며 계속 조금씩 높은 목표를 설정하며 성공했다.

문제는 크게 성공한 사람들은 자신의 성공이 우연에 기인했다는 사실을 밝히지 않는다는 점이다. 자신이 성공한 그 정도 목표를 타인에게 강요하며 자신의 우월감을 과시한다. 여기서 자녀들이 실패하는 이유가 나온다. 자신의 자녀들에게마저 힘들고 어렵게 도전하며 운이 결합된 성공을 알리지 않고 무리하게 달성 불가능한 목표를 요구한다. 성취 경험이 없는 자녀들은 금방 지치고 포기한다.

자녀는 성공한 부모를 바라본다. 어떤 식으로 부모가 성공을 했는지 그 과정은 보지 못했고 지금 성공한 모습만 본다. 부모는 자녀에게 자신의 성공이 여러 운과 노력과 실패와 실수까지 결합된 것이라는 걸 알려주지 않는다. 오히려 그 사실을 감춘다. 편하게 자녀가 성공하길 원해서가 아니라 자신의 못난 점이 드러나는 게 두려워서다. 성공한 모습만 보여줘야 하는데 그렇지 못한 모습은 존경이 훼손되기에 자녀뿐만 아니라 일반 사람들에게도 감춘다. 위대한 사람의 자녀들이 성공하지 못한 이유다. 솔직하게 보여주는 성공자라면 그를 따르는 사람이나 자녀들도 일정수준까지 궤도에 오른다. 최근에 은

퇴한 축구선수 차두리처럼.

동아프리카 탕가니카 호수에는 T시클리드와 NT시클리드 물고기 수컷이 있다. T시클리드는 우수한 자질을 갖고 화려한 색채와 함께 암컷을 유혹한다. 심지어 자신보다 여러모로 부족한 NT시클리드를 공격까지 한다. NT시클리드는 T시클리드 눈치를 보고 부하처럼 살아간다고 할까. 하지만 NT시클리드는 시간이 지나며 색깔이 변하면서 T시클리드로 변모하며 기존 T시클리드의 암컷을 빼앗는다. 게다가 자신과 처지가 비슷했던 NT시클리드를 공격하며 과거와 절단한다.

이 과정에서 테스토스테론이 중요한 역할을 한다. 테스토스테론이 활성화되며 T시클리드가 되고 더 우수한 T시클리드가 된다. 테스토스테론은 인간에게서도 남성을 상징하는 호르몬이다. 대부분 승자들은 테스토스테론이 엄청나게 활성화된다. 스포츠 경기에서 승리를 한 팀은 패배를 한 팀보다 훨씬 더 많은 테스토스테론이 시합 전부터 이미 엄청나게 활성화된다. 테스토스테론은 승리를 부르는 호르몬이다. 남성 호르몬답게 더 과격하고 활동적인 감정을 스스로 끌어낸다고 할까.

월드컵에서 한국 팀이 빨간 색일 때 승률이 더 높다고 한다. 실제 월드컵에 참가한 팀 중에 빨간색을 착용한 팀이 승률이 더 높았다. 빨간색은 화가 난 사람처럼 무엇인가 건드리면 안 되는 느낌이 든다. 빨간색을 착용한 것만으로도 테스테토스테론이 활성화되며 더 미친 듯이 움직인다. 보통 원정경기보다 홈경기 승률이 더 높다. 여러 유리한 조건 중에 무엇보다 홈에서 들리는 모든 환호와 구호가 홈팀 선수들의 정신과 호르몬을 일깨우는 작용을 한다.

이처럼 스스로 흥을 돋우며 '할 수 있다!'고 외치는 것도 아주 좋은 방법이다. 흥분된 감정이 쏟아져 나올 때 우리는 평소와 다른 행동을 한다. 지속적으로 이런 행동을 할 수는 없어도 불가능하지 않은 목표를 세우고 달성하는 과정에 테스토스테론이 더 분비되며 점차 성공으로 나아갈 수 있다. 이 과정에 문제는 유리천장이다. 주변에서 끊임없이 나를 과소평가하며 억누르려고 한다. '아마도 너는 할 수 없을 거야!'라며 사다리를 걷어찬다.

주변 사람들에게 차라리 알리지 않는 편이 좋은 이유 중 하나다. 괜히 불안한 말이나 해주고 잘못된 충고를 한다. 너무 성공한 사람들도 위험하지만 나를 인정하지 않는 주변사람들은 유리천장처럼 한계를 설정한다. 우린 승자로 태어나거나 실패자로 태어나지 않는다. 무조건 환경에 굴복한 삶을 살지도 않는다. 날 때부터 승자와 패자는 없다. 우리는 누구나 NT시클리드에서 T시클리드가 될 수 있다. 스스로 한계를 설정할 필요가 없다. 자신이 할 수 있는 정도의 목표를 세워 성취감을 달성하고 그 다음에 그보다 조금 더 높은 목표를 세워 달성하며 유리천장을 깨며 나아간다. 그리고 솔직하게 가감 없이 밝혀야 한다.

P권력과 S권력이 있다. Personal과 Social의 약자다. P권력이 강한 사람과 S권력이 강한 사람이 있다. 이 중에 개인적 권력에 더 치중하고 집중하는 사람들은 쉽게 과다한 도파민 중독에 빠져 권력, 돈, 섹

스, 코카인에 몰두한다. 물론, 이들은 권력에 빠지면 다른 요소를 억제하고 조절하지만 순수하게 개인의 권력만 집중하며 더욱 탐욕적으로 변한다. 반면에 S권력욕이 강한 사람은 보다 이성적으로 대처하고 행동한다.

주변을 의식하고 인식하고 좀 더 공감하며 개인의 욕심을 덜 추구한다. 나보다는 사회적인 힘을 더 신경 쓴다. 이것은 여성들의 특징인 에스트로겐과 연관이 있다. 여성이라고 권력욕이 남성보다 덜한 것은 분명히 아니지만 남성보다 여성이 덜 탐욕스러운 이유는 바로 공감능력 등에서 남성과 다른 특성을 갖고 있기 때문이다. 대체로 그렇다는 것이다. 과도한 테스토스테론은 오로지 목표와 목적에만 초점을 맞추며 탐욕적인 인간을 만든다. 승리한 사람이 가장 조심해야 할 점이다.

탐욕스러운 인간이 되지 않기 위해 자기 통제력이 중요하다. 진정한 승리는 스스로 자신을 통제할 수 있다는 믿음에서 나온다. 이 통제감은 스트레스를 낮추는 데 중요한 역할을 한다. 지속적인 스트레스는 코티솔과 같은 호르몬을 뇌에 발생시켜 우울증 같은 질병까지 만들어낸다. 아무리 노력해도 달성하지 못했을 때 자기비하를 하게 된다. 자기 통제를 벗어난 것들이 눈앞에 펼쳐질 때 인간은 무기력에 빠지고 노력을 하지 않으며 체념하게 된다.

아카데미 수상이나 노벨상 수상은 스스로 통제할 수 있는 영역은 아니다. 본인이 열심히 노력한 보상일 뿐이다. 하지만 수상은 본인이 노력하면 될 수 있다는 믿음을 강화시켜준다. 수상하지 못했다고 연기생활을 그만두는 것이 아니다. 상일뿐이라며 자위하고 연기를 하겠지만 지속적으로 노미네이트만 된다면 자신에 대한 믿음이 사라진다. 스스로 잘 하고 있고 열심히 하고 있다는 보상을 받으면 자기 통제가 강화되며 내 행동이 맞다는 강화 역할을 해준다.

성공한 사람들은 대부분 자기 통제에 능하다. 외부 상황에 흔들리지 않고 내 삶은 내가 통제한다는 믿음이 더욱 강화된다. 통제가 제대로 되지 않는 사람들은 노력을 해도 의미 없다고 받아들인다. 이런 작지만 큰 차이는 인생을 살아가고 결정하는 데 있어 엄청난 영향을 미친다. 작은 성공이라도 끊임없이 하며 조금씩 나아가는 사람이 성공할 가능성이 더 큰 이유다.

책 속으로

진정한 승자는 자아 지향인 P권력욕 만큼이나 사회 지향적인 S권력욕을 많이 추구한다. 승자는 삶을 스스로 통제한다고 느낀다. 그리고 이 통제감은 승자를 스트레스로부터 막아주며, 그가 보다 나은 성공을 거두고 보다 오래 살며 또 보다 행복해지게 해준다. 그러나 진정한 승자는 자신의 자아가 아무리 대단하다 하더라도 위험하기 짝이 없는 사나운 개라는 사실을 충분히 인식한다. 권력이라는 무거운 짐을 지고 이것을 잘 사용하는 사람은 언제나 그 개를 멀찍이 떼어놓고 있으며, 또한 자기 자신을 넘어서서 사회적인 원칙에 대한 충실성이라는 목줄을 이 개에게 단단히 채워둔다.

5장

돈을 알아야 돈이 보인다

『자본주의』 | EBS자본주의 제작팀 지음 | 가나출판사

돈은 빚이고
소비는 감정이다

자본주의 사회에서 돈은 필수불가결한 요소이다. 금이 교환가치였다가 지금은 특수하게 코팅된 종이 지폐가 역할을 대신한다. 아무 종이에나 힘 있는 자가 10,000원이라고 적고 우기면 우리는 믿지 않는다. 신용이 없기 때문이다. 국가가 발행한 지폐는 신용할 수 있어 믿고 교환한다.

누군가는 빚을 질 수밖에 없는 구조, 우리는 빚을 권하는 사회에서 살고 있다. 빚을 열심히 일을 해서 갚기도 하지만 아무것도 하지 않고 갚을 수도 있다. 바로 인플레이션이다. 100만원을 빌렸지만 인플레이션에 의해 돈의 가치가 떨어지면 90만원만 갚아도 된다. 이런 환경에서는 타인의 돈을 쓰는 게 더 효율적이다.

금을 보관하던 사람은 '금을 맡겨둔 모든 사람이 한 번에 빼가지 않는다'는 사실을 근거로 이자를 받으며 돈을 빌려주기 시작했다. 이

렇게 최초의 은행이 탄생했다. 최소한의 돈만 은행에 있으면 된다는 '지급준비율'로 대출을 하고 예금을 받아 또 대출하는 식으로 은행은 성장했다. 대다수 사람들은 그저 먹고 살기 위해 돈을 빌리며 이자를 내고 갚는다.

금은 유한해서 유통될 수 있는 돈이 한정되어 있었지만 현재의 화폐는 종이에 불과한 돈이라 무제한적으로 유통될 수 있다. 지폐는 신용을 기반으로 한다. 신뢰가 무너지는 순간 돈은 휴지조각이 된다. 2차 세계대전 직전의 독일이나 최근 아프리카의 짐바브웨이에서 빵한 조각에 몇 억 원에 거래된 사례를 떠올리면 된다. 갈수록 돈은 실물에서 만져지지 않고 오로지 숫자로만 확인된다. 이제 신용을 넘어 믿음으로 유통되고 있다. 직접 만져보지도 않고 확인하지도 않은 돈이 유통되는 것이다.

자본주의 전에 자급자족 시대에는 특별히 소비라는 표현을 할 만한 행동이 없었다. 의식주가 해결되면 더 이상 수요도 없었지만 그 이상의 공급을 줄 수 있는 사회가 아니었다. 현대에는 먹고사는 데 필요하지 않아도 호기심을 자극하는 다양한 물건들이 나온다. 돈이 없어도 대출로 능력 이상의 과소비를 하며 산다. 옷은 계절마다 2~3벌이면 충분히 지장 없이 입고 다닐 수 있지만 그 이상의 옷을 구입한다. 잠 잘 때 입는 옷도 한 벌이면 충분하지만 몇 벌씩이나 구입하고 입는다.

이런 소비는 기존에 없던 수요를 기업이 새롭게 창조한 것이다. 물을 마셔도 되는데 어느 날부터 에너지 음료를 마시고 차를 마신다.

건강에 더 좋다는 이유로 마시고 수분 흡수가 빠르다는 이유로 마신다. 이런 건 사람들이 갑자기 깨닫고 시작한 행동이 아니다. 기업이 음료를 만든 후에 소비자들에게 지속적으로 광고를 통한 교육으로 주입을 한 결과로 나타난 행동이다.

우리의 행동은 의식보다 무의식의 결과다. 이런 무의식 영역에 지속적으로 기업들은 알게 모르게 우리들에게 주입을 한다. 이런저런 행동을 하고 물건을 구입하면 삶이 풍성해지고 행복해진다고 알려준다. 꼭 브랜드 커피를 마실 필요가 없는데도 분위기에 취해 브랜드 커피 매장에 들어가 커피를 마시며 이야기를 나누거나 자기만의 시간을 보낸다. 현대는 필요한 물건만 사는 시대가 아니라 필요하지 않아도 원하는 것을 구입하는 시대이다. 능력의 문제가 아니라 감정의 문제다.

소비는 감정이다. 자존감이 낮은 사람일수록 쇼핑에 중독되기 쉽다. 자신에 대한 애정이 적고 스스로 비하할 때 무엇인가 다른 곳에서 돌파구를 찾으려 한다. 이럴 때 쇼핑만큼 좋은 것은 없다. 쇼핑은 오로지 나를 최고로 만들어준다. 누구나 자신이 최고였으면 한다. 불행히도 현대는 자기보다 더 잘난 사람들이 가득하다. 현대 사회에서 남들보다 내가 더 뛰어난 사람이 되는 가장 좋은 방법은 쇼핑이다. 손님은 왕이라는 표현처럼 쇼핑을 할 때 나는 최고가 된다. 내가 원하는 것을 구입할 때 사람들은 나에게 굽실대고 내 비위를 맞추려 한다.

최고라고 생각하는 사람들이 입는 옷이나 차, 액세서리 등을 갖게 될 때 나도 최고가 된 것 같은 착각에 빠진다. 삶이 힘들어질수록 가장 손쉽게 할 수 있는 쇼핑만큼 만족스러운 것은 없다. 쇼핑을 할 때

만큼은 이 세상 누구도 부럽지 않은 사람이 된다. 경쟁 일변도와 승자독식구조가 점점 고착될수록 이런 성향은 심해진다.

자본주의만으로 지금과 같은 소비문화가 이뤄졌다고 할 수는 없다. 자본주의는 인간이 살아가는 하나의 제도이지 전부는 아니다. 보다 평등한 ― 라고 믿는다 ― 사회를 이루기 위해 자본주의는 가장 좋은 제도 중에 하나이다. 인간의 탐욕과 연결되고 나만 잘 살면 된다는 마음이 지금의 자본주의를 기피한 괴물로 만들었다.

소비를 피할 수는 없다. 기업들이 끊임없이 우리들의 무의식에 던지는 이미지를 피하기 힘들다. 그나마 자존감이 있는 사람이 조금이라도 더 현명한 소비를 할 수 있다. 과소비는 내가 최고가 되는 길이 아닌 내가 가장 미천하고 나약하다는 인증이다. 자본주의의 가장 좋은 점이자 나쁜 점이 과소비다. 기업이 지극히 사랑하는 사람은 자기 자신에 대한 사랑이 적은 사람이다. 남들이 구입하니 구입하는 심리에서 벗어나려면 스스로를 사랑해야 한다.

자본주의는 우리를 괴물로 만들 수 있다. 눈에 보이는 모습은 멀쩡하지만 속으로 썩은 다양한 괴물들이 있다. 자본주의에게 먹히지 말아야 한다. 너무 많은 사람들이 자본주의 단맛에 길들여져 있다. 그 뒤에 감춰진 무서움을 깨닫지 못하고.

자본주의의 실체는 결국 돈 놀음이다. 돈을 잘 굴릴지 간직할지가 중요하다. 과거에는 일을 해서 번 돈을 은행에 맡긴 후 이자만 받으면 되었다. 어느 날부터 은행에 넣은 돈이 만족보다 불안을 준다. 받는 이자가 너무 적어진 것이다. 움직이지 않으면 안 된다는 절체절명의 순간이라 판단된다. 은행에서 용어는 낯설지만 예전만큼의 이자를 지급하는 상품을 권유한다. 예금이나 적금은 아니지만 차분하게 돈을 불입하거나 예치하고 기다리면 예전 은행 이자만큼, 아니 그 이상의 이자를 받을 수 있다고 한다.

은행에서 하는 말이니 큰 의심을 하지 않고 가입한다. 은행은 믿을 만하니까. 지금까지 그랬던 것처럼. 궁금했지만 진득하게 기다리는 상품이라는 말에 아무런 토를 달지 않는다. 이상하다. 무엇인가 잘못되었다. 이야기가 틀리다. 다른 것이 아니라 분명히 틀리다. 나에게 많은 이야기를 해줬고 화려한 용어들로 설명을 했지만 그런 것은 귀담아 듣지 않았다. 그저, 좋다고 이야기를 했다. 은행 이자만큼 돌려받을 수 있다고 했다. 믿었다. 그런데 왜? 현재 은행 이자는커녕 원금보다 모자란 금액이 통장에 찍혀 있다. 누구에게 하소연을 해야 하는지 모르겠다. 난 그저 은행을 믿은 죄 밖에는 없다. 분명히 말했다. 좋은 상품이라고.

신문과 방송에서 인플레이션 상황에서 예·적금은 손해라며 열심히 공포심을 조장한다. 많은 사람들이 두려움에 휩싸인다. 상황이 이런데도 금융에 대해 굳이 알려고 하지 않는다. 은행에 돈 넣고 이자를 받는 것만 알면 되는 시대는 지났다. 금융자본주의가 시작되면서 벌어진 일들이다. 예전에는 없던 단어와 용어를 알아야 한다. 그렇지 않으면 내 돈을 내가 마음대로 할 수 없는 일이 생긴다. 심지어 내 돈을 넣었는데 함부로 빼면 다 받지도 못한다. 이런 이유로 완벽하게 알지는 못해도 수수료가 싼 상품을 가입하고, 최소한의 돈이 투입되는 상품에 가입해야 한다.

이제 모르는 것은 약이 아니라 병에 걸린다. 두 눈 멀쩡히 뜨고 내 돈이 사라지는 걸 목격해야만 한다. 어디 가서 하소연을 해도 돌아오는 대답은 본인 책임이란다. 오히려 바보 취급을 받는다. 은행은 결코 내 친구가 아니다. 모르면 당한다. 자신의 돈을 지키기 위해서 공부해야 한다. 돈을 굴리는 것보다 더 중요한 지키기 위해서다. 우리 돈을 아주 합법적으로 가져가는 시대다. 이건 사기가 아니다. 법으로 정해진 합법적인 일이다. 그걸 모르고 있는 내가 바보다.

펀드는 무조건 최소 수수료 상품에 가입을 하고 보험은 정말로 다칠 때 돈을 받을 수 있는 상품에 가입하고 연금은 본인이 부은 만큼 인플레이션에 맞게 지급하는 상품에 가입해야 한다. 욕심은 내 돈을 가져간다. 은행 이자만큼 받는다고 생각하며 금융상품을 가입해야 한다. 그 이상 준다고 하는 상품은 일단 의심부터 해야 맞다.

돈으로부터 자유롭기 위해서는 먼저 돈을 현명하게 써야 한다. 돈을 잘 쓰지 못하면서 돈이 오기를 바랄 수는 없다. 돈은 바보가 아니다. 아니, 돈은 바보를 좋아한다. 바보에게 돈은 금전출납기이다. 우리는 자본주의에 살고 있다. 산업자본주의를 넘어 금융자본주의를 살고 있다. 게다가 신자유주의라고 하는. 현재 벌어지고 있는 일들에 대해 맞서 싸울 수 있지만 그보다 먼저 자본주의에 살고 있다는 사실을 잊으면 안 된다. 그저 열심히 돈을 벌기만 하면 안 된다는 사실을 알아야 한다.

금융지능은 멀리 있는 것이 아니라 내가 벌고 쓰는 것에서부터 출발해서 내 돈을 어떻게 잘 지출할 것인가를 고민하고 가장 내 돈을 갉아먹지 않을 상품에 가입하는 것이다. 야금 야금 갉아먹는 상품들을 피하기만 해도 충분하다.

책 속으로

어른이 되면 돈이 어디서 생기는지 알까요? 이걸 아는 어른보다는 아기가 어디서 생기는지 아는 10살 짜리가 더 많을 겁니다. 우리는 학교에서 이런 것들을 배우지 못했습니다. 어떻게 돈이 시스템으로 들어오는지 가르치지 않습니다. 사람들은 정부 인쇄기를 보고 정부가 돈을 만들어서 쓴다고 생각합니다. 하지만 그게 돈이 생기는 방식이 아닙니다. 사실은 연방준비제도(Federal Reserve System, 통칭 연방준비은행(FRB)이라 부르는 곳의 정식 명칭)가 돈을 발행합니다. 다른 사람들처럼 정부도 돈을 빌려야 합니다. 연방준비제도는 은행의 연합이고, 은행을 위해서 일합니다(정부기관이 아니다). 왜 학교에 이런 수업이 없을까요? 대학에는 많은 경제학과 학생들, 경영대학원 학생들이 있습니다. 하지만 이런 것에 대해 모릅니다. 맞습니다. 의도적으로 감췄다고 생각합니다. 제 아들은 경제학을 공부하는 대학원생입니다. 계량경제학을 전공하는데, 졸업 논문을 쓰는 데 어려움을 겪고 있었습니다. 제가 이런 중요한 이슈에 대해서 써보라고 했더니 은행(금융) 관련 수업을 안 들었다는 겁니다. 지난 5년 동안 경제학을 공부하고 대학원에 다니면서 은행 수업을 듣지 않았답니다. 필수 과목이 아니라 전공 과목이라서요. 상황이 이렇습니다.

몸으로
자본주의를 터득하다

　　대부분 사람들이 아마도 미친 짓이라고 이야기 했을 것이다. 많은 사람들이 선망하는 직업 중 하나인 애널리스트로 — 실제로 그 직업에 자세하게 알든 모르든 어딘지 멋있게 보이는 직업이니 — 일하던 멀쩡한 회사를 때려친다. 그것도 부족해 자신의 주택마저 처분하고 그 돈으로 세계 일주를 떠났다. 게다가 단순한 여행이 아닌 세계 각국에서 비즈니스로 돈을 벌었다는 사실 자체가 대단하다.

　　도입부만 읽어도 이 친구가 얼마나 좌충우돌하며 세계 일주를 하게 될지 눈에 보일 정도다. 과연, 이런 엄청난 계획을 세우고 실행에 옮길 수 있는 사람이 몇 명이나 될까? 그것도 자신의 전 재산을 다 털어서 말이다. 물론, 책을 읽어보면 자신이 갖고 있는 전 재산은 아니다. 철저하게 자신의 주택 가격을 종잣돈으로 불리기 위해 노력했다. 그 외에 본인이 갖고 있는 돈으로는 세계 일주를 하며 여행을 하는데 지출한 듯하다.

이 책에서도 인맥의 중요성이 나온다. 본인이 모든 것을 다 알아서 결정을 내린 것은 맞다. 다만, 각 나라를 가기 전 그 나라에서 자신이 무엇을 할 것인지 결정을 한 후에 그에 맞는 사람을 찾아 어려움을 현명하게 헤쳐 나간다. 주변 지인들의 도움을 받았다. 어떤 분야에 관련된 친구가 있다면 도움을 요청하여 각 나라에서 만나야 할 사람을 알아두고 직접 만나 풀어나간다. 전혀 도움이 되지 않는 친구도 있었고 오히려 잘못된 정보를 알려준 친구도 있다. 그런 친구들이라도 만나 어디서부터 출발해야 하는지를 알게 된 것과 그냥 막무가내로 그 나라에 가서 부딪치는 것은 엄연히 다르다.

각 나라에 도착하여 생판 아무것도 모르는 분야에 뛰어들어 상거래를 했다는 사실 자체가 엄청나게 느껴졌다. 현지인들이 판매하는 상품을 구매하여 외국인인 자신이 판매한다는 것은 내 경우에는 도저히 생각조차 못한 발상이다. 가장 의미 있고 보람차게 일한다는 느낌을 갖는 분야가 무역업이라고 한다. 여행 간 나라 특산품을 구매하여 다른 나라에 가서 판매하거나 현지에서 조달한 물건을 쓰면서 다시 그 나라 사람에게 판다는 상술은 기막히다.

그 나라 물건을 그 나라 사람에게 다시 파는 것은 아무리 봐도 결코 쉽지 않다. 실제로도 성공보다는 본전 내지 실패를 한다. 자신들에게 익숙한 상품을 외지인이 판매를 하니 선입견이 생긴다. 더구나 정확한 가격은 현지인들 만큼 알 수 없다. 이를 미처 깨닫지 못해서 제대로 판매가 이뤄지지 않는다.

실패는 극복하고 실수는 반복하지 않으면 된다. 저자는 상황에 따라 즉시 판매 전략을 수정하여 현지인들에게 판매를 중지한다. 현지에서 쉽게 구할 수 있는 상품을 그 다음 여행할 국가에서 통할 만한 상품으로 구성하여 판매한다는 전략으로 바꾼다. 차선책은 나름 기가 막히게 통한 듯 보인다. 최소한 이때부터 제대로 된 매매가 이뤄지고 수익도 조금씩 생겼기 때문이다.

매매뿐만 아니라 투자에도 중요한 원칙이 나오는데 바로 내 패를 미리 다 보여주면 안 된다는 것이다. 특히 자신이 먼저 내몰리는 상황에 처하게 되면 필패할 수밖에 없다. 내일까지 다음 나라로 가야한다는 것을 상대방에게 들키게 되면 그때 이미 게임은 끝나 버린다. 상대방은 그 상황을 철저하게 유리한 방향으로 끌고 갈 것이기 때문이다. 이것은 투자에서도 마찬가지다. 그렇기 때문에 여윳돈으로 투자하고 늘 몇 가지 시나리오를 정해서 대처해야 한다.

처음에는 그저 판매만 해야 한다는 정신으로 무조건 부딪혔지만 점점 자신의 패를 미리 노출시키지 않았다. 점점 단순히 판매만 하지 않고 어떻게 해야 최대의 효과를 얻을 수 있을 것인가를 고민한다. 자신만의 브랜드를 만들어 제대로 판매하기 위해 마케팅을 활용한다. 이런 방법으로 매매를 성사시킨다. 이 책의 저자가 스스로 진화하며 한 단계 발전된 판매기법으로 수익을 올리는 모습은 박수를 칠 수밖에 없다.

『나는 세계일주로 경제를 배웠다』의 저자는 개척정신이 무척 뛰어나다. 목표를 달성하기 위해서 낯선 사람, 낯선 장소에 스스럼없이 자신을 내맡기는 면은 누구나 쉽게 따라할 수 없다. 저자는 자신이 살고 있던 국가도 아니라 생전 처음 방문해서 말도 통하지 않는 나라에 간다. 도시도 아닌 인적도 거의 없는 산골까지 가서 협상하는 모습을 보면 내가 얼마나 움직이지 않으면서 현실에 대해 힘들다고 불평하는지 깨닫게 된다.

자본주의 사회는 갈수록 현실에서 벌어지는 돈 거래보다 가상에서 이동하는 금전거래에 더욱 집중한다. 이코노미스트나 펀드매니저는 현실에서 실제 벌어지는 현상보다 통계와 데이터를 기초로 경제를 예측하고 이론적으로 발견한다. 우리가 실생활에서 느끼는 것과 괴리감이 벌어지는 이유다. 저자인 코너 우드먼은 이런 상황을 직접 겪어보고자 가상의 공간이 아닌 현실, 그것도 모국인 영국이 아닌 전 세계를 돌아다니며 몸으로 직접 자본주의를 체험한다.

모든 과정이 단 6개월 동안 일어난 사실이다. 더구나, 본인이 투자한 돈의 2배를 벌었다. 저자도 그 6개월 동안 굳이 이렇게 움직이지 않았어도 환율로 인해 1,000만원은 벌었을 것이라고 하지만 그보다는 이런 노력으로 번 돈이 더 가치가 있다고 한다. 누군가는 아파트를 구입해서 몇 년 동안 살았더니 1억이 올랐다고 한다. 누군가는 전세로 살면서 여윳돈을 갖고 죽을 고비를 넘겨가며 투자해서 1억 이익을 얻었다고 말한다. 전자는 그런 수익을 다시 얻지 못할 수도 있지만 후자는 당장 돈을 잃어도 경험이라는 무기를 발휘해서 다시 벌수 있다.

저자는 단순히 2배 이익을 본 것에 그치지 않았다. 이 경험 덕분에 애널리스트 때보다 더 재미있고 흥미로운 삶을 살게 되었고 각종 강연 등으로 더 재미있게 살게 되었다고 고백한다. 책을 읽다가 솔직히 부럽다는 생각이 들었다. 저자처럼 내가 실행을 할 수 있는 인물은 못 되지만 자신의 생각을 구체화하고 이를 실천하여 성공해서 더 큰 행복을 갖게 되었다는 사실이 무척 부럽게 느껴졌다. 앞으로 무엇이든 할 수 있다는 자신감도 얻지 않았을까.

　자신의 직업을 때려치우고 세계 일주를 한 것도 대단하다. 남들처럼 단순한 여행으로 즐기지 않고 온갖 고생과 함께 무역까지 하며 각 국가를 경험했으니. 각 국가에 대해 단순한 여행기가 아닌 자세한 경험담과 추억이 더 깊게 새겨지지 않았을까. 아무리 생각해 봐도 대단한 놈이라고 할 수밖에 없다.

책 속으로

경제학에서 우리는 관계와 소통을 배운다. 거래를 하면서 우리는 다른 문화에 속한 사람들과 소통하고자 한다. 3000년 전, 초기 거래상들은 자신의 상품을 내다 팔 새로운 시장을 찾기 위해 여행을 떠났다가 새롭고 진기한 문화를 만났다. 돈에 집착하는 것은 모든 악의 근원이라는 말이 있지만 나는 동의하지 않는다. 이익을 남기겠다는 욕망이 없었다면 거래는 애초에 시작되지도 않았을 것이다. 거래를 하지 않았다면 우리는 바깥세상에 뭐가 있는지, 세상이 어떻게 돌아가는지 아주 오랫동안 모르고 지냈을 것이다.

장사꾼은 자신이 파는 물건에 대해 경제학자들이 말하는 보유효과를 경계해야만 한다. 즉 자신이 소유했다는 이유만으로 그 물건의 가치 이상으로 돈을 벌려고 하거나, 장사에 지장을 줄 만큼 특별한 애착을 가져서는 안 된다는 말이다. 이는 내가 앞으로 장사에서 성공하기 위해 반드시 새겨야 할 교훈이었다.

이번 경험은 눈을 부릅뜨고 숨은 비용을 경계하라는 경고였다. 같은 언어를 쓰는 서양에서도 숨은 비용은 생각지도 못한 곳에 진을 치고 있다. 저가 항공사를 이용할 생각이라면 반드시 초과 수하물 요금이나 '휠체어 요금' 같은 기타 부대 비용을 확인해야 한다. 이처럼 숨은 비용은 어디에서든 볼 수 있다.

지난 5개월 동안 나는 더 좋은 가격을 얻어내기 위해, 혹은 처치 곤란한 짐이 되어버린 물건을 팔기 위해 누군가를 설득하고 급하게 버스, 기차, 비행기에 올랐다. 이리저리 허둥거리고 야단법석을 떨고 요령을 부리면서 배운 교훈이 하나 있다. 말 거래나 우롱차 거래 때처럼 절대로 자신을 궁지로 몰아넣어서는 안 된다는 것이었다.

『돈이란 무엇인가』 | 앙드레 코스톨라니 지음 | 이레미디어

지적 유희를
즐길 준비가 되었는가

투자로 유명한 사람 책은 안 읽은 게 없다. 여기서 투자로 유명하다는 것은 우선 투자한 지 최소한 10년은 넘는 인물이어야 한다. 『주식 매매하는 법』의 제시 리버모어와 『돈이란 무엇인가』를 쓴 앙드레 코스톨라니가 이에 해당된다. 투자자가 쓴 수많은 책을 읽었지만 앙드레 코스톨라니만큼 재미있고 위트 있게 투자에 대해 알려준 이는 없다. 무려 70년이 넘는 기간 동안 투자한지라 사례도 풍부하고 별의별 상황을 다 경험했다. 심지어 세계대전마저 겪었으니 말 다했다.

앙드레 코스톨라니는 두 가지로 유명하다. 하나는 코스톨라니의 달걀이론이다. 경기 또는 투자의 순환국면을 알려주는 지표로 활용된다. 주기적인 움직임을 조정국면, 적응국면, 과열국면으로 나눈다. 강세장으로 가는 길과 약세장으로 가는 길에서 3가지 국면으로 우리

에게 나타난다.

약세장 1국면이 되면 지나치게 떨어졌던 시세가 합리적으로 조정된다. 2국면에는 서서히 비관에서 낙관으로 분위기가 변하면서 시세가 상승한다. 3국면이 되면 주가가 계속 올라간다. 시세와 분위기가 동반해서 서로 끌어주며 상승한다. 상승한 주가가 분위기를 온통 장밋빛으로 만들며 주가를 끌어올린다. 대중의 심리가 이 모든 걸 결정한다.

강세장 1국면이 되면 지나치게 올랐던 시세가 합리적으로 조정된다. 2국면에서는 금리인상, 경기악화, 비관론 등이 득세하며 사람들을 불안하게 만든다. 3국면이 되면 시세가 내려가며 분위기가 비관적이 되고 어떤 것도 긍정적인 영향을 미치지 못하며 주가는 추풍낙엽처럼 떨어진다. 어떤 주식은 휴지조각으로 변하며 패닉이 발생한다.

강세장과 약세장 3국면이 되면 심리적으로 다들 견디기 힘든 상태가 된다. 이런 상태가 아주 천천히 진행되다 어느 순간 갑자기 대비할 틈도 없이 몰아치며 사람들을 경악에 빠뜨린다. 그 후 다시 반대순환이 시작된다. 밀물과 썰물처럼 끊임없이 반복된다. 각 상태에는 소신파와 부화뇌동파가 각 포지션을 어떤 상태로 얼마큼 갖고 있느냐에 따라 결정된다. 각자 돈, 인내, 사고력을 근거로 판단한 결과로 나타난다. 하지만 소신파는 10%도 안 되고 대부분 부화뇌동파가 각축을 벌인다.

소신파가 대부분 주식을 갖고 있으면 악재가 터져도 주가는 떨어지지 않는다. 호재가 터지면 주가는 폭등할 수도 있다. 부화뇌동파가 갖고 있으면 작은 소식에도 민감하며 반응하며 주가는 춤을 춘다. 거래량이 늘어나며 주가가 떨어지면 부화뇌동파에서 소신파로 주식이 넘어가는 중이다. 과정이 다 끝나면 주가는 쉽게 움직이지 않는다. 이럴 때 돈은 부화뇌동파가 갖고 있고 주식은 소신파가 보유하고 있다. 이럴 때 아무리 악재가 생겨도 주가는 떨어지지 않는다. 이럴 때가 바로 매입할 때지만 결코 쉽지 않다.

그 다음으로 유명한 비유가 개와 산책이다. 이 부분은 『돈이란 무엇인가』에 나오진 않는다. 주인이 개를 데리고 산책을 한다. 끈을 느슨하고 풀어놓고 개와 함께 산책을 하면 주인은 자신의 보폭에 맞게 다소 느릿하게 산책을 한다. 반면에 개는 이런 주인과 보조를 맞춰가지 않는다. 어떨 때는 저 멀리 앞서 가 있고 어느 순간에는 또 저 뒤에서 무엇인가를 하고 있다. 총총 걸음으로 걷다가 갑자기 볼 일을 보기도 한다. 주인이 경제고 개는 자산시장이라 보면 된다.

경제는 느린듯하지만 꾸준히 전진한다. 인류 역사를 볼 때 언제나 그랬다. 중간에 잠시 쉬어가는 타이밍이 있어도 길게 보면 늘 쉬지 않고 조금씩 조금씩 전진한다. 이에 반해 자산시장은 주인을 따라온 개와 같다. 주인이 어디를 가든 따라가야 하지만 앞서 가기도 뒤따라가기도 한다. 심지어 주인이 멈춰 개를 기다리기도 한다. 자산시장의 이런 속성을 알지 못하면 끊임없이 우리 자산을 제대로 지키지 못한다는 걸 알려주는 비유다.

코스톨라니는 다음과 같이 말한다.

"제대로 된 투자자는 단순히 돈을 버는 데 만족하지 않고 자신의 판단이 옳았다고 입증될 때 진정한 희열을 느낀다. 과거에 일어난 일을 분석하고 결론을 도출해 행동으로 옮긴다. 투자자는 사건들을 꿰뚫어보고 그에 대한 대중들의 반응을 읽어내야 한다. 풍부한 상상력과 모험심을 가져야 한다. 돈을 단순히 버는 것에 그치는 것이 아니라 만들 수도 있고, 부자가 될 수도 있다. 하지만 동시에 돈을 잃을 수도 있고, 심지어는 많은 돈을 잃고 하룻밤 사이에 알거지가 될 수도 있다."

보유 주식 절반을 팔았는데 주가가 계속 오르면 낙관주의는 아직도 절반을 갖고 있다는 사실에 다행으로 생각한다. 주가가 떨어지면 절반이라도 팔아버린 사실에 기뻐한다. 비관주의는 주식 절반을 팔았는데 주가가 계속 오를 경우에 그 사실에 화를 낸다. 반대로 주가가 계속 떨어질 경우에 전부 팔지 않은 사실에 화를 낸다. 낙관적이든 비관적이든 투자는 할 수 있지만 어떤 관점으로 투자를 하느냐는 이처럼 생활과 삶 자체에도 큰 영향을 미친다.

워낙 다양한 경험을 갖고 있는 투자자라 별의별 경험도 다 했다. 금 투자는 물론이고 환 투자도 했다. 내부자 정보를 얻은 투자도 했다. 앙드레 코스톨라니는 환 투자로 꽤 많은 돈을 벌었다. 일시적인 변화를 캐치하고 투자했는데 이럴 때 순수 자기 자본이 아니라면 버틸 수 있는 여력의 차이로 성공과 실패가 결정된다고 알려준다. 내부 정보 투자는 실패가 훨씬 많았는데 정보를 알려준 인물이 사장 아들이 아닌 사장 자신이었는데도 그렇다. 고로 믿지 말라고 한다.

투자를 하는 데 있어 꼭 알아야 하고 읽어야 할 투자자들의 책이 있다. 그 중 반드시 포함되어야 할 투자자가 앙드레 코스톨라니다. 제일 재미있고 워낙 다양한 사례와 비유와 은유로 설명하고 있어 글을 읽는 맛도 있다.

코스톨라니는 마지막에 이런 말로 책을 마무리 한다.

"주식 투자자의 인생은 85세부터가 시작이다!"

당신은 몇 살인가? 아직 늦지 않았다. 100세 시대라고 하니 더더욱 그렇다. 지적 유희를 즐길 수 있는 투자를 시작하기에 늦은 나이란 없다.

책 속으로

나는 종종 외상으로 주식을 살 수 있는지, 혹은 사야 하는지에 관해 질문을 받곤 한다. 그에 대한 나의 대답은 확고부동하다. 반드시 빌리는 금액보다 훨씬 많은 유동자산을 보유한 경우에만 외상으로 주식투자를 할 수 있다. 하지만 솔직한 심정으로는 무모한 도박꾼이 아니라면 어떤 경우라도 외상으로 주식거래는 하지 말아야 한다고 말하고 싶다. 물론 여기에는 비율과 주식의 질이라는 문제가 개입된다. 10만 마르크의 주식을 사면서 2만 마르크의 빚을 진다면 크게 잘못이라고 할 수 없다. 마찬가지로 30만 마르크의 주식을 사면서 10만 마르크의 빚을 지지만, 당사자가 100만 마르크에 해당하는 부동산을 보유하고 있다면 전혀 문제될 게 없다. 그렇지만 외상거래를 할 때는 항상여러 상황을 신중히 따져본 후 결정을 해야 한다.

6장

세계 경제는 하나로 움직인다

경제는 미스터리한 세계다

경제는 '미스터리와 퍼즐' 중에서 미스터리라는 이야기로 시작하는 책이다. 아무리 어렵고 힘들어도 퍼즐은 풀 수 있는 해답이 있지만 미스터리는 풀 수 없다. 미스터리는 모두 답이 없지만 누군가는 믿고 누군가는 믿지 않는 경우가 다반사다. 네로호의 괴물 같은 경우 미스터리라고 한다. 버뮤다 삼각지대도 미스터리라고 한다. 과학적으로 어느 정도 해결 가능성이 있지만 여전히 의문이 풀리지 않는 것들이다.

그런데 경제가 미스터리라면 경제에 대해서 굳이 알아야 할 이유가 있을까라는 의구심이 든다. 어차피 답이 없는 문제일 텐데 말이다. 우리가 꼭 답을 찾기 위해 인생을 사는 것은 아니다. 경제를 공부하는 이유도 단순히 어떤 답을 알고 정답을 풀기 위한 것은 아니다. 우리가 살아가며 싫든 좋든 접할 수밖에 없는 경제라는 미스터리를 조금이라도 배우고 알기 위해서가 더 큰 이유다.

우리는 미스터리한 것에 흥미를 느끼고 정답이 없어도 호기심 차원에서 접근하고 궁금증을 해결하려 한다. 경제도 그런 차원에서 접근하면 더 재미있지 않을까.『경제를 읽는 기술 HIT』는 우리에게 경제라는 미스터리에 접근하는 방법을 알려준다. 경제는 어디서부터 어떻게 접근하느냐에 따라 인상과 실체가 달라질 수 있다. 이 책은 경제를 접근하는 역사, 이슈, 트렌드라는 세 갈래 요소 중 역사에 가장 중점을 두고 있다.

경제학은 세상을 바라보는 하나의 시선이다. 이론에서 시작된 학문이지만 그렇다 해도 하루아침에 느닷없이 '짠'하고 나타나지 않았다. 오랜 세월동안 여러 사상이 나왔고 그 중에서 현재 주류를 형성한 이론은 '인간은 이기적이고 이성적인 동물이다'에서 출발한 고전학파와 신고전학파이다. 이를 알기 위해서는 그 역사를 알아야 한다. 그런 이론이 뜬금없이 나타지 않는다.

저자는 신고전학파에 대해서 그다지 좋지 않은 시선으로 이야기를 한다.『국부론』에서 아담 스미스가 주장한 내용을 신고전학파들은 자신의 입맛에 맞게 침소봉대했다. 현재 자본주의 시스템은 신고전학파가 내세운 사상과 자기 입맛에 맞게 변경한 자들의 야합으로 망가졌다는 뜻으로 해석될 수 있다. 우리는 신고전학파가 알린 잘못된 정보로 자본주의 시스템을 이해하면 안 된다.『경제를 읽는 기술 HIT』는 여러 경제 현상 중 제대로 보고 듣고 판단하기 위해 알아야 할 것들이 무엇인지 전달해준다.

보통 경제서적들은 대부분 재미가 없다. 정보 획득 차원에서 모르는 것을 배우기 위해 읽을 뿐이다. 소설을 읽는 것과 같은 재미는 아무래도 덜할 수밖에 없다. 흥미 위주의 음모론식의 책들은 재미가 가득하지만 편협해진다. 『경제를 읽는 기술 HIT』는 스토리텔링이 상당히 잘 되어 있다. 백과사전식으로 구성되지 않고 전체적인 큰 그림을 보여주고 큰 그림의 조각퍼즐을 맞춰주는 형식이다.

　경제를 이해하는 데 있어서 숫자를 몰라도 된다는 저자의 주장에 격하게 동의한다. 수학에 젬병인 나는 경제에 대한 책을 읽을 때 숫자와 관련된 두려움이 있었다. 경제는 철학에서 출발했다. 최초는 정치경제학이었다. 이렇게 철학의 일부로 접근하면 그나마 숫자에 대한 두려움은 사라진다. 수학과 달리 정답은 없다. 숫자를 나열하고 보여줘서 그렇지 경제는 우리 실생활과 밀접하다. 경제를 배우는 가장 좋은 방법은 역사다. 사상이 나오게 된 배경과 사회에 미친 영향을 역사와 더불어 배우면 조금씩 경제에 대해 알게 된다.

　한 지역에 있는 지주들에게 적용되던 것이 점차적으로 국가 단위로 적용 범위를 넓혔다. 사회가 발달하며 이제는 전 세계가 단일 생활권으로 경제범위가 넓어져 더 이해하기가 어려워졌다. 편의점에서 아르바이트하는 사람이 그리스의 경제문제가 나에게 어떤 영향을 미치는지 알 수 없다. 관련성에 대해 깨닫지도 못한다. 하지만 지금 우리가 살고 있는 세상은 내가 가 본 적도 없고 이름만 들어 본 국가에서 일어난 일이 나에게도 영향이 미친다.

　『경제를 읽는 기술 HIT』는 옛것과 새로 알아야 할 것들로 나눠져 있다. 경제학자들이 이런 책을 펴내 좀 재미있게 설명하고 자신의 주장을 이야기하면 얼마나 좋을까. 저자가 경제지에 근무했다고 하지만 경제학과 상관없는 분야의 사람들이 펴낸 책이 왜 더 인기를 끄는지 좀 반성을 해야 하지 않을까.

경제에 대해 처음 공부를 하고 관심 갖는 사람이라면 저자의 전작인『지금 당장 경제기사를 공부하라』를 먼저 접하고 이 책을 읽는 것도 좋을 듯하다.

책 속으로

1. 경제전문가들은 경제를 잘 읽고 있을까?
2. 경제를 읽기 위한 귀중한 정보가 있는가?
   있다면 그 정보를 내가 얻을 수 있는가?
3. 학교에서 배우는 일반적인 경제이론으로 경제를 잘 읽어낼 수 있을까?

금리는
기본 중의 기본이다

경제를 공부하면 금리는 무조건 거대한 벽으로 다가온다. 가장 기본이면서도 어렵다. 금리에 환율까지 결부되면 완전히 게임 끝이다. 두 가지를 머릿속에 완전하고도 완벽하게 장착하고 있으면 지금까지 보지 못했던 커다란 시장이 보이고 흐름을 깨닫는다. 불행히도 금리를 잘 알기란 불가능에 가깝다. 경제 전문가들이 모인 한국은행에서 결정하는 금리도 온갖 기관과 사람들이 잘못 판단했다고 할 정도니 말이다. 금리는 무엇 때문에 이렇게 중요하면서도 이해하기 힘들까.

금리는 중력이다. 모든 것을 끌어들이고 풀어주는 역할을 한다. 금리가 올라가고 내려가느냐에 따라 자산가격뿐만 아니라 경제마저도 영향을 받는다. 금리는 복합적인 요소가 개입되어 딱 하나의 요소나 1~2개의 요소만 갖고 판단해서 결정할 수 없다. 이걸 단순하게 보는 훈련은 중요하지만 오판할 가능성이 큰 이유다. 『나는 금리로 경제를 읽는다』에서 금리는 돈의 사용료라고 알려준다.

정확히는 금리가 아닌 이자가 돈의 사용료라는 뜻이다. 이를 비율로 표시한 것이 이자율이고 또 다시 금리라고 표현한다. 금리가 올랐다는 건 그만큼 사용료를 더 내야 한다는 의미고 금리가 내렸다는 건 사용료가 저렴해졌다는 뜻이다. 금리가 낮을 때 자산가격은 상승하고 높을 때 하락하는 경향이 강하다. 단순히 금리만 갖고 자산의 취득과 매도를 결정해도 되냐고 묻는다면 길게 볼 때 지금까지는 통했다. 앞으로도 그럴 것이라는 보장은 없지만.

여기에 환율이 엮인다. 금리가 오르면 환율이 떨어지고 금리가 떨어지면 환율이 올라간다. 책에서 말한 사용료 개념으로 본다면 사용료를 더 내야 하니 환율이 떨어지고 사용료를 덜 내도 괜찮으니 환율이 올라간다. 1,000원을 예치하고 1,100원 받을 수 있으면 한국 돈을 원하는 수요가 많다. 1,000원을 예치하면 1,050원을 준다면 이제 한국 돈의 매력이 떨어져 한국 돈을 팔아버린다. 이렇게 금리에 따라 환율이 변한다. 너무 단순하게 설명했지만 실제 현실에서는 여러 복잡한 이유로 금리와 환율이 변한다.

물가가 오르면 금리를 올려 물가를 잡는다. 예를 들어 1,000원 가격의 라면이 하루 지나면 1,100원에 구입할 수 있다. 이틀이 지나면 1,200원에 살 수 있다. 이렇게 되면 사람들은 구입을 미루지 않고 서로 앞다퉈 구매하려 노력한다. 하루라도 빨리 구입하는 것이 이득이다. 이럴 때 1,000원을 은행에 맡겼는데 다음 날 1,100원 준다면 굳이 서둘러 구입할 필요가 없다. 이렇게 금리를 올려 받는 이자가 많아지면 물가를 잡을 수 있다. 이렇게 단순하지는 않지만 개념이 그렇다.

대체적으로 금리가 내려가면 자산 가격은 오르고 금리가 올라가면 자산 가격이 내려간다. 금리가 내려가면 내가 맡긴 돈의 이자를 적게 받는다. 빌리는 돈의 이자도 적어진다. 사람들은 은행에 넣어도 돈이 제대로 불어나지 않으니 차라리 자산을 취득한다. 금리가 다시 올라가면 자산 취득의 메리트가 줄어든다. 너무 단정적으로 말할 수 없지만 금리가 오르면 자산을 팔고 금리가 내리면 자산을 취득하는 단순한 방법으로도 자산을 늘릴 수 있다. 이렇게 쉽게 선택할 수는 없지만 말이다.

금리는 돈의 가격이다. 이자가 바로 돈의 가격이다. 어떤 기업이 돈이 필요하다고 해보자. 돈을 빌리는 입장과 빌려주는 입장에서 신용은 중요하다. 기업이 망할 가능성이 크면 높은 이자를 제시해야만 그 채권을 구입할 것이다. 망할 가능성이 아주 적으면 적은 이자만으로도 그 기업의 채권을 구입하려 한다. 이를 국가로 대입할 때 국가 부도 사태가 나면 높은 금리를 제시해도 해당 국가의 돈을 누구도 원하지 않는다. 그 국가의 돈 가치는 형편없어진다. 자연스럽게 환율은 상승한다.

한국이 IMF 때에 신용도가 떨어지며 금리를 10%대까지 제시했음에도 환율은 내려가지 않고 거꾸로 올라간 이유다. 아무리 이자를 많이 줘도 망할 가능성이 커지니 원화를 원하는 사람이 없어 원화마저 높은 가격을 제시해야만 겨우 구입할 가능성이 크다. 이렇게 금리는 많은 걸 변화시킨다. 또한 단 하나의 잣대로 변화하지도 않아 복잡다단하다. 이러니 공부를 해도 머릿속에 계속 맴돌 뿐 제대로 이해하고 적용하고 응용하기가 힘들다.

금리에 관한 책은 아직도 모르고 여전히 어렵고 볼 때마다 헷갈린다. 그래도 『나는 금리로 경제를 읽는다』는 금리와 관련된 기본을 닦는 데 도움이 된다. 이런 쪽 책들은 거의 대부분 도움이 된다. 아는 것이 없어 그런지도 모르겠다. 금리만 제대로 알아도 경제가 돌아가는 커다란 흐름을 파악하고 이해할 수 있다. 물론, 최근 경제 흐름은 이런 것만으로 완전히 파악하기가 갈수록 힘들어진 면이 있지만.

책 속으로

금리란 '돈의 사용료'다. 정확히 말하자면 이자(利子)가 돈의 사용료이고 이를 비율로 표시한 것이 이자율(利子率)이며 이를 '금리(金利)'라고 말한다. 자신의 물건을 남이 대신 사용할 때 그로부터 적정한 사용료를 받는 것은 너무나 당연한 경제행위다. 스키장에서 스노보드를 빌릴 때나 렌터카 회사에서 자동차를 빌릴 때에도 사용료를 내야 한다. 돈도 마찬가지다. 남의 돈을 사용할 때 공짜로 사용할 수는 없다.

한국경제를 설명하는 채찍효과

경제에 대한 책이 참 많다. 투자에 관한 책도 참 많다. 시중에 나와 있는 책들을 굳이 분류하면 두 가지다. 학자출신으로 자신의 연구나 논문을 사람들에게 알려 자신의 가치를 알리는 분들이 있고, 직접 투자를 하면서 자신이 깨달은 부분을 사람들에게 알리는 저자가 있다. 사람들에게 좋은 정보를 준다는 소명감을 갖고 자신을 드러내지 않는 저자도 가끔 있다.

투자를 하다보면 저절로 경제에 대해 공부할 수밖에 없다. 많은 사람들이 이런 고민을 하지만 어떤 공부를 어떻게 할 것인가에서 더 큰 고민에 빠진다. 시중에 나와 있는 책들 중 나에게 도움이 되는 책을 선택하기가 힘들다. 그 중에서도 경제 분야의 방대함에 치를 떨게 된다. 수출, 수입, GDP, 환율 등등 하나도 이해하고 익히기 힘들지만 그것만 갖고는 큰 도움도 안 된다.

유명 투자자의 글을 읽다보면 각종 경제지표에 대해 설명을 할 때도 각자 중요하게 보는 경제지표가 약간씩 다르다. 돈 좀 벌어보자고 공부를 시작했는데 끝이 없는 길을 걸어가게 된다. 출구가 보이지 않고 누군가 중요하다고 알려주면 왜 중요한지도 모르면서 읽게 된다.

『돈 좀 굴려 봅시다』의 저자인 홍춘욱은 예전에 해리 덴트의 『버블 붐』 책에서 인구구조를 투자에 접목한 점이 신기해서 국내 작가의 비슷한 책을 찾다가 알게 되었다. 홍춘욱이 쓴 『인구변화가 부의 지도를 바꾼다』를 읽고 강의도 들어봤다. 그 이후로 나도 사람들에게 인구 변화로 볼 때 부동산보다는 주식이 좀 더 좋지 않을까라고 어설픈 이야기를 하곤 했다. 최소한 주식은 수출로 돈 버는 기업이 많아 다르지 않을까라며 아무것도 모르는 소리를 했다.

홍춘욱은 이 책에서 인구구조 변화를 근거로 어떻게 투자에 접목할 것인지 설명해준다. 인구가 늘면 당연히 좋을 것이라고 생각하기 쉽지만 실제로는 그렇지 않다. 오히려 적정한 인구와 출산율을 근거로 투자했을 때 훌륭한 투자실적을 낼 수 있다는 것을 여러 자료로 보여준다. 인구구조 변화와 출산율만 갖고 투자한다면 투자실적이 좋을 수도 나쁠 수도 있기에 같이 봐야 할 경제지표도 알려준다. 『돈 좀 굴려봅시다』가 갖고 있는 가장 훌륭한 점이다. 흔히 물가에 데려갈 수는 있어도 물을 먹일 수는 없다고 하는데 이 책은 물 먹는 방법도 알려준다.

경제 서적들이 단순 나열식으로 이런 경제지표를 중요하게 보라고 이야기하는 데 그친다. 『돈 좀 굴려봅시다』는 어떤 경제지표를 봐야 하는지 설명하고 어느 사이트에 가야 찾아볼 수 있는지 설명한다. 대부분의 연구나 주장들은 자신이 보여주고 싶은 점만 보여주고 연구나 주장에 부합하는 지표만 보여준다. 이 책은 저자가 나서서 이런 의문이 날 수 있다며 직접 자세하게 설명한다. 자신이 주장하는 경제지표와 그 외에도 관련되어 꼭 봐야 하는 경제지표까지 친절히 알려준다.

책에서는 '채찍효과'를 중요한 개념으로 알려준다. 한국처럼 수출로 먹고사는 나라에서 어떤 경제지표를 중요하게 봐야 하고 투자 결정에 기준으로 삼아야 하는지를 설명한다. 미국의 경제지표를 설명하는 곳은 많지만 그런 경제지표가 왜 한국과 연관성이 있는지를 설명하거나 미국 경제지표를 통해 향후 한국이 어떤 식으로 진행될 것인지 소개하는 글은 드물다. 본인이 알고 있으니 다른 사람들도 알 것이라 착각하거나 한국과의 연관성을 모르거나 둘 중에 하나 아닐까.

이 책은 단순히 경제 원리만 설명하는 책이 아니라 투자를 할 때 어떤 경제지표를 봐야 하고 이를 응용해서 실천해야 하는지 알려주는 책이라 무척 실용적이다. 그러다 보니 경제에 대하여 장황하게 설명하기보다 핵심만 정확하게 다룬다. 이 책으로 경제 공부를 하는 것이 좋지 않을까 한다.

읽는 사람의 경제 지식에 따라 지식 습득 정도는 다르겠지만 오로지 이 책을 통해서만 경제 공부를 해도 충분하지 않을까 싶다. 우리는 투자를 하려고 배우는 것이지 경제 공부를 취미로 하거나 논문을 쓸 것이 아니다. 우리나라 경제가 어떻게 돌아가고, 각종 경제지표 중 중요하게 봐야 할 것은 무엇인지 파악하고, 그 경제지표를 통해 어떤 것을 내가 유념하고 판단할 것인지 이 책을 통해 배울 수 있다.

『돈 좀 굴려봅시다』는 한 번 정독을 하고 모르면 한 번 더 읽어 자신의 것으로 만들면 좋다. 경제와 관련된 방송이나 신문이나 인터넷 글을 읽다 의문이 생길 때 이 책을 펼쳐 놓고 본다면, 그 이유를 깨닫게 되고 그 이면에 대해 추측할 수 있고, 향후 전망에 대해 어렴풋이나마 예측할 수 있게 될 것이다. 그런 면에서 이 책은 필수적으로 갖고 있어야 할 책이다.

더구나 책에 대한 A/S가 지속적으로 저자의 블로그를 통해 이뤄지고 있다는 것도 돋보인다. 최소한 이 책을 읽은 후에 저자의 블로그를 통해 지속적으로 관련 글을 읽는다면 정말로 어디 가서 경제에 대해서 무식하단 소리는 듣지 않는다.

책 속으로

왜 미국의 소비지출이 겨우 1% 포인트 늘어났는데, 한국의 수출은 무려 5~10%포인트나 증가하는 것일까? 그 답은 바로 '채찍효과'(bullwhip effect)에 있다.

채찍효과란 채찍의 손잡이를 몇 센티만 움직여도 채찍의 끝 부분이 몇 미터 이상 움직이듯이, 공급사슬의 가장 끝에 위치한 기업들이 중간에 위치한 기업들보다 수요의 변화에 훨씬 큰 영향을 받는 현상을 말한다. 공급사슬(supply chain)이란 포터와 밀러(1985)가 제안한 것으로 기업의 제반활동들이 서로 사슬처럼 연관이 되어 가치를 창출한다는 것이다.

전형적인 공급사슬은 '소비자 → 소매점 → 도매점 / 유통업체 → 제조업체 → 부품 / 원자재 공급업체' 등으로 구성된다. 공급업체와 그 공급업체의 공급업체를 업스트림, 즉 '공급사슬의 상류'라고 하며, 업체 간의 관계를 관리하기 위한 프로세스가 포함된다. 반대로 최종 고객에게 제품을 유통하고 전달하기 위한 조직과 프로세스를 다운스트림, 즉 '공급사슬의 하류'라고 한다.

7장

돈은 리스크 속에서 자란다

확률, 불확실성, 위험의 의미

『리스크』는 저자의 같은 책 『투자 아이디어』와 연관성도 있고 비슷한 흐름으로 내용이 구성되어 있다. 펀드의 역사를 자세하게 알 수 있는 『투자 아이디어』는 펀드가 지금과 같이 다양한 용어와 체계가 만들어진 배경을 알려준다. 『리스크』는 리스크와 연결되어 있는 이야기를 과거부터 최근까지 관련된 인물을 한 명씩 소개하며 풀어낸다.

'리스크'는 흔히 사람들이 '위험'이라는 단어로 알고 있지만 실제로는 위험이라는 뜻과 다소 차이가 있다. 차라리 '불확실성'이라는 의미에 보다 가깝다. 하얀 백조만 있다고 알고 있던 사람들에게 어느 날 나타난 검은 백조는 생각지도 못한 사건이다. 일명 '블랙스완'이라 불리는 현상이 리스크의 본래 의미와 가깝다.

리스크를 단순히 위험으로 한정하면 지금까지 리스크를 연구한 사람들에게 억울한 일이 아닐까 싶다. 리스크를 알아내기 위해서는 확률부터 시작해야 한다. 우리는 리스크를 숫자로 치환할 수 없다고 생각하지만 인간은 어떤 것이든 궁금한 것은 오랜 역사를 걸쳐 밝혀낸다. 위대한 천재가 나타나도 그가 갖고 있는 생각과 상상의 한계는 존재하기 마련이다. 현 세대가 해결하지 못한 걸 다음 세대가 이어받아 한계를 하나둘씩 격파해 나가며 발전시킨다. 이것이 바로 인류 역사의 위대함이다.

리스크를 측정할 수 없다고 생각해서 체념하고 순응한 사람들이 많다. 반면 숫자에 푹 빠진 사람들은 리스크를 숫자로 풀어내서 해결하려 노력했다. 그런 연구 끝에 나온 것이 확률이라 할 수 있다. 확률은 애매모호한 측면도 있지만 리스크의 실체를 숫자로 잘 나타낸다.

흔히 무엇을 할 수 있는 확률이 몇 프로라고 표현한다. 누군가 당선될 확률이 몇 프로라고 하며 표준오차 몇 프로 차이라고 설명한다. 이를 근거로 사람들의 생각을 유추하고 그에 따른 대비를 하면 대략적으로 큰 범위 내에서는 틀리지 않는다. 도저히 예측할 수 없어 보이는 일기예보도 근처 기상을 근거로 몇 프로라는 확률을 갖고 내일 날씨에 대해 숫자로 우리에게 알려준다.

내가 주사위를 던져 어떤 숫자가 나올지 전혀 알 수 없지만 주사위가 총 여섯 개의 숫자로 이뤄져 있기에 결국에는 6분의 1 확률을 갖는다. 특정 숫자가 연속으로 나올 수도 있지만 확률로 볼 때는 평균에 수렴한다. 다만, 그 평균이라는 값을 확인하려면 엄청나게 많은 던지기를 해야만 해서 일반 사람들이 체감하지 못할 뿐이다.

사람들이 어떤 숫자를 조합해도 로또에 당첨될 확률은 똑같다. 연속된 숫자를 기입하거나 무작위로 컴퓨터가 선택한 숫자나 당첨확률은 똑같다. 그런 의미로 볼 때 신중하게 숫자를 고르거나 점을 쳐서 고르는 행동은 쓸데없다. 인간은 반복되는 패턴을 만들기 좋아하고 의미를 부여하기에 확률을 무시하거나 믿지 못하고 자신의 감을 믿는다. 자신의 직감을 믿고 행동했는데 이뤄지면 그때부터 그는 확률보다 자신의 직감을 믿는다.

아무리 위대하고 대단한 학자나 천재가 확률을 연구해서 결과를 발표해도 그들의 결과를 사람들이 한쪽 귀로 흘려버리는 까닭은 리스크의 측정불가능성에 있다. 아무리 리스크를 측정한다고 해도 측정할 수 없는 리스크가 존재한다. 그렇기에 리스크는 위험보다 불확실성에 더 가깝고 예측 가능하지 않다.

이 책의 저자는 위대한 수학자 — 당시에는 철학자에 가까웠을 — 들이 연구한 내용과 자라온 환경에 대해서도 알려준다. 리스크라는 주제를 갖고 관련 인물을 소개하며 어떤 식으로 지속적으로 조금씩 발전하고 리스크가 측정될 수 있는지를 알려준다.

신기하게도 도서관에서 대여한 다른 책과 달리 유난히 페이지 사이에 머리카락이 많이 있었다. 『리스크』 책을 읽어 지식을 넓히는 것보다 이 책을 읽으며 머리카락이 빠진 사실이 더 큰 리스크였는지 모른다. 지식을 넓히는 것은 너무 불확실하지만 머리카락이 빠진다는 사실은 명약관화한 진실이다. 조금이라도 리스크를 없애기 위해 책 읽기를 중단하는 것이 머리카락이 빠진 당사자가 취해야 할 행동이 아니었을까. 어떤 페이지에서는 거의 15페이지에 걸쳐서 계속 머리카락이 나올 정도라 읽으면서 그 머리카락을 계속 제거하며 읽었다.

이 책의 타이틀이 위험, 기회, 미래가 공존하는 리스크다. 이 책을 읽었던 사람은 책을 읽으며 머리카락이 빠지는 위험을 알았다. 머리카락이 이제 본격적으로 빠진다는 사실을 책을 읽으며 깨달았다. 더 이상 미루지 말고 미래를 위해 흑채를 사고 두피를 가꾸는 등의 행동으로 리스크를 감소시켜야 한다. 불확실성을 제거하면 리스크는 그나마 감소한다.

불확실성이 크다면 하지 않는 것이 잃지 않는 투자이다. 모르면 하지 않으면 된다. 남이 알지 못하고 나만 알고 있는 것에는 엄청난 기회가 존재한다. 그럴 능력과 인사이트를 가지려 노력하는 것도 중요하지만 남들은 모르는데 나만 알고 있는 기회는 없다고 보는 것이 나를 지키며 실패하지 않는 지름길이다.

'리스크를 감수한다'는 표현을 흔히 쓰지만 '리스크를 제거한다'가 올바른 표현이다. 아니, 올바른 투자의 자세라 생각한다.

어느 지역에 질병이 창궐해 600명의 사람이 죽을 것이라고 가정해보자. A계획은 200명을 구할 수 있고, B계획은 모든 사람을 구할 수 있는 33%와 아무도 구할 수 없는 67%를 가지고 있다고 하자. 어떤 계획을 선택하겠는가? 리스크가 없는 A계획을 선택할 것이다. 다른 식으로 생각해보자. C계획은 400명을 죽게 하고, D계획은 모두 죽일 67%의 확률과 아무도 죽지 않을 33%의 가능성이 있다고 하자. 이 실험에서 실험자의 78%가 D계획을 선택했다. 관점은 다르지만 같은 상황이다. 이렇게 같은 상황도 다르게 받아들이고 전혀 다른 결정을 하게 되는 인간의 심리를 '손실기피'(Loss Aversion)라고 한다. 이 실험뿐만 아니라 위의 실험에서도 보여주듯이 사람들은 불확실성보다 손실을 더 싫어한다. 손실은 언제나 이득보다 더 커 보인다. 10만 원을 잃어버린 사람에게 발생하는 부정적인 자극은 10만 원을 주운 사람에게 발생하는 긍정적인 자극보다 훨씬 크다. 이런 관점에서 본다면 손실은 우리에게 더욱 큰 심리적인 부담을 더하지만 실제적인 부분은 그렇지 않다는 것이다. 보이는 것보다 더 작을 수 있다는 것이다. 아마 손실은 마음과 머릿속에서만 일어나는 것일 수도 있다. 보다 냉정한 판단을 할 때 우리의 도전 의지는 강해질 것이다.

내 돈이
멱함수로 늘어났으면

투자는 오롯이 자신이 혼자서 해야 한다. 표준편차, 기대 값, 멱함수, 정규분포 등등 예측할 수 없는 것들 투성인데 너무 자신 있게 이야기하는 투자 책들에 다소 질렸다. 금방 표현한 단어들은 전부 『돈은 어떻게 자라는가』에서 나온 단어다. 지금은 진짜 투자 철학을 전달하고 전파하려 노력하는 책이 훨씬 더 가치 있게 느껴지고 소중하다. 예상대로 이 책도 많은 사람들에게 선택을 받지 못했다.

어쩌면 딱 그만큼이 정말 제대로 부를 향해 걸어가는 사람들이 남긴 발자취가 아닐까 싶다. 투자의 본질에 대해 정확하게 인지하고 위험에 무서워하며 걸어가는 사람이 그만큼 적다는 뜻이다. 다들 열광하고 환호하며 그저 가슴만 들뜨게 만드는 책을 좋아한다. 일견 이해가 되고 인정한다. 그렇게 시작하는 것이 참 중요하기에. 대부분 사람이 그렇게 시작한 후에 아무 일도 없었다는 듯이 결국에는 원래의 자리에 다시 돌아가는 것이 안타까울 뿐이다.

『돈은 어떻게 자라는가』는 솔직하게 내가 쓴『후천적 부자』의 어려운 버전이다. 나는 무식하게 혼자서 독학으로 책을 읽으며 정파가 아닌 사파에서 지식을 익혀 책을 펴낸 사람이고 권오상은 정파에서 제대로 된 코스를 통해 A부터 Z까지 배우고 실천한 사람이다. 다만, 확실히 기관에서 투자를 한 사람이라 그만큼 아쉬운 부분도 있다. 자신의 돈으로 바닥까지 갈 수 있는 그 한계와 두려움에 대해 절박함이 부족한 정도.

이 책이 어렵다고 표현한 것은 내용이 어렵기 때문이 아니라 용어를 풀어서 하지 않고 전문 용어를 그대로 썼기 때문이다. '지식의 저주'는 아닐지라도 평소에 쓰던 용어를 그대로 쓰니 나처럼 금융 쪽의 문외한들에게 친숙하지 않은 용어들이 연속적으로 쉬지 않고 나오니 읽기가 버거웠다. 그래도 돈에 대해 금융학을 전공한 사람이 철학적으로 전문 이론을 근거로 설명하고 뒷배경까지 알려주는 형식이라 참 유익했다.

책을 읽으면서 떠올랐던 책들이 있었는데 역시나 참고문헌을 보니 포함되어 있어 반가웠다. 특히 켈리의 공식 덕분에 떠오른『머니 사이언스』가 있었는데 이왕이면『벨연구소 이야기』도 포함되면 더 좋았을 듯했다. 이론과 실전과 철학이 잘 버무려졌다는 느낌을 받았고 읽으면서 다양한 사고를 할 수 있는 책이다.

『돈은 어떻게 자라는가』에서 이런 표현이 나온다.

"이것 한 가지만 제대로 깨달아도 이 책을 읽은 보람이 있다."

그것은 평균에 대한 이야기다. 평균에 집착하면 안 된다. 수심이 1미터인 강을 건너는 군인이 죽을 이유가 없다. 장군은 마음 놓고 건너라고 지시했는데 부하들을 모두 잃고 말았다. 평균이 1미터지만 중간에 수심 5미터 구간이 있었다. 평균만 믿은 결과다. 평균을 갖고 판단을 내리면 절대로 안 된다. 기댓값은 평균을 근거로 계산하지 말고 최악과 최고를 감안해서 계산해야 한다는 의미다.

정규분포 곡선에 의하면 가운데 중앙값이 있고 좌우에 극단 값이 있다. 우리들은 대부분 최소한 중앙값을 기대하지만 이마저도 불확실하다. 예를 들어 매년 발표하는 중산층의 자산규모가 터무니없게 높게 느껴지는 것은 중앙값 때문이다. 현실에서는 멱함수의 법칙을 따른다. 파레토의 법칙처럼 80대 20의 그림이 된다. 양 극단 값을 제거해야 명확하고 정확한 데이터가 도출된다.

저자는 켈리의 공식으로 재산 극대화 전략을 알려준다. 자신의 모든 재산을 올인하라는 의미가 아니라 재산 중 기댓값에 따라 일정부분을 올인하는 전략이다. 돈을 잃지 않는 것이 가장 중요하기에 전 재산을 올인하는 것은 위험이 너무 크다. 물론, 돈 없는 사람이 투자 초창기에 올인 전략을 구사하는 게 결코 나쁘다고 생각하지는 않는다. 자신이 어떤 판단을 하느냐에 따라 선택하고 책임지면 된다.

리스크에 대한 정확한 단어는 없다. 위험, 불확실성, 손실 가능성 등 여러 가지 의미가 내포된다. 수익을 보려면 리스크는 피해야 할 대상이 아니라 수익의 원천으로 삼아야 한다. 저자가 꼭 당신의 것으로 만들라고 한 개념이다. 이 말은 무척 중요한 의미를 갖고 있다. 이 말을 이해했다면 당신은 제대로 투자의 길을 올바로 가고 있는 것이다. 모른다면 당신의 투자에 대해 곰곰이 다시 생각해야 한다는 의미다. 이해 자체가 안 된다면 투자를 하며 깨닫도록 노력해야 한다.

책에서 아쉬운 점은 금융 쪽 전문가들이 대체적으로 갖고 있는 인식처럼 부동산을 투기로 본다. 투자와 투기와 헤지를 구분하며 이를 거래하라고 알려준다. 이것들은 딱 떨어지는 구분도 없고 외국에서는 투기를 나쁘게 보는 것도 아니라고 한다. 아쉽게도 책에서 거의 유일하게 아파트 거래할 때 이 용어를 '아파트 투기'라는 단어로 표현한다. 그 점은 개인적으로 아쉬웠다. 나는 주식도 결국 똑같은 관점이라고 본다. 주식을 거래한다고 투자와 투기를 구분할 수 있을까.

이 책은 한 번 읽기보다는 나중에 몇몇 부분은 들춰 가며 다시 읽으면 더 좋을 듯하다. 전문 용어를 많이 쓰고 있어 읽기에 팍팍한 감은 있다. 투자 관련 책은 읽다 보면 거의 비슷한 내용으로 많이 구성되어 있다.『돈은 어떻게 자라는가』는 쉽게 읽기는 힘들어도 투자의 속성을 알려주는 책이다. 저자가 중요하다고 지적한 부분만 유념하고 실천해도 책을 읽을 이유는 충분하다.

책에서 리스크에 대해 4가지 관점을 알려준다.

1. 가장 일반적인 의미로 위험 그 자체 혹은 손실 가능성.
2. 현대 포트폴리오 이론이 주장하는 수익률의 표준 편차, 즉 변동성이다.
3. 수익률과 리스크가 비례한다는 이론에서 나오는 주식 시장 전체와의 변동의 일치 정도, 즉 베타다.
4. 재산 극대화 전략에서 유추할 수 있는 정보의 부정확도(infidelity) 혹은 잡음(noise)의 세기다.

투자에서 의미 있는 것은 1번이다. 나머지는 전부 부차적인 것이라 말한다.

『보이지 않는 고릴라』 │ 크리스토퍼 차브리스, 대니얼 사이먼스 지음
│ 김영사

의심하고
또 의심해야 하는 이유

정통 심리학을 공부하거나 책을 많이 읽진 않았다. 대부분 인지심리학이나 행동경제학과 관련된 분야를 읽었다. 최근에는 뇌 과학 쪽도 곁들여 읽고 있다. 심리학을 본격적으로 공부하자면 프로이트나 그를 추종했다가 반기를 든 융까지 거슬러 올라가야 한다. 더 위로 가면 소크라테스, 플라톤을 공부하고 동양의 논어나 주자학 같은 것을 또 공부하면 좋지만 그럴 필요까지는 없다.

『보이지 않는 고릴라』는 인지심리학의 결정판이자 총집합한 책이다. 이미 알고 있는 것에 더 자세하고 깊게 들어간 내용이 나를 사로잡았다. 여타의 책과 달리 기존의 이론이나 잘 알려진 내용들을 더 깊게 파고들어 조사한 끝에 내놓은 자료들은 저절로 고개를 끄덕이게 만든다. 게다가 설렁하게 넘어가면서 읽을 부분이 거의 없을 정도로 구성도 탄탄하다.

소개된 예를 들어 보자. 농구공의 패스 숫자를 말해야 하는 일반인이 대부분 패스 횟수에 집중하느라 고릴라가 나타난 것을 보지 못했지만 게임에 참가한 농구선수들은 그 고릴라를 보았다. 여기까지는 이미 다른 책에서 알려진 실험 내용이다. 자신에게 익숙한 환경에서는 충분히 대처할 수 있다는 의미다. 하지만 고릴라를 봤던 농구선수들도 조건을 아주 약간만 변경하면 변화된 환경에 적응하지 못하고 일반인들과 별 다를 것이 없었다.

이 책에는 나오지 않지만 영어를 잘하는 사람과 못하는 사람들을 대상으로 뇌 검사를 할 때 잘하는 사람은 뇌에서 열량이 거의 소모되지 않지만 못하는 사람은 엄청난 열량이 발생한다. 그건 평소에 얼마나 익숙한 환경이냐의 차이다. 환경을 익숙하게 만드는 전문가처럼 객관적인 시선을 갖는 것이 중요한다. 물론 이런 전문가들조차 믿을 것이 못 된다는 결과도 보여준다.

아무리 몇 십 년 무사고 운전을 한 사람도 운전하면서 통화를 할 때는 위험하다. 보이지 않는 고릴라로 시작한 호기심과 인간 심리에 대한 탐구가 꼬리를 물고 계속 이어지며 기존에 알고 있던 상식을 뒤집어 놓는다.

다른 책에서 알지 못했던 이야기 중에 인상적인 것은 모차르트에 관한 것이다. 지금도 여전히 모차르트 음악이 태교에 좋다는 이야기가 산모들에게 신앙처럼 받아들여지고 있다. 이것은 잘못된 허구라는 것을 이 책은 밝히고 있다. 모차르트 음악이 영재를 만든다는 이론은 불확실한 조사와 탐구를 통해 발표되었지만 거대자본과 결탁된 후에 과학적 사실인양 탈바꿈했다.

몇 해 전까지만 해도 열심히 광고로 나온 닌텐도가 우리의 기억력이나 인지능력을 개선할 수 있다는 것도 완전히 거짓말이라는 것이 많은 연구를 통해 밝혀졌다. 한마디로 그 반대 상황에 대한 실험을 통과해야 하는데 통과하지 못한 것이다. 전혀 상관없을 것 같은 하루에 30분 걷기가 우리의 인지능력을 오히려 향상시킨다는 실험 결과가 나왔다.

우리는 스스로 본 것은 틀림없다고 믿는다. 자신이 본 것을 믿지 못한다면 어떤 것을 믿을 수 있단 말인가? 그럼에도 우리는 왜곡된 기억과 터무니없는 자신감과 편향된 믿음으로 얼마든지 착각하고 오판할 수 있다. 강간을 당한 한 여인이 범인을 정확히 떠올리기 위해 많은 시도 끝에 간신히 기억을 해냈다. 그녀는 범인을 보자마자 파악하여 지목했다. 재판 결과 감옥에 갇혔지만 몇 년 후 그 사람이 진짜 범인이 아니라는 것이 밝혀졌다. 당사자는 엄청난 충격과 죄책감에 시달리게 되었다.

우리 주위에는 수많은 리더가 있다. 생각과 달리 이들이 결코 우리보다 실력이 뛰어나서 리더가 된 것은 아니다. 성격에 많이 좌우된다. 어떤 상황에서 선택을 했는데 결론이 틀렸다. 이런 순간에도 자신 있게 주변 사람들에게 말한 사람이 바로 리더가 된다. 능력이 뛰어난 사람이 리더가 아니다. 개념상 전혀 다른 것이라 우리는 리더를 무조건 믿으면 안 된다고 볼 수도 있다.

책을 통해 얻은 결론은 이렇다. 그 어떤 것도 쉽게 믿으면 안 되고 끊임없이 의심하고 또 의심해야 한다. 이렇게 결론을 내리면 이거 어디선가 많이 들어본 내용이다. 그렇다. 철학이다. 철학자인 데카르트나 칸트를 통해 익숙한 내용이다. 인간은 철학으로 다시 돌아가는 과정을 이렇게 과학적인 방법을 통해 찾는 것일까? 그건 내가 모르겠다.

인지심리학은 우리 인간이 얼마나 잘못된 것을 올바르다고 믿고 행동하는지에 대해 알려준다. 객관적인 믿음을 주려 과학적인 방법을 통해 제시하고 있다. 과거에는 믿음으로 모든 것을 해결했다. 현대인들에게 과학은 예전과 달리 믿음을 몸소 실험과 연구로 보여준다. 한편으로는 과학이라고 하는 믿음이 과거의 믿음을 대체하는 것은 아닐까.

책 속으로

▶ 일상을 지배하는 착각 6가지

1. 주의력 착각(고릴라가 나타났는데 보질 못하는!)

2. 기억력 착각(과연 내 기억력은 믿을 만한가?)

3. 자신감 착각(놀랍게도 ,실력이 낮으면 자신감이 높고 실력을 쌓아갈수록 자신감이 줄어든다는 학술적 증거가 나왔다!)

4. 지식 착각(왜 내가 산 주식은 다 떨어지고, 내가 팔면 상한가를 친단 말
   인가!)
5. 원인 착각(홍역 백신이 자폐증을 유발한다고?)
6. 잠재력 착각(매일매일 닌텐도 두뇌 트레이딩으로 머리가 좋아진다니!)

가격을 어떻게
바라볼 것인가

책의 소개글을 보면 이 책을 읽지 않고는 못 배긴다. 너무나 유명한 ─ 주식 투자로 한정되지만 ─ 워런 버핏을 비롯해서 존 보글, 조엘 그린블라트, 세스 클라만 등 주식 투자에서는 이름만 들어도 유명한 사람들이 이 책의 저자인 하워드 막스의 글을 평소에 기다린다고 한다. 그가 보내는 메모 메일을 가장 먼저 본다는 언급과 책에는 투자에 대한 지혜가 가득하다는 식의 격찬에 관심을 가질 수밖에 없다.

『투자에 대한 생각』은 투자에 대해 여러 관점을 살펴본다. 투자는 간단하다면 간단한다. 싸게 사서 비싸게 팔면 모든 것이 끝난다. 이렇게 단순한 투자에 철학이 필요 없을 듯도 하다. 문제는 이것조차도 설왕설래가 생긴다. 무엇이 싸고 무엇이 비싼지에 대해 다들 생각이 다르다. 누군가는 꼭 필요하기에 비싸게 산다. 누군가는 필요성이 적기에 싸게 판다. 이렇게 따지고 들어가면 끝도 없다.

　돈만 벌면 되는 것 아닌가. 뭐 이리 어렵게 그런 것까지 하나씩 생각하며 투자를 해야 하는지 의문이 생긴다. 그런데 투자를 하다보면 아주 자연스럽게 이 부분에 대해 고민하고 있는 자신을 발견한다. 투자로 이익을 내도 손해를 봐도 이에 대한 생각이 깊어진다. 투자에 대한 철학과 원칙은커녕 생각조차도 하지 않으면 그건 분명히 투자를 하고 있지 않다는 뜻이다. 하지 않거나 관심 없는 걸 생각하는 사람은 없다.

　책 초반에는 1차적 사고와 2차적 사고라는 개념을 제시한다. 대부분 사람들은 1차적 사고를 갖고 투자를 한다. 이래서는 절대로 투자로 돈을 벌 수 없다. 2차적 사고로 투자를 해야 돈을 번다. 2차적 사고란 통찰력, 직관, 가치에 대한 감각, 심리 파악 능력 등이다. 이러한 2차적 사고를 가져야만 지속적으로 평균 이상의 수익을 올릴 수 있다. 2차적 사고는 하고 싶다고 할 수 있는 것이 아니라 투자가 어렵다.

　많은 사람들이 수익을 내기 위해 공부한 후에 직접 투자를 시작하지만 모든 사람들이 성공하는 것은 아니다. 성공이라는 칭호는 평균 이상의 수익을 지속적으로 기록한 사람들에게 붙는다. 일시적으로 투자에서 성공한 사람들은 논외로 친다. 그들은 검증이라는 잣대를 통과하지 못했다. 아마도 최소한 10년이라는 기간은 통과해야 검증이 되었다고 볼 수 있지 않을까. 이럼에도 여전히 시중에는 투자로 성공했다고 외치고 잘난 체하는 사람들이 많다. 자신의 실력인지 운에 편승한 것인지에 대한 구분할 수 있는 능력도 없는 가치는 무척이나 중요하다. 자신만의 잣대로 가치를 파악할 수 있는 능력이 투자의 모든 것이라 할 수 있다. 늘 가치와 가격은 거의 일치하지 않는다. 투자라는 정규분포 곡선에서 가치와 가격은 중앙에서 왼쪽이나 오른쪽으로 있을 때가 대부분이고 중앙값을 보여주는 경우는 드물다. 중앙에서도 어느 쪽으로 치우쳐 있느냐에 따라 가치와 가격의 차이가 생긴다. 투자가 어려운 이유다.

평소에 가치를 파악하는 것이 중요하다는 생각을 했는데 책을 읽다 보니 가격에 대해서도 생각을 하게 된다. 왜 가치가 중요할까. 해당 투자 물건에 얼마큼 가치가 있느냐를 근거로 투자를 결정하거나 유보하거나 포기한다. 그런데 가격은 더 중요할 수도 있다. 우리는 싫든 좋든 가격에 영향을 받고 가격은 늘 우리를 현혹한다. 눈앞에 보이는 가격은 모든 사람들에게 동일하다. 가격은 대상을 바라보는 사람들이 합의한 지점이다.

여기서 2차적 사고가 중요해진다. 가격을 어떻게 바라볼 것인가. 사람들이 바라보는 가격을 믿고 따를 것인가. 사람들이 바라보는 가격이 틀렸다고 거절할 것인가. 대상을 바라볼 때 냉철히 이성적인 판단을 해야 하지만 쉽지 않다. 투자할 대상을 선택하면 더더욱 힘들어진다. 나 혼자 그 가격을 부정한다는 것은 인간의 본능에 역행하는 행동이다. 가치와 가격의 차이를 발견하고 대상을 선택해도 더욱 힘든 심리적인 혼란에 휩싸인다.

투자에서 가장 즐겁고 재미있는 것은 현재 벌어지는 현상이 내가 추측하고 계산하고 예측한 차이와 얼마나 괴리감을 갖고 있는지 발견해서 이를 근거로 투자하는 것이다. 투자가 즐거운 지적 게임이 된다. 모순되어 있는 것들을 발견하고 이에 대해 자신만의 2차적 사고로 돈을 번다는 것은 자신의 지적 능력과 용기에 대한 보답이다. 헤지펀드에서 조지 소로스와 같은 투자자들이 대표적이지 않을까 한다.

투자를 통해 크게 벌고 적게 잃는 것이 이래서 중요하다. 지속적으로 적게 잃어도 한 번에 크게 벌 수 있기 때문이다. 다만, 책에서도 언급되어 있듯이 잃지 않는 게 중요하다. 내 경우에도 그럴 능력이 되지 않아 크게 벌지 못해도 잃지 않기 위해 노력한다. 보다 안정적으로 돈을 벌기 위한 소심한 투자를 한다. 여전히 가치를 파악하는 능력이 부족하다. 가치와 가격의 차이로 돈 버는 것에 능통은커녕 아직도 가격만 눈에 보이고 가치는 잘 들어오지 않아 문제다.

이러한 투자 철학이 없어도 잘만 돈을 벌고 승승장구하는 사람들도 있다. 이들에게는 운이 오래도록 따르는 경우다. 대한민국 국민을 대상으로 가위바위보를 하면 계속 이기는 사람이 분명히 있다. 이들 중 뛰어난 실력으로 승리했다고 믿는 사람들이 생긴다. 남들이 추켜세워주니 본인도 그렇게 믿는다. 하지만 나는 '운이 지속적으로 연속될 수 없다'고 믿는다. 언젠가는 가위바위보를 질 수밖에 없다. 결국에는 자신이 갖고 있는 모두 걸 잃는 걸 모르고 투자를 하는 것이다.

투자를 하다보면 막히는 순간이 온다. 단순히 돈을 벌고 못 벌고를 떠나 보인다고 생각했는데 어느 순간 장님이 된 것 같이 깜깜해진다. 내가 올바로 가고 있는가에 대한 회의도 든다. 근본적으로 흔들리는 투자 중심을 잡기 위해서는 『투자에 대한 생각』 같은 책을 읽으면 도움이 된다. 가끔 투자에 대해 사람들이 나에게 조언을 구하는데 별 것 없다. 염려할 필요 없다. 잘 가고 있다는 뜻이다. 더 커지기 위한 과정이다. 이런 고민을 갖는 것 자체가 답을 찾든 못 찾든 투자를 계속하면서 훌쩍 성장한 나와 조우하게 된다.

총 20가지에 대한 중요하다고 하는 원칙을 설명하고 있다. 각 제목을 찾아보고 그때마다 궁금하거나 고민되는 부분에 대해 읽어보는 것도 도움이 될 듯하다. 현재 투자를 하고 있는 인물이 투자에 대해 설명하고 있는 책이라 ― 그것도 여러 유명한 투자자의 추천까지 받을 정도로 ― 자신의 투자 철학을 다듬고 투자에 대한 방향을 잡는데 도움이 될 것이다. 많은 사람이 이런 책을 읽지 않는다. 사람들은 눈 앞의 돈을 원하지 이런 내용의 책을 원하지 않는다. 그래서 돈을 벌지 못하는 것일 수도 있는데.

책 속으로

가장 중요한 원칙 01　심층적으로 생각하라
가장 중요한 원칙 02　시장의 효율성을 이해하라
가장 중요한 원칙 03　가치란 무엇인가?
가장 중요한 원칙 04　가격과 가치 사이의 관계를 이해하라
가장 중요한 원칙 05　리스크란 무엇인가?

『행운에 속지 마라』 | 나심 니콜라스 탈레브 지음 | 중앙북스

자신의 선택을 언제든 바꿀 수 있는가

흰 백조만 있다고 모든 사람들이 믿었다. 그런데 갑자기 '검은 백조'가 나타난다. 생각지도 못한 현상이 벌어질 때 모든 사람은 경악을 금치 못한다. 그중에 일부는 그럴 수도 있다면서 그 현상을 있는 그대로 받아들인다. 이와 같은 현상은 종종 벌어지지만 흔한 일이 아니라 인간은 이런 일이 늘 있었다는 사실을 망각하고 만다.

몇몇 카페와 인터넷에서 『행운에 속지 마라』가 출판되었을 때 전작인 『블랙스완』보다 이 책이 훨씬 더 유익하고 도움이 많이 되었다는 이야기가 돌았다. 추천한 사람들이 대부분 내가 볼 때 투자를 좀 한다는 이야기를 듣는 사람들이어서 기대치를 더욱 높였다. 이 책을 30페이지 정도까지 읽었을 때 '명불허전'이라는 표현에 딱 맞는 책이란 걸 알았다.

『블랙스완』을 읽었을 때는 그다지 큰 감흥이 없었다. 그저 절대적 진리는 없다는 사실을 다양한 사례를 통해 이야기한다고 생각했을 뿐이었다. 『행운에 속지 마라』는 투자를 하는 데 있어 모든 예측 가능한 상황에 대해 이야기한다. (책에서는 절대로 예측할 수 없다고 이야기하지만)

사람들은 투자를 잘 하거나 지식이 풍부하다고 존경하지 않는다. 그보다는 인간성이 훌륭하거나 삶의 태도가 올바를 때 존경을 나타낸다. 투자를 이야기할 때 철학이나 인문학과 접목하면 애매하다. 그가 한 이야기가 진실인지 거짓인지 파악하기가 힘들기 때문이다. 아무리 아는 척을 해도 실적이 없으면 그저 '헛똑똑이'일 뿐이다. 투자란 어디까지나 결과물이 나와야 성공과 실패가 결정된다. 또한 투자에 대해 아무리 떠들고 실적으로 보여도 철학과 원칙이 없으면 최종적인 실패자가 된다. 『행운에 속지마라』의 저자처럼 철학은 물론이고 원칙을 지키며 투자실적까지 훌륭하면 왠지 모르게 주눅 들게 된다.

이 책은 인문학과 행동경제학과 『열린사회와 그들의 적들』을 쓴 칼 포퍼의 사상을 버무려서 이야기하고 있다. 우리들은 펀드 매니저에게 돈을 맡길 때 우리보다 투자를 잘할 거라고 믿는다. 그 펀드 매니저가 내세우는 펀드의 과거수익률을 근거로 믿음을 갖고 기꺼이 돈을 맡기지만 그건 어디까지나 그에게 행운이 연속적으로 작용한 결과다.

10,000명의 사람들에게 동전 던지기를 하여 연속으로 승자만 남는다고 할 때 5,000명 다음에 2,500명, 다음에는 1,250명이 되고, 625명

이 된다. 이 정도만 되어도 난리가 난다. 여기에 어떠한 전략도 지식도 경험도 없다. 전적으로 운에 의해 승자가 되었을 뿐이다. 투자의 세계에서 성공을 한 사람들도 실제로는 이와 별다를 것이 없다.

운 좋게도 몇 년 동안 엄청난 수익을 얻을 수 있지만 그 운이 지속될 수는 없다. 운이 갖고 있는 한계이다. 책에는 나오지 않지만 수많은 투자자 중에 동전 던지기처럼 지속적으로 승자가 나올 수 있다. 워런 버핏의 경우처럼. 웃긴 것은 동전 던지기의 사례는 워런 버핏도 말했다. 이 책이나 워런 버핏의 이야기나 똑같이 동전을 던지는 원숭이의 이야기로 진행이 된다. 엄청나게 셀 수 없는 원숭이가 게임을 한다. 그중에 끝까지 남는 원숭이에게 사람들은 서로 달려들어 그 비법을 들으려고 난리를 친다. 이게 바로 인간의 속성이다.

심지어 이 책에서는 원숭이들이 책까지 쓸 수 있고, 『오딧세이』와 같은 작품도 쓸 수 있다고 한다. 그게 바로 확률이다. 확률 이야기를 반복하여 이야기하지만 확률에 대해 문외한이라 제대로 이해하기는 힘들었다. 중요한 것은 나와 같은 평범한 사람뿐만 아니라 수학자나 통계학자들마저도 — 이런 통계를 갖고 투자를 하는 퀀트 펀드의 펀드매니저들마저 — 제대로 이해하지 못하고 통계와 확률의 오류에 빠지고 만다는 사실이다.

아무리 똑똑해도 인간은 확률을 제대로 이해하지 못하는 감정의 동물로 태어났다. 실험을 통해 인간의 이성만 남기고 감정을 제거했을 때 오히려 그는 아무런 판단도 내리지 못했다고 한다. 인간은 아무리 이성에 의해 판단을 내린다고 해도 결국 감정에 의해 결정을 내리는 불완전한 존재다.

저자는 철저하게 어떤 것도 확실한 것은 없이 운이라는 주장을 한다. 진정한 투자자는 한 가지의 포지션을 선택하는 것이 아니라 언제든지 변경할 수 있어야 한다. 대표적인 인물로 조지 소로스에 대해 이야기한다. 나심 탈레브는 소로스의 '재귀성이론'을 두고 철학을 하는 투자자로 보이고 싶어 안달난 것이라고 할 정도로 처음에는 조지 소로스를 싫어했다. 하지만 소로스를 통해 칼 포퍼를 알게 되었고, 이후에 소로스를 진정한 투자자로 인정한다. 그 이유가 바로 소로스는 자신의 선택을 언제든지 변경하기 때문이다.

예를 들어 조지 소로스는 2,000만 달러를 투자하기로 결정한 후라도 아니다 싶으면 그 즉시 돈을 빼서 다른 곳에 투자를 한다. 우리는 특정 포지션을 선택했다면 무조건 자신의 선택이 맞다는 확신을 갖고 갖가지 변명과 이유를 갖다 붙인다. 조지 소로스는 포퍼의 열린사회는 타인에 대해 열려있는 것이 아니라 절대적인 것이 없기에 열린 사회라 말한다. 언제든지 변경이 가능하지만 대부분의 투자자는 자신의 행동이 창피해서라도 변경하려 하지 않는다.

『행운에 속지 마라』는 여타의 투자 책들과 달리 철썩 같이 믿는 통계에 대한 오류와 현대 투자자들의 어리석음을 행동경제학으로 알려준다. 위대한 철학자들의 사상에 입각해 주변 투자자들을 조롱하며 세상을 똑바로 보라고 이야기한다. 철저하게 회의주의자적인 입장에서 완벽한 진리나 진실도 없고 절대적인 것은 더욱 없다.

검은 백조현상은 대중이 전부 한 방향으로만 생각하고 움직이며 그 열기가 뜨겁게 발산될 때 경각심을 가져야 함을 알려준다. 이미 알고 있어도 인간은 늘 망각한다. 신문이나 뉴스와 같은 온갖 방송매체는 부화뇌동할 수 있으니 멀리하라고 한다. 이미 깨닫게 되었어도 지속적으로 노출되는 쓸데없는 소음으로 인해 흔들리는 갈대가 된다. 지극히 평범한 인간은 모든 것을 잊고 어제의 행동을 반복한다.

책속으로

누군가 과거에 뛰어난 실적을 올렸다면, 나는 그가 미래에도 뛰어난 실적을 올릴 가능성이 있음을 부인하지 않는다. 그러나 그 가능성은 너무도 미미해서 의사 결정에 아무 소용이 없을 정도다. 왜 그럴까? 두 가지 요소에 좌우되기 때문이다. 두 요소는 그 활동에서 '우연'이 차지하는 비중과 원숭이의 숫자다.

우선 표본 숫자가 매우 중요하다. 타자기를 친 원숭이가 다섯 마리라면, 나는 『일리아드』를 친 원숭이에게 깊이 감명 받을 것이고, 심지어 고대 시인이 환생한 것이 아닌지 의심할 것이다. 만일 원숭이 숫자가 10억의 10억 거듭제곱이었다면 나는 그다지 감동하지 않을 것이다. 오히려 그 중 한 마리가 우연히 유명 작품을 찍어내지 않는다면 나는 더 놀랄 것이다. (카사노바의 《나의 편력Memoirs of My Life》이 나올지도 모른다.) 심지어 한 마리는 전직 부통령 엘 고어의 '위기의 지구'를 상투적 표현을 뺀 채 찍어낼지도 모른다.

비즈니스 세계는 운에 크게 좌우되므로, 이런 문제가 더 심각하게 발생한다. 사업가의 숫자가 많아질수록, 그중 한 사람이 우연히 탁월한 실적을 올릴 가능성도 커진다. 그러나 나는 원숭이 숫자를 세는 사람을 본 적이 없다. 마찬가지로, 증권시장에서 투자성공 확률을 계산하기 위해서 투자자 숫자를 세는 사람도 본 적이 없다.

원숭이 문제에는 다른 측면도 있다. 현실 세계에서는 원숭이에 해당하는 인간의 숫자를 셀 수 없을 뿐더러, 아예 볼 수도 없다. 이들은 숨겨져 있기 때문에 오로지 승자만 볼 수 있다. 실패한 사람들은 조용히 사라지는 것이 당연하다. 따라서 사람들은 생존자만 보게 되며, 그래서 확률을 잘못 인식하게 된다. 사람들은 확률이 아니라 승자에 대한 사회적 평가에 반응하게 된다. 네오 튤립이 그러했듯이, 확률을 공부한 사람조차 사회적 압력에 대해서 어리석은 반응을 보인다.

『1분이 만드는 백만장자』, 마크 빅터 한센 지음	☐
『대한민국 20대 재테크에 미쳐라』, 정철진 지음	☐
『돈 버는 사람은 분명 따로 있다』, 이상건 지음	☐
『똑똑한 돈』, 이명로 지음	☐
『머니트리 키우기』, 로버트 알렌 지음	☐
『바빌론 부자들의 돈 버는 지혜』, 조지 사무엘 클라슨 지음	☐
『보도 섀퍼의 돈』, 보도 섀퍼 지음	☐
『보도 섀퍼의 부자전략』, 보도 섀퍼 지음	☐
『스위스 은행가가 가르쳐주는 돈의 원리』, 막스 귄터 지음	☐
『스트레스 없는 재테크 10가지 습관』, 김재영 지음	☐
『시골의사의 부자경제학』, 박경철 지음	☐
『열두살에 부자가 된 키라』, 보도 섀퍼 지음	☐
『원화의 미래』, 홍춘욱 지음	☐
『월급쟁이 부자들』, 이명로 지음	☐
『은행의 비밀 52』, 최성우 지음	☐
『인구 변화가 부의 지도를 바꾼다』, 홍춘욱 지음	☐
『자동으로 부자되기』, 데이비드 바크 지음	☐
『주식투자가 부의 지도를 바꾼다』, 홍춘욱 지음	☐
『투자의 여왕』, 성선화 지음	☐
『펠릭스는 돈을 사랑해』, 니콜라우스 피퍼 지음	☐
『환율의 미래』, 홍춘욱 지음	☐

Read the book to be rich

PART 03

기본을 닦고 투자하자

대다수 개인이 할 수 있는 투자는 부동산 아니면 주식 투자다. 지금까지 직접 투자 전 꼭 알아야 할 방법과 마인드, 성향 등 자신을 돌아봤다면 본격적인 투자를 해야 할 시간이다. 주식 투자와 부동산 투자에서 꼭 알아야 할 기본부터 책으로 배운다. 강의를 듣고 책을 읽는 방법도 있고 책을 먼저 읽고 강의를 듣는 방법도 있다.

시중에 엄청나게 많은 강의가 널려 있다. 내가 처음 투자를 배우려고 시도했을 때 투자 관련 강의는 없었다. 있었는데 내가 찾지 못했거나. 수없이 많은 강의 중 너무 상업적인 냄새가 나지 않는 것이 좋지만 너무 무료를 찾지도 말기 바란다. 대체적으로 무료강의는 강의가 무료일 뿐 다른 걸 이용해서 돈을 버는 경우가 많다. 강의를 듣기 전에 최소한 한두 권의 책을 먼저 읽은 후에 참여하는 걸 권한다.

처음 접하는 용어가 낯설고 눈에 들어오지 않는 건 너무 당연한 현상이다. 투자 책을 읽어본 적도 없고 투자를 한 적도 없는데 처음 읽자마자 이해되고 책이 술술 넘어간다면 거짓말이다. 내 경우 해당 분야 책을 5권 이상 연속적으로 읽었다. 시간이 지나며 서서히 눈에 들어오며 이해가 되었다. 마찬가지의 방법으로 책을 읽으면 된다. 처음부터 과도한 욕심보다는 익히며 적응하는 시간을 책으로 먼저 갖도록 하자.

부동산 투자에 비해 주식 투자가 상대적으로 훨씬 더 많은 책이 있다. 한국 저자뿐만 아니라 외국 저자가 쓴 책도 많다. 한국 저자가 쓴 책보다 외국 저자가 — 대부분 미국으로 치우쳐 있지만 — 훨씬 더 내공이 탄탄하고 배울 점이 많다. 아쉽게도 한국 저자가 쓴 좋은 주식 책은 이상하게도 얼마 되지 않아 절판되는 경우가 많다. 한국 책을 많이 소개하고 싶어도 이런 사정으로 제외할 수밖에 없었다. 한국 상황에 맞는 책을 쓴 저자가 더 많이 나오고 사랑받았으면 한다.

부동산 투자 책보다 주식 투자 책이 마인드와 개념 정립하는 데 훨씬 도움이 되었다. 무엇보다 안전마진과 현금흐름이 중요하다는 점뿐만 아니라 시간이 지날수록 눈덩이처럼 불어나는 자산에 투자하라는 투자 개념은 핵심 중 핵심이다. 내가 투자하는 데 있어 가장 중요시 하는 요소 중 하나인 배당 개념도 주식 투자 책에서 배웠다. 장부상으로 좋은 기업인지 나쁜 기업인지 파악하기 쉬워도 확인할 실체가 없다. 배당이란 돈을 투자자에게 준다는 의미다. 투자자에게 돈을 주는 기업이 망할 확률은 적다.

주식 투자를 하려면 배워야 할 것이 엄청나게 많다. 끝이 없을 정도지만 중요한 몇 가지만 유념하고 공부해서 내 것으로 만들어도 충분하다. 기본에 충실한 책만 우선 선정을 했다. 재무제표 책은 포함시키려 했지만 아무래도 처음에는 다소 어려울 듯해서 제외했다. 소개하는 책에서 재무제표 이야기가 나오니 그 책에서 알려주는 것들만 확실히 이해하면 처음에 기본을 닦고 적용하는 데 무리는 없을 듯하다.

부동산 투자는 기본 속성상 외국 저자의 책은 극히 드물다. 부동산은 대체적으로 한국에 투자하고 정부 정책과 인구구성 등에 영향을 많이 받는다. 부동산 투자도 분야가 무척 많지만 대다수 사람들이 관심 갖고 투자하는 영역은 주택이다. 부동산이 다른 투자와 다른 점은 실거주자가 주택을 사고파는 주체라는 점이다. 투자자가 주택을 투자 대상으로 거래하지만 그보다 훨씬 더 많은 사람들이 거주를 위해 주택을 사고판다.

가격 상승과 하락 영향이 주식보다 부동산이 훨씬 크다. 부동산의 파급효과는 실물경제를 충격에 빠뜨리고 정부의 정책마저 영향을 미친다. 주식 거래는 하지 않아도 상관이 없지만 주택은 반드시 누군가 거래를 한다. 매매 거래는 물론이고 임대차 거래도 꼭 한다. 가격이 출렁일 때마다 온 국민이 관심을 갖고 지켜본다. 직접 피부로 느끼는 공포와 환호가 다르다. 가격이 상승해도 힘들어 하는 사람이 있고 하락해도 어려워하는 사람이 속출한다.

중심을 잡고 주택 투자를 어떻게 해야 하는지 알려주는 책을 선정했다. 단순히 이렇게 투자해서 돈을 벌었다는 이야기로 동기부여를 하는 책보다는 주택 투자의 본질을 알려주는 책으로 선정했다. 주택은 개인이 거래하지만 큰 흐름과 영향은 정부의 정책에 따라 달라진다. 정부도 개인의 움직임에 따라 정책을 발표한다는 점에서 서로 영향을 미치며 거래를 성사시킨다. 많은 사람들이 관심 갖는 아파트에 대해 좀 더 알아보는 시간도 가졌다.

부동산 경매에 호기심으로 시작하는 분도 많다. 의외로 처음부터 부동산 투자를 경매로 접해서 출발하는 경우가 많다. 이에 부동산 경매를 쉽게 알려주는 책도 함께 선정했다. 부동산만큼 사람들의 관심과 궁금증이 많은 자산도 없다. 그런데도 공부 없이 투자하는 사람이 너무 많다. 이런 분들이 여기서 소개한 책으로 기본을 다진다면 이제 시작하는 투자에 분명히 큰 도움이 될 것이다.

8장

재테크의 기초, 돈 관리의 비결

첫 번째 원칙,
저축하고 지출하라

재무관리에 대한 책을 많이도 읽었고 공부도 했고 관련 직업으로 활동했기에 자격증도 갖고 있다. 내가 만난 사람들에게 여러 가지 제안도 하며 잘하고 있다고 봤지만『절박할 때 시작하는 돈관리 비법』을 읽고 '아직도 멀었구나'라고 느꼈다. '처음으로 돌아가 기초부터 다시 시작해야겠다'라는 생각이 먼저 들었다. 잊고 있었다는 생각이 들었다. 아직은 아닌데도 불구하고 착각을 하고 있었던 것이 아닐까 하는 마음이 들었다.

책에서 하는 이야기는 단순하지만 전부 내가 재무설계를 할 때 사람들에게 이야기했던 것들이다. 적금을 들어라. 돈을 모으라. 신용카드를 쓰지 마라. 비상자금을 갖고 있어라. 일정 자금은 투자를 하라(책에서는 뮤추얼 펀드다). 무척 단순하고 평범해 보일지 몰라도 실생활에서 실천하는 것은 만만치 않은 고난과 고통을 안겨주는 행동이다.

많은 사람들이 돈을 벌면 가장 먼저 소비를 한다. 열심히 일해서 번 돈으로 소비를 하는 것까지 문제 삼을 수는 없다. 문제의 핵심은 수입보다 훨씬 많은 소비이다. 바로 신용카드를 쓰기 때문이다. 신용카드는 현금을 내지 않아 돈을 쓴다는 감각이 무뎌지며 계획하지 않은 지출을 발생시킨다. 다음 달에 갚아야 할 외상인데도 사람들은 이 점을 전혀 신경 쓰지 않는다. 신용카드 대신에 통장에 일정 금액을 넣고 쓰는 체크카드는 현금지출과 똑같은 효과를 볼 수 있다.

사회생활을 하다보면 이런저런 빚을 만들게 된다. 소비를 위한 빚도 있고, 주택구입을 위한 빚도 있다. 소비를 위한 빚은 무조건 지지 말아야 한다. 먼저 작은 금액부터 갚아 나간 후에 큰 빚을 갚아 모든 빚을 완전히 다 갚도록 한다. 그러면 이제 더 이상 돈에 끌려 다닐 일이 없다. 이제부터 빚을 만들지 않는 게 중요하다. 내가 번 만큼 지출하며 살아도 되는 단계로 진입해서 본격적으로 돈을 모은다.

이에 앞서 먼저 비상자금을 만들어 둔다. 미국 돈으로 1,000달러 우리나라 돈으로 100만원을 먼저 모은다. 좀 더 여유가 생긴 후에는 3~6개월 정도의 생활비를 비상자금으로 마련한다. 아무리 빚을 열심히 갚고 더 이상 필요 없는 지출을 쓰지 않으려 해도 어떤 일이 갑자기 생길지 알 수 없다. 교통사고가 날 수도 있고, 다양한 상황에서 예기치 못한 일이 벌어질 수 있다. 이런 일을 해결하기 위해 비상자금을 꼭 마련해서 절대로 건드리지 말고 준비한다.

그렇게 모든 빚을 없앤 후에는 일정 금액을 지속적으로 투자한다. 투자라고 해서 거창하게 부동산 투자를 하거나 직접 투자를 하는 것이 아니라 뮤추얼 펀드에 꾸준히 불입을 하면 된다. 책에서 미국은 뮤추얼 펀드의 장기 평균 수익률이 12% 정도니 10~20년 투자를 하면 된다고 알려준다. 내가 알고 있는 것보다는 수익률이 조금 높기는 하지만 그래도 그렇게 살아가면 된다.

대다수 사람들은 보여주는 삶을 살기 때문에 힘들어 한다. 좋은 차를 구입해서 타고 다녀야 하고 남들에게 잘 보이기 위해 멋진 옷을 산다. 자신의 상황에 맞는 선택을 하며 지출해야 한다. 필요하지 않으면 차를 구입할 이유가 없다. 차를 꼭 구입해야 하는 상황이라면 신차를 뽑거나 리스나 할부로 구입하면 안 된다. 돈을 알뜰살뜰 모아 중고차를 현금으로 사면 그만큼 돈도 절약할 수 있고 허튼 곳에 돈을 쓰지 않을 수 있다.

이러쿵저러쿵 백 마디 말보다는 실천이 중요하다. 열심히 일하고 버는 수입의 일정부분은 무조건 적금을 한다. 그런 후에 남는 돈으로 살아가도록 노력하면 된다. 거창하게 투자로 돈을 굴리고 불리는 것은 생각할 필요도 없다. 수입보다 더 많은 지출을 할 때부터 잘못이 시작된다. 버는 만큼 쓴다고 착각하지만 다들 수입 이상을 쓴다. 이미 언급한 현금지출이 아닌 신용카드를 사용하기 때문이다. 주택 대출도 일정 금액 한도 내에서 자신의 수입을 고려한 대출을 받아야 한다. 이자만 생각하며 무리한 대출을 받으면 결국에는 고통만 다가올 뿐이다.

나름 무계획적인 소비는 안 하고 신용카드 대신에 오로지 현금과 체크카드로만 생활하고 있다. 책을 읽으면서 나를 돌아보며 여전히 갈 길이 많이 남아 있고 부족하다는 생각이 들었다. 적금은 하고 있지 않지만 펀드는 하고 있다. 적금 부분은 각자의 상황에 따라 가입 여부가 조금 다를 수 있어도 무조건 하는 것이 좋다.『절박할 때 시작하는 돈 관리 비법』을 읽다 보니 나도 모르게 안일하게 소비와 지출을 하고 있던 것은 아닐까 생각했다.

소비를 위한 대출은 없지만 투자를 위한 대출은 현재 있는 상황에서 좀 더 조심해야겠다고 다짐했다. 계속 대출 금액을 낮추려 노력하고 있지만 책을 읽으면서 다시 한 번 확실하게 조절을 해서 리스크를 낮춰야겠다. 남에게 보여주기 위한 삶이 아니라 자신의 능력 범위 안에서 사는 인생이 가장 행복한 인생이라 할 수 있지 않을까. 다시 한 번 재테크의 기본을 다져주는 책이다.

책 속으로

1단계 걸음마 과정 : 비상자금 천 달러(백만 원)모으기

2단계 걸음마 과정 : 눈덩이 빚 없애기 ― 작은 금액부터 차근 차근

3단계 걸음마 과정 : 비상자금 완성하기 ― 1만 달러(천만 원)

4단계 걸음마 과정 : 소득의 15% 노후자금에 투자하기

5단계 걸음마 과정 : 학자금 마련하기

6단계 걸음마 과정 : 주택담보대출금 상환하기

7단계 걸음마 과정 : 경제적 자유 누리기

어린 나이에 백만장자가 되었다가 하루아침에 알거지가 되었던 내가 인생의 밑바닥을 경험하면서 절실히 깨달은 것이 있다. 남에게 보이는 모습에 연연하면서 남을 의식한 소비를 하면 결코 돈의 주인이 될 수 없다는 사실이다. 멋진 차를 타고 다니면 지금 당장은 남들에게 부러움의 대상이 될 수 있다. 그러나 결국 남는 것은 텅 빈 지갑과 밀린 할부금뿐이다. '뱁새가 황새 따라가다 가랑이 찢어진다'는 말이 있다. 진정한 돈의 주인으로 거듭나서 황새가 되기 전까지는 부자처럼 쓰지 말고 부자처럼 모아야 한다.

촌철살인의
재무 컨설팅

　　　　본질에 대해 정확하게 아는 사람은 부연 설명을
할 필요가 없다. 정확하게 원하는 말만으로도 알아듣기 쉽게 설명할
수 있기 때문이다. 많은 재무설계 책들이 있다. 또한, 이렇게 저렇게
돈을 모으고 쓰고 아끼고 굴려야 한다고 이야기하는 책들이 있다. 이
런 책들은 한결같이 주저리주저리 많은 이야기를 한다. 읽으면서 도
움이 되고 깨닫기도 하지만 쓸데없는 말을 할 때가 많다. 핵심만 정
확하게 알아들을 수 있게 할 수도 있을 텐데 말이다.

　그런 면에서 『돈 버는 선택 돈 버리는 선택』은 우리들이 돈과 관련
되어 하는 많은 행동에 대해 정확하게 필요한 말만 군더더기 없이 하
는 책이다. 게다가 관련된 그림까지 삽입하여 가독성마저 높이고 있
다. 필요한 말만 한다는 걸 책을 펼치기만 해도 알 수 있다. 긴 글 없
이 각 주제에 부합되는 글만 정확하게 보여준다.

돈 문제에 대해 다양한 선택의 순간이 온다. 우리는 똑똑한 인간이라 선택의 순간에 늘 올바르게 현명한 판단을 한다고 믿는다. 하지만 불행히도 많은 연구결과는 우리의 선택이 절대로 그렇지 않다는 것을 보여준다. 대부분 선택의 상황은 참 아니면 거짓이나 이것 아니면 저것처럼 명확하게 구분할 수 없다. 혼동스럽고 헷갈리는 선택의 순간에 우리는 가장 최선의 것을 택한다고 여긴다. 예상과 달리 반대의 결과가 나타날 때 — 이런 결과가 발생했는데도 모르는 경우가 태반이지만 — 자신의 판단을 의심하지만 깊은 반성 없이 다시 평소처럼 살아간다. 소중한 반면교사의 기회가 말짱 도루묵이 된다.

　이런 선택의 순간에 이 책은 도움이 된다. 이렇게 할지, 저렇게 할지 고민할 때『돈 버는 선택 돈 버리는 선택』목차를 펴 가장 부합하는 제목으로 찾아가서 읽으면 된다. 그 답이 꼭 원하는 결과를 알려주진 않을지라도 지금까지 읽어보고 공부하고 경험한 바에 따르면 올바른 답이다. 비록, 선택의 순간에는 마음이 편치 못할지라도 말이다.

　신용카드 대신 체크카드를 써라. 내 집을 살까 말까. 어떤 차를 살까. 어떤 펀드에 가입할까. 보험은 어떤 걸 가입할까. 이런 것들에 대해 평소에 주절주절 말만 많은 사람들이 있다. 나조차도 그에 관련된 글을 썼지만 이런저런 쓸데없는 말을 많이 썼다. 이 책은 거두절미하고 간단명료하며 보기 좋게 알려준다. 가치판단이 달라 이 책과는 다른 의견이 나올 수도 있고 동의하지 않을 수도 있다. 극단적으로 이야기해서 동의하지 않을 수 있지만 바로 그 이유로 당신은 돈을 제대로 모으지 못하고, 벌지 못하고, 굴리지 못하는 것이다.

아주 애매한 선택이 있다. 차를 살 것인가와 여행을 할 것인가에 대한 판단 같은 경우이다. 차는 구입하면 10년(?)은 타고 다닐 수 있지만 여행은 찰나에 끝난다. 하지만 새 차를 구입한 기쁨은 얼마가지 못하지만 여행에서 겪은 경험은 평생을 함께 하기 때문에 여행을 선택하라고 한다. 내가 보기엔 굳이 새 차를 사야 할 아무런 이유가 없다. 2~3년 된 중고차를 사고 차액만큼 차라리 여행을 가는 것이다. 대부분 보유현금으로 차를 구입하지는 않지만.

책에 나온 내용 중 딱 세 가지만 새롭게 발견하거나 그럴 수 있다는 생각을 하게 된다. 하나는 금에 투자하는 것보다는 나무에 투자하라는 것이다. 나무에 투자한다는 것을 어렴풋이 보기는 했지만 읽어보니 상당히 장기투자면서 금보다 더 가치 있고 수익률도 좋은 듯하다. 트레이너를 고용하여 헬스클럽에 다니라는 내용은 — 헬스클럽 자체를 가 본적이 없지만 — 저자의 이야기를 읽다보니 수긍이 된다. 길게 볼 때 더 이익이 되는 측면이 많을 것이라 생각되었다. 유기농에 대한 이야기는 그다지 신경을 쓰지 않고 먹는 스타일이라 유일하게 감흥이 크지 않았던 내용이다.

돈과는 전혀 무관해 보이지만 — 아마도 나이가 좀 든 사람들이 조언할 수 있는 내용으로 보이는데 — 졸업을 하자마자 취직하는 것보다는 여행을 한 후에 취직을 하라는 이야기에는 깊은 동감을 표하고 싶다. 그 순간만 볼 때는 말도 안 되고 취업이 하늘에 별 따기라고 하는 상황에서 미친 조언 같다. 그렇지만 인생을 길게 볼 때도 그렇고,

취업할 때 남들과는 다른 나만의 스펙을 위해서도 더 좋은 방법이 아닐까 한다. 물론, 아무나 선택할 수 있는 것도 아니고 금전적인 문제도 섞여 있지만.

같은 분야의 책을 이미 꽤 많이 읽었지만 『돈 버는 선택 돈 버리는 선택』은 술술 읽힌다. 내용이 쉬워 휘리릭 넘길 수도 있지만 내용은 결코 가볍거나 술술 넘길 수 있는 것은 아니다. 백 마디의 쓸데없는 말보다 꼭 필요한 한 마디의 말이 더 가슴에 와 닿는 것처럼 이 책은 여러 재무설계 관련 책을 찾아 헤매는 사람들에게는 부담 없이 읽을 수 있으면서도 큰 도움이 되는 책이다.

개인적으로 이 책의 감수자인 홍춘욱의 '왜 난 진작 이런 책을 쓰지 않았을까'라는 문구가 가장 인상적이었다. 왜냐하면 다 읽고 나서 나도 그런 생각이 많이 들었으니까. '왜 이런 책을 우리나라 사람이 쓰지 못했을까'라는 아쉬움 말이다.

책 속으로

▶ 자녀 학비 마련이 먼저일까 vs 은퇴 자금 마련이 먼저일까

나 자신이 먼저다. 돈에 관한 모든 결정에 통하는 원칙이지만, 자녀를 외면해야 한다면 따르기 어려운 원칙이기도 하다. 그렇다면 이렇게 생각해 볼 수도 있다. 당신이라면 20대와 30대에 학자금 대출을 상환하는 편이 나은가, 아니면 40대와 50대에 궁핍한 부모를 모시고 사는 편이 나은가? 당신은 쉽게 선택할 것이다. 그리고 당신 자녀에게도 쉬운 선택이다.

『재테크의 여왕』 | 성선화 지음 | 청림출판

돈을 모으기 위해
얼마나 노력했는가

예전과 달리 이제는 신문에서도 재테크 섹션을 두고 다양한 기사가 나온다. 정작 재테크라는 용어가 정착되어 관련된 기사가 나오는데 부정확한 기사가 나오는 경우도 있다. 기자가 확실히 알지 못하는 내용을 갖고 기사로 낼 때 그 사실을 아는 사람들은 쯧쯧 거리며 기자를 욕한다. 재테크는 그리 쉬운 것이 아닌데도 언론사에서 비중이 낮다보니 주로 잠시 스쳐가는 분야로 주로 신입 기자들이 취급하기 때문이 아닐까 싶기도 하다.

그런 면에서 『재테크의 여왕』 저자인 성선화는 독보적이다. 재테크와 관련된 기사를 쓰는 기자들은 꽤 되는데 대부분 기자들이 발로 뛰기보다 데스크에 앉아 이론적인 내용이나 외국 사례를 소개한다. 성선화는 현재 재테크와 관련된 가장 핫한 아이템을 들고 직접 당사자를 만나 취재해서 신뢰도와 정확성을 높혀 준다. 그만큼 카더라 정보가 아닌 정확한 팩트에 근접한 기사로 독자들에게 다가서는 기자도 드물다.

물론 언론의 속성상 제목이 다소 자극적일 때도 있어 꽤 많은 댓글에 비난이 올라오기도 하지만 기사 자체는 거짓을 말하지 않았으니 큰 상관은 없다. 특히나 꽤 많은 재테크 분야 사람들을 직접 만나 인터뷰를 하고 그에 근거해서 기사를 작성하는 것만큼은 한국 최고가 아닐까 한다. 심지어 기자임에도 불구하고 본인이 직접 재테크를 했을 뿐만 아니라 이와 관련되어 책까지 펴냈으니 단순히 기자가 아닌 투자 전문가로 불러도 큰 차이는 없을 듯하다.

책은 아주 쉽게 쓰였다. 정확하게는 20대 여성을 타겟으로 한다. 대다수의 내용이 20대 여성에게 — 그 중에서도 정확하게는 20대 중후반으로 보인다. — 어떤 식으로 돈을 모을 것인지 알려주는 쪽이다. 돈을 모으는 것이 제일 중요하지만 어떻게 하면 훨씬 더 효율적으로 할 수 있는지 실제 사례와 함께 알려준다. 무엇보다 놀라운 것은 타인의 사례를 끌어들인 여타의 책과 달리 — 특히나 기자가 쓴 책들에서 — 자신의 이야기를 직접 들려준다는 점이다.

나도 엑셀에 매일같이 기입하는 것으로 가계부 쓰는 걸 끝내는데 저자는 직접 가계부를 쓰는 것에 그치지 않고 모든 영수증을 버리지 않고 전부 간직해서 가계부에 직접 모으고 있었다. 그 영수증을 전부 사진으로 보여주는데 이 정도면 기자가 썼다는 선입견은 완전히 눈 녹듯이 사라진다. 자신이 얼마나 노력했고 지출을 통제했는지 보여주는데 가감 없는 내용에 감탄이 절로 났다. 단순히 이렇게 하라고 하는 것이 아닌 자신이 했던 노력과 방법을 알려주니 말이다.

재테크 기초를 알려주는 책은 상당히 많다. 그 책들 대부분이 이제는 그다지 참신하지도 않고 진부하다. 더구나 이렇게 하면 좋다고 여러 가지를 코칭하고 제시하는 데 그친다. 반면에 『재테크의 여왕』은 자신이 직접 실천했던 모든 방법을 알려준다. 친절하게 자신의 계좌까지 보여준다. 흔히 말해서 진짜 그런지 '계좌 까 보시지!'라는 이야기에 정면으로 자신의 민낯을 보여준다. 그 민낯이 오히려 더욱 빛난다. 왜? '누구도 이렇게 자신의 실 사례'까지 보여주지는 않았기 때문이다.

특히 수없이 많은 체크카드와 통장까지 전부 보여주며 그것들이 어떤 혜택이 있는지 알려주는 장면이 압권이다. 기껏해야 신용카드도 없이 체크카드 하나를 쓰고 있는 내 입장에서 나름 노력한다는 생각이 무색할 정도로 노력했던 모습이 보였다. 적금과 예금 계좌까지 보여주면서 돈을 모으고 있는 내용은 이 책을 읽는 모든 사람에게 더 이상 다른 내용은 읽지 않아도 된다는 확신이 들게 한다. 이 정도 노력이면 된다.

쓸데없이 어쩌구저쩌구 하는 모습 따위 필요 없이 이렇게 열심히 돈을 모으고 있는 저자처럼 하면 무조건 된다. 얼마를 버느냐가 중요한 것이 아니라 얼마나 돈을 모으기 위해 노력하고 있느냐가 이 책의 핵심이라 생각된다.

책에 나온 내용도 거의 90% 이상 동의한다. 균형 있게 중심을 잡고 재테크 정보를 알려준다. 보험과 연금 내용도 그렇고 대출에 대한 의

견도 마찬가지다. 특히나 재테크를 하겠다는 20~30대 분들이라면 —
여자, 남자 가리지 않고 — 이 책을 읽으면 될 듯하다. 무엇보다 『재
테크의 여왕』은 문답식으로 철저하게 초보자를 위해 책이 구성되어
있어 부담 없이 술술 막히지 않고 읽을 수 있다.

책 속으로

▶ 4개의 지출 구멍을 막아라

첫째, 계획 없이 즉흥적으로 산 옷 값(의류비)

둘째, 고가의 피부 관리 비용(미용 관리비)

셋째, 밥 먹듯이 타는 택시비(교통비)

넷째, 빈번한 편의점 비용(식비)

9장

주식 투자의 기본

가치투자의 시작,
눈을 굴려라

가치투자에서 가치를 발견하는 방법은 천차만별인 듯하면서 비슷하다. 가격을 계산하는 방법 중 채권과 비교하여 수익률을 산정하는 방식이 있다. 여러 가치투자 책에서 언급하고 알려주고 권장하고 있는 방법인데, 똑같은 데이터를 갖고도 계산하는 사람마다 다 다른 결과가 나온다. 수익률을 얼마큼으로 잡을 것인가와 할인율을 얼마로 할 것인가에 따라 달라진다. 거기에 예상 PER 등을 어떻게 산정하느냐에 따라 나오는 값이 다르기에 현재 제시되는 주식 가격을 싸다고 사는 사람이 있고 비싸다고 파는 사람이 있는 것이다.

가치투자를 시작하는 사람들은 다양한 방법으로 계산을 하고 적용하는데 100% 똑같이 할 수는 없다. 반드시 그럴 필요도 없지만 — 이래서 백인백색의 가치투자 방법이 존재한다 — 기본 개념은 동일하게 활용해야 할 듯하다. 처음 주식 공부할 때는 현재가치와 미래가치를 계산하는 방법이 그저 신기하고 놀랍기만 했는데 지나고 보니 가장 기본 중 기본이라 할 수 있다. 어떻게 보면 그게 주식 투자에서 전부는 아닐지라도 거기서부터 출발하는 것이 가장 확실하고 분명한 투자 방법이니까.

기간을 10년으로 잡고 현재의 주당순자산가치를 확인한다. ROE를 통해 미래수익률을 예측한다. 현 주당순자산가치에서 예상 ROE를 적용해 미래 주당순자산가치를 계산한다. 그 후에 현재의 주가에 기대수익률을 적용해서 나온 미래 주당순자산가치가 얼마인지 파악한다. 그 후에 본인이 정한 목표수익률에 부합하는지 확인한다. 미치지 못하면 포기내지 관심으로 넣고 뛰어 넘으면 매수 또는 관심을 갖고 지켜본다. 이걸 글로 표현하니 무슨 말인가 할 수도 있는데 직접 책을 읽어 보면 확실히 개념이 잡힐 것이다.

여기서 중요하게 여기는 포인트는 배당이다. 내가 쓴 『후천적 부자』에서도 배당에 집중한 투자 성공 사례로 언급했다. 그 정도로 중요한 핵심이다. 꽤 큰 돈(십억 단위)이 있다면 이것저것 신경 쓸 것 없이 모든 투자를 다 때려치우고 오로지 배당 관점으로만 투자할 생각을 갖고 있다. 그러기 위해서 현재 주식 투자 공부를 하고 있다고 해도 과언이 아니다.

가치투자 책을 읽으면 투자하는 것이 꽤 쉽고 재미있다. 막상 투자하려고 영업보고서를 읽고 할인율을 정해 계산한 후 원하는 주식 가격대까지 기다리는 과정이 더 어렵고 고통스럽다. 발견하는 것도 쉽지 않지만 인내해서 원하는 가격대까지 기다린다는 것이 훨씬 더 어렵고 힘들다. 워런 버핏이 가장 위대한 투자자가 된 이유가 바로 그 인고의 시간을 인간의 본능을 극복하며 참아냈다는 것이다. 상상할 수도 없는 엄청난 돈을 갖고 말이다. 인간은 돈이 있으면 정신이 흐트러져서 제대로 된 판단능력을 상실해서 자신도 모르게 쓰게 되는데 말이다.

『눈덩이주식 투자법』은 가치투자에 대한 개념을 알고 싶고 가치와 가격의 차이를 이용해서 돈을 벌고 싶은 사람들에게 기초를 알려주는 책이다. 이 책에 나온 방법을 적용해서 스스로 갈고 닦고 깨지고 벌면서 성장한다면 가치투자의 길로 계속 걸어가게 된다. 투자를 시작하면 그렇게 쉬운 것은 또 아니고 추가적으로 알아야 하고 배워야 할 것이 많다. 고려해야 할 요소도 한두 가지가 아니라 읽어야 할 것들도 넘쳐난다는 것이 가장 큰 함정이지만.

자산이 눈덩이처럼 불어나는 것은 의외로 엄청 어렵다. 처음에는 눈덩이를 굴린다고 해도 성에 차지 않는다. 그 기간을 견뎌내야만 눈덩이가 마음에 들 정도로 커져 있을 것이다. 그럴 만한 회사를 찾아 투자하는 것이 가장 좋은 투자 방법이다. 시간이 지날수록 점점 자산이 불어나는 투자가 돈도 벌고 편안하게 내 삶도 즐길 수 있는 투자다.

▶ **눈덩이주식 투자법**

1단계 : 현재의 주당순자산가치를 확인한다.

2단계 : 미래가치를 측정하기 위한 ROE 수익률을 예측한다.

3단계 : 현재 주당순자산가치에서 예상 ROE를 적용해 미래 주당순자산가치를 예측한다.

4단계(A방식) : 현재의 주가를 대입해 기대수익률을 산정한다.

산정된 기대수익률이 연 목표수익률을 초과하면 매수한다.

(B방식) : 정해진 목표수익률 달성을 위한 매수 가능 주가를 산정한다.

『안전마진』 | 크리스토퍼 리소 길 지음 | 부크온

1달러 짜리를
40센트에 사는 연습

최근 가치투자를 하는 사람들이 모여 있는 카페에
서 이런 이야기가 종종 언급된다. 벤자민 그레이엄의 투자 방법인 청
산가치를 통한 주식 투자는 유효기간이 지났다고. 청산가치에 미치
지 못하는 기업이 이제는 없다는 것이다. 찾아보면 있겠지만 그런 기
업은 성장성이 너무 없어 별로라는 이야기를 한다. 이 말에 숨어 있
는 의미는 주식 투자를 한다는 것은 돈을 벌기 위한 노력인데 청산가
치에 미치지 못하는 기업은 매수를 해봤자 돈 벌 확률이 너무 떨어진
다는 뜻으로 읽힌다.

어느 정도 성장성이 있어야만 투자한 보람이 있다는 것이다. 이런
말을 한 사람이 성장성 있는 기업을 발견해서 차분하게 기업의 성장
과 더불어 수익을 거두고 있냐는 완전히 별개의 논리이자 결과인데
그 점은 확인이 불가능하다. 솔직히 나도 청산가치에 못 미치는 기업

들을 사람들이 알려줄 때 어떤 기업인지 보기는 하는데 크게 매력을 못 느낀다. 예전부터 청산가치에 못 미치는 기업으로 알려져 지금도 똑같다.

단순히 청산가치만을 갖고 기업을 분석해서 매수하기에는 우리나라 실정상 다소 동떨어진 개념일 수는 있다. 하지만 따분한 기업들 속에도 잘 찾아보면 분명한 기회가 있다. 청산가치만으로 기업을 판단하고 매수하는 것은 아니다. '안전마진'을 주장한 피터 컨딜도 단순히 청산가치 미만의 기업이라고 하여 무조건 기계적으로 기업을 매수한 것은 분명히 아니다. 정량적인 분석과 질적인 분석을 동시에 하며 지속적으로 투자 수익을 냈다.

아쉽게도 책은 피터 컨딜이 직접 저술한 것이 아니다. 스스로 투자하며 지속적으로 일기를 쓴 것으로 볼 때 분명히 책을 펴낼 필력은 있었으나 안타깝게도 병에 걸려 에너지를 여러 곳에 분산해서 쓸 수 없었던 듯하다. 투자 방법과 매수하고 매도한 기업에 대한 소개가 나오지만 미묘한 차이가 느껴졌다. 아주 약간 피터 컨딜이 직접 알려주지 않고 한 다리 건너 전달되는 느낌이라 생생한 묘사가 부족하게 느껴졌다.

부록에 피터 컨딜이 청산가치를 통해 기업을 분석하는 툴이 나와 있는데 딱히 새롭거나 신기한 것이 아니다. 누구나 가치투자 책 몇 권만 읽어도 알 수 있는 내용이다. 한마디로 가치투자를 위한 대단한 방법은 없다. 누구나 거의 비슷한 툴을 갖고 분석한다. 현재 가치와 미래 가치를 분석하고 현재의 가격과 가치의 차이를 발견해서 매수

단계인지 여부를 결정할 때 투자자 각자의 관점이 더 중요하다.

단순히 캐나다나 미국에서만 투자 기회를 포착하지 않고 전 세계를 무대로 투자처를 발견하기 위해 노력했다는 점도 인상적이었다. 무조건 청산가치를 기준으로 조건에 부합되면 분석하고, 남들이 보지 못한 것을 발견하려고 애쓰지 않았다. 누구나 다 같이 볼 수 있는 재무제표와 현금흐름표 등을 꼼꼼히 분석하고 다른 관점으로 매수 기회를 포착한다는 점이 피터 컨딜을 비롯한 투자 잘하는 사람들의 공통점이다.

청산가치에 주목하는 이유는 바로 안전마진에 집중하기 위해서다. 투자했지만 매수한 가격보다 떨어질 수 있는 것이 투자다. 안전마진은 이 손해 보는 가격대를 최소화시켜 준다. 아무리 신중하게 노력하고 집중해도 내 의지와 판단과는 별개로 주가는 움직일 수 있다. 이럴 때 최대한 저렴한 가격대에 들어간다면 손해를 최소화하면서 내일을 기다릴 수 있는데 이런 차이를 안전마진이라고 한다. 대부분 투자 잘하는 사람들은 의식적이든 무의식적이든 꼭 안전마진을 충분히 확보하고 들어간다. 쿠션이라고 봐도 될 것이다.

안전마진을 확보하려면 가격과 가치의 차이를 극복하기 위한 노력을 기울여야 한다. 아무리 저렴한 가격이라도 가치가 터무니없다면 보지 않고 가치가 아무리 좋아도 가격이 너무 비싸면 기다려야 한다. 평생이라는 기간 동안 기다릴 수 있는 인내를 가져야만 돈을 벌 수 있는 기회를 가질 수 있다. 돈을 버는 기간은 순식간이지만 기다려야 하는 기간은 무한대이다.

워런 버핏도 피터 컨딜의 존재를 알고 후계자로도 생각했다는데 이 둘의 직접적인 만남에 대한 이야기는 없다. 더 안타까운 점은 이 책이 출판되고 얼마 있지 않아 피터 컨딜이 사망했다는 것이다. 더 훌륭한 투자와 방법을 알려줄 수 있는 인물이 병으로 인해 빨리 자신의 업적을 접을 수밖에 없었다는 점이 안타깝다. 아마도 살아있다면 실적뿐만 아니라 책의 중간 중간에 직접 자신의 일기를 선보였던 것과 같이 직접적인 이야기를 들려주었을 텐데 말이다.

투자자들의 책을 읽다보면 늘 느끼는 것이 오히려 대단(?)할 것이 없다는 점이다. 특별한 툴을 갖고 투자를 한 것도 아니다. 누구나 다 알고 있는 방법으로 투자한다. 투자를 조금이라도 하는 사람이라면 누구나 다 아는 기업에 투자를 한다. 하지만 누구나 다 아는 방법을 자신만의 관점으로 분석하고 인내한다. 성공한 투자자와 그저 그런 투자자를 구분하는 결정적 차이다.

어떤 방법으로 투자를 하든 안전마진을 확실하게 지키는 투자가 중요하다. 그러면 비록 크게 성공한 투자는 못해도 투자 세계에서 지속적으로 수익을 내는 투자자로 살아남을 수 있다. 책에서도 10% 후반대의 투자 수익률을 보이기만 하면 된다고 한다. 그럼, 분명히 성공한 투자자로 남을 것이라고. 장기간 그 정도의 수익률을 보여준다면 당장은 답답할지 몰라도 당연히 성공한 투자자로 남을 것이다.

그 후 나는 존 템플턴과 C&W에 관한 이야기를 나눈 적이 있었습니다. 그는 나보다 손실이 더 컸더군요. 그는 이렇게 말했습니다. "우리가 분산 투자를 해야 하는 이유는 바로 이 때문이야. 60%는 맞고 40%가 틀리면 우리는 항상 영웅이 될 수 있어. 그런데 40%는 맞고 60%가 틀리면 우리는 노숙자가 될 거야." 사실 그는 이보다는 더 우아하게 말했을 겁니다. 그런데 한 가지가 더 있습니다. 우리는 C&W에 투자해서 돈만 날린 것이 아니라 엄청난 시간과 에너지도 함께 날렸습니다. C&W에 투자만 안했어도 우리는 그 시간과 에너지를 아낄 수 있었을 것입니다. 당시 우리팀에는 단 한 명이라도 반대자가 필요했습니다. 역발상을 역발상하는 사람, 엉뚱한 생각을 가진 그런 사람 말이죠. 그러나 우리가 C&W에 미쳐 있을 때는 아무도 그런 사람이 없었습니다. 따라서 제 생각은 이렇습니다. 어떤 투자에 대해 아무도 반대하는 사람이 없다면, 일부러라도 팀원 중 한 명에게 악마의 변호사 역할을 맡겨야 합니다.

소극적인 투자도
좋다

우리나라의 ETF(상장지수펀드)는 2002년 삼성증권과 LG증권에서 코스피200지수를 추종하는 것으로 만들어졌지만 사람들의 큰 관심을 받지는 못했다. 그래도 일부 사람들은 ETF에 투자를 했고 그 중에 일부는 꽤 높은 수익을 내기도 했다.

미래에셋을 비롯한 많은 곳에서 본격적으로 ETF를 출시할 때에도 나는 그다지 관심을 크게 갖고 있지 않았지만 예전에는 꽤 고민을 했다. 일반인들에게 분명히 투자는 결코 쉬운 것이 아니다. 개별 기업을 매매하는 것은 누구나 가능하지만 문제는 누구나 성공하는 것이 아니기 때문이다. 성공은커녕 갖고 있는 돈마저 잃는 경우가 대다수다.

그들에게 그나마 추천할 수 있는 것은 펀드였다. 펀드도 인덱스펀드를 추천하였다. 1년 수익률 기준으로 미국이나 한국이나 펀드매니저들의 다수가 주가지수의 수익률을 이길 수 없다. 전체 펀드에서 주가지수 수익을 이긴 펀드는 최대 20%가 넘지 않았다. 주가지수를 이기는 펀드들도 나중에 가서 알 수 있는 것이지 가입 당시에는 알 수 없다. 수수료 면에서도 인덱스펀드가 액티브펀드보다 저렴해서 많이 추천했다.

원래는 ETF를 추천해야 제대로 된 권유였다. 하지만 ETF는 펀드와 달리 특정한 날 일정한 금액을 매월 매입하는 것이 쉽지 않다는 것이 문제였다. 펀드는 10만원 단위로 자동이체를 할 수 있지만 ETF는 10만원 근처로 매수가 가능할 뿐 정확하게 10만원을 매월 매수할 수는 없었다. 그런 이유로 어쩔 수 없이 인덱스펀드가 차선의 선택이었다.

이 책을 읽고서 다시 한 번 생각이 바뀌었다. 어렵게 노력할 필요 없이 아주 아주 소극적으로 매월 정액매입식으로 ETF를 꾸준히 사는 투자만큼 좋은 것도 없다는 것이다. 어설프게 기업에 대해 공부하고 경제전망을 예측하는 것보다 일반인들에게는 가장 속 편하게 자신의 자산을 늘릴 수 있는 투자방법이라 생각한다.

가장 속 편하게 할 수 있는 투자방법이고 분명히 일정 수익률을 볼 수 있는데도 불구하고 하지 못하는 가장 근본적인 이유는 바로 욕심 때문이다. 주식을 하는 가장 큰 이유가 바로 혹시나 내가 투자한 기업이 2배 3배로 수익이 날 수 있다는 근거 없는 희망 때문이다. 물론 ETF 투자도 수익을 제대로 못 낼 가능성이 있다. 이러니 오늘도 헛된 희망을 갖고 개별 기업에 투자하는 쪽을 택하게 된다.

그래도 일정 금액을 ETF로 정액매입식으로 사서 평균매입단가를 낮추는 투자가 일반인이 할 수 있는 가장 좋은 방법이다. 정액매입식도 일정 금액이 넘어가면 결국 거치형과 똑같은 구조가 되어버려서 새롭게 투입되는 금액이 큰 영향을 미치지 못하지만 큰 목돈을 만들었다는 데 의미를 두고 투자하면 된다.

책에는 다양한 ETF에 대해서 소개를 한다. 개별 기업만큼 투자할 수 있는 상장지수펀드의 숫자가 엄청나다. 미국도 우리처럼 S&P500 지수나 러셀지수를 이용해서 다양한 펀드를 구성한다. 상품이나 통화나 채권과 같은 특수 분야에 대해서도 지수를 구성해서 펀드를 만들 뿐만 아니라 특정 섹터를 같은 지수로 묶은 것도 있다. 심지어 장래에는 확실한 데이터만 구성되어 예측가능하다면 주택가격을 기준으로 할 수도 있다고 하는데 가전제품이나 대중교통을 갖고도 상품을 만들 수 있지 않을까.

책에서 저자는 후반부에 ETF를 통한 다양한 투자 방법을 설명하고 있다. 소극적, 적극적 방법뿐만 아니라 공매도하는 방법도 소개한다. 그렇다 해도 저자 자신이 분명하게 이야기를 한다. 소극적 방법 이외에는 권하지 않는다고 말이다. 상관관계가 음으로 되어 있는 ETF를 구성하여 매월 정액매입법으로 매수하여 투자하는 것만큼 좋은 투자 방법도 없다. 이 책의 가장 중요한 핵심은 바로 이 점으로 보인다. 귀찮게 이것저것 신경 쓰지 말고 본업에 충실하면서 저축할 돈으로 ETF에 투자하면 가장 좋은 수익을 낼 수 있다.

책 속으로

다음 네 가지 요소만 갖춰지면 ETF가 나올 수 있다.

1. 추적 대상 지수

2. ETF를 구성하는 유동성 높은 유가증권

3. 증권거래위원회의 신상품 인가

4. 시장 참여자

확실한 현금의
가치가 커진다

주식 투자를 할 때 미래에 발생할 수익을 현재가치로 계산해서 저평가 되었는지 고평가 되었는지 여부를 따져본 후 매수 내지 관망을 결정한다. 여러 다양한 주식 투자하는 방법이 있지만 그 중에서 가치투자를 하는 사람들의 대표적인 방법이 아닐까 한다. PER(주가수익비율), PBR(주가순자산비율) 등을 따져 업계 평균이나 해당 기업 몇 년치 평균을 따져 현주가의 적정가격을 산정한다. 현주가가 과연 내가 매입해 손해를 볼 금액인지 이익을 볼 금액인지 여부를 파악하기 위해서다.

개인적으로 주식 투자는 두 가지 방법으로 하는 것으로 최종적인 결론을 냈다. 먼저, 배당을 중시하는 투자이다. 이건 어디까지나 배당을 지속적으로 잘 주느냐가 핵심이고 그에 따른 관찰, 추적이 중요하다. 대체적으로 단기로 보유하기보다는 장기로 보유하며 기업의 흥망성쇠 중 '흥'과 '성'을 함께 하고 싶다는 투자지만 '망'과 '쇠'도 겪을 가능성이 존재한다. 어려울 때는 배당받는 것으로 은행 이자 이상의 수익을 받으면서 버틸 수 있다.

두 번째로는 투자의 개념보다는 거래의 개념이다. 스크리닝을 한 몇 개 기업이나 평소에 눈여겨봤던 기업 중 — 향후에 지속적으로 늘려야 하는데 귀찮아서 중단한 상태지만 — 가치(?)와는 상관없이 인간의 심리나 주변 요인들로 인한 과도한 폭락을 할 때 들어가서 다시 폭락전의 가격 근처로 왔을 때 매도하거나 좀 더 유지하는 방법이다. 이 거래 방법은 1년에 몇 번 오지 않을 수도 있고 몇 년에 한 번 올 수도 있는 방법이다.

나름 배당 투자를 하겠다는 생각을 하며 PER를 비롯한 가장 흔한 가치투자 방법으로 저평가 여부를 따져본 후에 투자하려는 조금은 막연한 생각을 하고 있었다. 배당이란 기업에서 자신의 회사에 투자한 투자자들에게 이익의 일부를 현금으로 나눠주는 것이다. 투자자는 딱히 한 일이 없다고 볼 수도 있는데 주식을 보유하고 있다는 이유만으로 현금을 주는 아주 착한 행동이다. 주가가 흔들려도 받은 배당금으로 내 수익률은 올라간다. 받은 배당금을 재투자하거나 유흥으로 쓰는지의 여부는 차치하더라도 말이다.

처음 투자할 때는 워런 버핏이 배당에 대해 안 좋은 뉘앙스로 이야기하는 것을 보고서는 배당을 주는 기업보다는 배당을 유보하고 그 돈으로 기업을 더 발전시키는 쪽이 무조건 좋은 기업이라 생각했다. 버크셔 해서웨이가 실제로 그러고 있으니 말이다. 그러나 주식 투자를 배우고 알수록 — 꼭 주식 투자가 아니라 투자에 대해 계속 고민하고 배울수록 — 배당이라 불리는 현금을 받는 방법이 가장 좋은 투자라는 생각이 든다.

시세차익(자본차익)을 바라보고 하는 투자는 어느 정도 투기와 도박의 요소가 섞여 들어간다. 과도한 공포와 탐욕이 투자에서 가장 무섭고 극복하기 어려운 인간의 속성이다. 배당은 이를 어느 정도 극복할 수 있는 분명하고도 확실히 눈에 보이는 요소이다. 이런 배당투자가 좋다고 해도 어떤 방법으로 배당투자를 할 것인지의 여부는 사람마다 다를 수 있는데 이 책은 그 방법을 설명해준다.

배당 투자 방법은 아주 단순하다. 배당 수익률이 높을 때 매수하고 배당 수익률이 낮을 때 매도하는 것이다.

그렇다고 모든 기업에 동일하고도 획일적인 잣대로 절대 배당 수익률이라는 도구를 들이대서는 안 된다. 각 기업마다 보여주는 배당 수익률이 다를 수밖에 없다. 무조건 배당수익률 7% 이상일 때는 매수를 하고 2% 이하일 때는 매도를 한다는 원칙으로 투자를 하는 것이 아니다. 어떤 기업은 배당수익률이 3%에 매수할 단계이고, 1%에는 매도할 단계라 판단할 수 있다. 개별적인 요소를 고려해야만 한다.

그러기 위해서는 어느 정도는 투자할 기업의 재무제표 등을 알고 있어야만 한다. '배당은 거짓말을 하지 않는다'고 말하는 이유는 기업이 숫자를 속일 수는 있어도 투자자에게 돌려주는 현금은 속일 수 없기 때문이다. 이익이 나야 보유한 현금을 줄 수 있다. 기업이 지속적으로 이익을 창출하지 못하면 절대로 불가능한 일이다. 그런고로 배당을 지속적으로 주는 기업은 최소한의 버팀목이자 안전마진은 마련된 것이다.

『절대로 배당은 거짓말 하지 않는다』에서는 배당을 몇 년 이상 지급할 뿐만 아니라 배당금액이 몇 배로 늘어나야 하는 좀 까다로운 조건을 내세우는데 이 기준을 통과할 기업을 찾기가 쉽지 않아 보인다. 또한, 우량기업만 한정해서 투자한다. 이렇게 해도 오로지 배당수익률을 근거로 매수와 매도를 반복하기 때문에 충분히 투자해야 할 기업은 많고, 조건에 들어오는 기업은 또한 적다. 배당조건이 만족되어도 배당수익률을 또 다시 근거로 매수와 매도를 반복하기 때문이다.

이 책을 읽은 덕분에 최소한 이론적으로 주식 투자를 하면서 배당 투자를 어떤 근거와 방법으로 해야 할 것인지 깨달았다. 이론적인 방법적 토대는 이제 정해진 듯하다. 실행은 또 다른 이야기지만.

책 속으로

투자자들이 매력적인 기업을 발굴해내고자 한다면, 다음과 같은 법칙을 활용해야 한다.

법칙1   기업의 배당수익률이 역사적인 수준보다 높아 주가의 하락세가 반전될 것이라는 기대감을 높이는 주식이어야 한다.

법칙2   주가수익비율이 역사적으로 낮은 수준에 있고 다우지수의 주가수익비율을 하회하는 주식이어야 한다. 이 법칙의 유일한 예외는 시장평균보다 빠른 속도로 지속적인 이익개선을 기록한 성장주들이 해당될 것이다. 따라서 이러한 성장주들은 시장이나 업종평균에 비해 높은 주가수익비율을 부여받을 수 있다.

법칙 3 현재 자산 대비 부채의 비율이 50% 이하인 주식이어야 한다.

법칙 4 주가순자산비율이 3배를 넘지 않은 주식이어야 한다. 장부가치에 가까울수록 더 좋다.

다시 한 번 강조하지만, 시장에서 입증되고 다른 경쟁기업들보다 우월한 성과를 내고 동시에 장기적인 성장을 일구어낸 기업들에는 이 4개의 법칙이 적용되지 않을 수 있다는 것을 명심하자.

예측보다 중요한
생활 속 발견

투자하는 모든 사람들이 갖고 싶은 단 한 가지가 있다면 그건 바로 미래를 보는 혜안이다. 멀리 볼 필요도 없이 바로 내일 벌어질 일들만 알아도 투자라는 것은 이미 투자가 아니게 된다. 굳이 투자가 아니라도 모든 사람은 미래를 보고 싶어 한다. 로또를 사려는 사람들은 말할 것도 없고 내 미래가 어떻게 전개될지 안 궁금한 사람이 있을까. 어느 누구도 공평하게 미래를 볼 수 없다는 것이 세상이 발전하는 원동력이다.

전문적으로 투자하는 사람이나 직장을 다니며 투자하는 사람이나 미래를 알고 싶지만 미래는 모른다. 미래를 알고 싶어 다양한 방법을 통해 예측하고 예견하고 연구하고 상상하면서 각자 나름대로 청사진을 그린다. 보통 성공과 실패의 극명한 차이가 여기서 난다. 누군가는 자신이 그렸던 미래가 실현되어 돈을 벌고 누군가는 그 반대의 상황이 되어 돈을 잃는다. 매번 자신이 그렸던 미래가 실현되는 경우는 드물다.

남들보다 조금 더 미래예측을 잘 맞추는 사람들이 있다. 사람들은 이들을 우러러 보고 존경을 표시한다. 미래학자들도 있고 성공한 사업가들도 있다. 투자분야로 한정하면 그래도 가치투자를 통해 돈을 벌었다고 하는 사람들이 이 범주에 들어갈 수 있으리라 본다. 차트투자도 어느 정도 포함시킬 수 있지만 그들이 그리는 미래는 우리가 흔히 말하는 미래와는 다른 성격이라 제외해야 할 듯하다.

투자하는 이유를 이런저런 말로 아무리 치장해도 결국에는 돈을 벌기 위해서다. 주식 투자에 한정해서는 기업과 함께 이익을 공유한다는 고상한 표현도 하지만 주식 투자 자체가 돈을 벌기 위한 선택이다. 투자한 기업과 함께 흥망성쇠를 겪으려 하지 않는다. 해당 기업의 사장이나 임직원이라면 모를까.

주식 투자로 돈을 벌려면 우리가 투자하는 기업을 알아야 한다. 그런 이유로 어떤 기업인지 파악하고 매출과 수익은 물론이고 이 기업이 어떤 계획을 갖고 있는지 찾아본다. 사장은 어떤 인물인지 조사해서 탄탄하게 잘 운영될 회사인지 따져보며 기업을 선택한다. 이렇게 해도 그 기업에 투자해서 꼭 돈을 벌 수 있는지에 대해서는 어느 누구도 자신할 수 없다. 어느 정도 감이라는 것이 오기는 하겠지만 그 감이라는 것이 확증편향인 경우가 많다.

『월가의 영웅』을 쓴 피터 린치는 기업을 고르는 방법 중 하나로 마트에 가서 가장 잘 팔리는 회사를 찾았다. 시장을 조사한 후 그 기업을 선점하여 이익을 봤다는 내용이 알려지며 꽤 많은 사람들이 환호하면서 실천하려 노력했다. 이 책 『주식을 사려면 마트에 가라』의 크리스 카밀로가 바로 이를 실천한 저자이다. 물론, 꼭 마트를 간 것은 아니다.

매일 같이 주변에서 무척 다양한 사건들이 의식하지도 못한 사이에 펼쳐지며 우리 곁을 지나간다. 주변 사람들에게 벌어지는 일들도 있고 신문과 방송을 통해 알려지는 일들도 있다. 대다수는 이런 일들에 관심을 기울이고 주의 집중하여 무엇인가를 발견하지 못한다. 극히 드물게 이런 일들을 해낸 사람들이 있다. 사과를 보고 만유인력을 발견한 — 과장되었다는 진실은 따로 있지만 — 뉴튼 같은 위대한 사람들이다. 늘상 일어나는 평범한 사건을 단순히 지나치지 않고 눈여겨 본 결과로 그들은 위대한 사람이 되었고 미래를 볼 수 있는 혜안을 갖게 되었다.

개인이 모든 것을 알 수 있다고 하면 터무니없는 거짓말이다. 자신이 속한 분야를 남들보다 더 잘 알고 뛰어난 실력을 보이는 것도 극히 어려운 일이다. 하지만 주변 실생활에서 벌어지는 현상이나 상황은 그 누구보다 자신이 가장 잘 안다. 다른 사람은 알 수 없는 나만의 서클이라고 할 수 있다. 우리는 이 서클 안에서도 충분히 미래를 볼 수 있는 혜안을 가질 수 있다. 혜안을 가지려는 노력을 하지 않았을 뿐이다.

책에서 나온 몇몇 사례를 보자. 미셸 오바마가 입은 옷이 그 후로도 여러 번 다양한 장소에서 입은 것으로 확인된다면 그 패션 기업을 매수하면 분명히 돈을 벌 수 있다. 저자는 우연히 동생이랑 E3쇼라는 게임박람회에 갔다가 닌텐도 위를 알게 되어 해당 기업을 매수해 수익을 냈다. 일반 PC를 쓰다가 친구들이 전부 아이맥으로 변경하고, 설문조사를 할 때도 아이폰을 준다고 하니 너도 나도 응하는 것을 보면서 애플 주식을 매수해서 큰 이익을 벌었다는 이야기가 나온다.

우리나라에서도 그런 사람들이 꽤 있다. 화장품 회사를 매입하기 위해서 명동 매장 앞에서 하루 종일 판매량을 확인했다는 글을 접한 적이 있다. 우연히 그 기업이 잘 나간다는 소식을 접한 후에 단순히 기업의 숫자만 보는 것이 아니라 여러 매장을 돌아다니면서 확인을 한 후에 매수하여 큰 이익을 봤다는 내용이었다. 지금 생각해보면 저가의 화장품 기업들이 전철 통로에 하나둘 씩 매장을 차릴 때 '여기도 화장품 매장이 생겼네'라고 생각하고 끝내면 안 되었다. '저 회사가 잘 나가는군' 하면서 좀 더 조사했다면 분명히 이익을 봤을텐데 아무 생각 없이 지나쳤다.

이처럼 우리 주변에서 벌어지는 일들을 투자라는 관점으로 치환해서 보는 습관을 들여야 한다. 한때 노스페이스가 유행일 때 누군가는 영원무역이라는 기업을 매수하여 이익을 본 것처럼 말이다. 미래는 이미 우리 주변에 있는데 우리가 알지 못한다는 이야기처럼 주변에서 벌어지는 일들만 유념해서 봐도 미래를 볼 수 있는 혜안을 가질 수 있다. 물론, 쉽지는 않다. 돈 번 사람이 극히 드물고 기회를 획득한 사람이 극히 드문 이유다.

책의 저자는 이런 투자를 통해 경제적 자유를 이룩했다. 스스로 자수성가형 투자자라고 한다. 사람들이 투자를 통해 돈을 벌지 못하는 것은 너무 안전지향이라 그렇다고 한다. 부자들은 갖고 있는 돈의 일부를 잃어도 된다며 적극적으로 투자해서 오히려 돈을 번다. 우리도 잃어도 되는 돈을 먼저 모으는 것이 우선이라고 한다. 그런 후에 그 돈을 갖고 위험해도 적극적으로 투자를 하면 그 돈이 큰 이익을 줄 것이라고 알려준다.

100만원이 큰돈이고 어렵게 모은 돈이지만 이 돈은 꼭 없어도 되는 돈이다. 내가 옳다고 생각하는 판단이 들었다면 과감하게 투자를 한다. 저자는 전액을 다 투자하지 않아도 최소한 50%는 그런 투자로 이익을 크게 얻을 수 있다고 한다. 그 정도의 확신을 가질 기업을 발견하는 것도 중요하게 여겨졌다.

저자는 굳이 차트나 재무제표를 보지 않아도 실생활에서 발견한 기업들에 투자하여 돈을 벌었다고 한다. 물론, 기업을 발견한 후에는 다양한 루트를 통해 자신이 발견한 현상이 옳은 것인지 보다 정확하게 파악한 후 결정했지만. 그렇기에 삶을 즐기면서도 충분히 위험을 감수할 수 있는 투자를 한 것이다. 없어도 되는 돈으로 투자를 했고 큰 이익을 얻어 이제는 직장도 그만두고 삶을 즐긴다고 한다.

중간에 옵션 설명은 좀 무리라는 생각도 들지만 꽤 짧은 시간에 큰돈을 번 이유 중 하나로 보였다. 안전장치로 투자한 기업에 옵션도 했지만 상당한 레버리지 투자를 한 결과가 지금과 같은 단기간의 이익을 본 것이 아닐까 싶었다. 실패는 적게 성공은 크게 몇 번에 걸쳐 한 끝에 나온 결과이기는 하지만.

이 책의 가장 좋은 점은 주식 투자가 어렵지 않다고 알려주는 것이다. 실생활에서도 얼마든지 조금만 주위를 기울이면 기회를 가질 수 있다. 읽다 보니 전문 투자자들이 대부분 남자들이라 여성들이 좋아하는 것은 잘 모른다는 이야기에 격하게 동감을 하게 된다. 그 바쁜 사람들이 '나처럼 TV를 잘 보지도 않을텐데'라는 생각도 들었다. 사실, 히트한 드라마나 가수들에 대해 잘 알지만 그 엔터테인먼트 기업들의 재무제표를 본 후 투자가 꺼려져서 해본 적이 없다. 재무제표를 보지 않고 현상에만 주목해 투자를 했다면 분명히 성공한 경우도 있었을 것이다.

책에 나온 이야기들은 솔직히 이미 이전부터 익히 알고는 있었지만 내 삶에서 본격적으로 실천한 적이 없던 것들이다. 실생활에서 벌어지는 현상과 상황들을 당연하게 받아들이지 말고 적극적으로 그 이유를 생각해보고 사람들의 관심에 집중하면 미래를 가질 수 있다. 미래를 알면 돈을 벌 수 있다. 미래는 저 멀리 알 수 없는 곳에 있는 것이 아니라 우리 주변에서 지금도 펼쳐지고 있다. 조금만 더 관심 깊게 보고 당연하게 생각하지 말고 미래를 보려는 노력을 해야겠다.

책 속으로

정보불균형이 발견되면 주식을 매수하고, 정보불균형이 해소되면 주식을 매도하는 과학적 투자방법을 나는 '정보 차익거래'라고 부른다. 나는 중고품을 구매하는 얼리버드 시절에는 주로 남성용 제품들을 대상으로 차익거래를 했다. 왜냐하면 중고품의 가격은 대체로 안주인이 매기는데, 여성들은 남성용 제품에 대해 잘 몰라서 헐값을 책정하는 경우가 많기 때문이다. 반대로 투자업계에 종사하는 사람들은 유달리 중년남성들이 많다. 따라서 주식시장에서 정보불균형은 여성이나 청소년과 관련된 여성용품, 또는 십대용 제품 및 기업, 유행에 많이 존재한다. 그리고 우리 같은 일반투자자들에겐 이런 정보불균형이 수익을 얻을 수 있는 좋은 기회인 것이다.

10장

부동산 투자의 기본

폭등과 폭락 사이,
행복한 거주의 답

　　　　부동산 분야는 다른 분야에 비해 상대적으로 믿을 만한 책이 적다. 전문가라고 책을 펴낸 사람의 책을 제법 읽었는데 부동산 전망이나 시선이 너무 편향적이었다. 전문가가 쓴 책의 내용이 전혀 전문가답게 느껴지지 않았다. 절대적으로 객관적인 시선은 없기에 어느 정도 주관이 섞일 수밖에 없지만 한쪽의 편협한 시선이 대부분이다. 그렇지 않으면 흔히 말하는 전문가의 느낌보다는 장사치의 냄새가 더 많이 났다.

　부동산 전문가 중 실제 부동산 전문가보다는 경제 전문가가 부동산을 전망하며 전문가라고 주장한다. 데이터를 갖고 주장하는 것이 어느 정도 사실을 근거할 수 있어도 데이터는 얼마든지 입맛에 맞게 윤색하고 각색될 수 있다. 현장에서 벌어지는 상황과 실물경제에서 벌어지는 부분은 전혀 감을 잡지 못하고, 특정 시선을 갖고 있는 사람들만 만족시키는 글을 써서 책이 판매되는 것이 많이 안타까웠다.

부동산의 특징상 개별성에 강한 전문가는 많다. 특정 지역에 대해 이야기를 하고 돈을 번 투자자와 전문가들이 있지만 이들도 지역을 전국 단위로 가거나 부동산 전체 시장을 두고 이야기할 때면 헛소리를 할 때가 많다. 냉정하게 시장에 대해 언급하고 조언을 하는 것이 아니라 특정 입장을 대변한다. 특히 투자자들의 입장을 대변한다. 이러다 보니 거의 무조건 투자 대상으로서 부동산을 언급하고 이에 대해 식견 아닌 편견을 주장하다가 본말이 전도되어 엉뚱한 이야기를 하는 경우가 많다.

부동산에서 가장 중요한 세 부류가 있다. 정부, 전문가, 수요층(책에서는 부동산 관심층이라 부른다)이 서로 부동산을 놓고 얽히고설켜 있다. 수요층은 또 다시 집을 살까 팔까 고민하는 층과 임대 거주를 고민하고 관심 갖는 사람으로 나눈다. 이들이 현재 전부 부동산 시장에서 눈치싸움을 하며 상대방이 어떤 패를 낼지 고민 중에 있다. 최소한 이겨서도 안 되고 져서도 안 되는 눈치싸움이다. 서로 같은 패를 내서 비기기만 하면 되는 형국이다.

아이러니하면서 딜레마에 놓인 부동산이다. 부동산을 갖고 있는 사람과 갖고 있지 않은 사람에 따라 생각이 다르다. 부동산을 갖고 있는 사람 중 순수하게 거주목적으로 갖고 있는 사람은 논외로 쳐도 부동산을 갖고 있지 않은 많은 사람이 애증의 대상으로 바라보고 있다. 부러움과 질투의 공존. 까놓고 이야기해서 부동산이 오른다고 하면 누구나 다 구입한다. 누구나 다 행복하다. 문제는 과도한 가격 폭

등이다. 왜 가격폭등만 문제가 되고 가격폭락은 문제가 되지 않을 것이라 여길까.

이에 대해 저자는 분명히 말한다. "내 집 하나는 장만하라." 투자목적이 아니라 본인이 행복하게 살아갈 집 하나는 구입하라. 집 가격이 높으면 자신의 생활과 수입 수준에 맞는 집을 구하면 된다. 현재 본인이 살고 싶은 집들이 폭락한다고 구입할 수 있을까? 정말로, 그런 집이 폭락해서 내가 구입할 수 있는 기회가 올까? 아니다. 폭락을 바라는 것은 어떤 이유일까? 그때 가서 내가 평생 살 집을 구매하기 위해서? 아마도 그런 이유는 아닐 것이다.

저자는 가격 폭등과 폭락에 대해서 전부 부정적이다. 문제를 불러일으킨다. 둘 중에 하나를 외치는 사람은 순수하고 객관적인 뷰를 제시하지 않는다. 혹은 못한다. 본인이 아니라고 해도 이미 편견에 사로잡혀 우물 안에서 하늘을 바라보는 개구리가 된다. 제발 그런 전문가들의 이야기에 환호하면서 대리만족하지 마라. 본인의 현실만 더욱 우울해질 뿐이다. 그저 내가 살아갈 집은 모든 조건을 제거하고 우리 가족이 함께 행복하고 즐겁게 살아간다는 단 하나의 목적에 부합하면 된다. 이게 책의 핵심이다.

참 다행이다. 부동산 전문가라고 믿고 추천한 저자가 평소에 내가 생각한 것과 완전히 똑같은 관점을 갖고 세상에 용기 있게 자신의 소신을 외쳤다. 사람들이 어떤 반응을 보일지는 모르겠다. 예수님이 "귀 있는 자는 들을 지어다!"했다. 맞다. 책을 읽을 지어다.

현재 어떤 포지션을 갖고 움직여야 하는지 도저히 결론 내지 못하는 사람은 『흔들리지 마라 집 살 기회 온다』를 읽고 올바른 판단을 내릴 수 있다. 이보다 더 좋을 수는 없다!

책 속으로

전문가의 의견이 나와 같다면 확신을 갖고 그 방향으로 행하면 되는 것이고, 나와 다르다면 왜 다를까를 고민하고 그에 대한 해결책을 추가로 모색해야 할 것이다. 많은 전문가들의 의견은 구체적인 대안이 없는 경우가 대부분이다. 그렇기 때문에 실질적인 방법은 결국 내가 찾아야 한다. 이것이 전문가를 활용하는 방법이다.

「실전 임대사업 투자기법」 | 김장섭 지음 | 플러스마인드

수익형 부동산의
접근 방법

부동산 투자 분야에서 큰 도움이 되는 책은 그다지 많지 않다. 개별성이 너무 크기 때문이다. 서울 강남 부동산을 소개하는 책들은 강남에 투자할 자본이 없는 사람들에게는 전혀 도움이 되지 않는다. 특정 지역을 소개하는 책들도 그 지역에 관심이 없으면 읽을 생각이 줄어든다. 재개발, 재건축에 대해 알려주는 책들도 간단하게 관련 법과 개발 순서에 대해 소개한 후에는 관련 지역들을 소개하는 책들이 대부분이다.

부동산 투자를 하는 데 있어 어떤 방법으로 접근해서 공부를 해야 하는지 설명하는 책은 거의 드물다. 부동산 책은 개별 지역보다 이론을 알려주는 목적이 더 크다. 아무리 전문가라도 지역에서 부동산 중개업소를 운용하고 영업하는 중개업자보다 더 많은 정보를 갖고 있지 않다. 원하는 지역이 있다면 직접 현장에 가서 물건을 보며 사람

들을 만나보는 것 이외에는 더 이상 답은 없다.

부동산 경매 책이 이론에 대해 많이 설명하지만 부동산 경매는 부동산 투자와 같은 듯 또 다른 분야다. 저자 김장섭은 부동산 투자 이론에서 가장 읽을거리와 생각거리를 많이 준다. 대개 부동산 투자 책 저자가 처음에는 투자로 시작했어도 이제는 투자보다는 컨설팅이 더 주 업무인 경우가 많다. 이에 반해 『실전 임대사업 투자기법』 저자는 여전히 부동산 투자자로 열심히 활동하고 있는 인물이라는 측면에서 많은 도움이 된다.

부동산 투자와 관련된 모든 책을 읽지 않았지만 현재 출판되어 있는 모든 부동산 투자 책 중 이 책만큼 임대부동산에 대해 자세하고도 구체적이며 실용적으로 알려주는 책은 없다. 수익형 부동산의 대표인 상가는 물론이고 임대를 놓는 아파트, 빌라, 다가구 등의 주거용 부동산 투자 방법을 자세하게 알려준다.

막연히 지역을 선정하고 그 지역에 가서 현장조사를 하고 중개업소에 들어가서 간단한 브리핑을 받는 법에 대해 설명을 하는 것이 아니라 어떻게 해야 보다 좋은 지역을 선정할 수 있는지와 임대수익을 조금이라도 더 높이기 위한 방법을 알려주는 책이다. 주먹구구식이 아니라 상당히 체계적이고 통계적으로 설명을 한다.

많은 금융전문가들이 인구구조 변화에 따른 부동산 시장의 암울한 미래를 이야기한다. 반면 부동산 투자자는 어떤 방법으로 인구구조에 따라 투자를 해야 하는지 설명한다. 향후에 어떻게 대비해야 하는지 통계를 근거로 설명하는 글은 일반 금융관계자들과 다른 시선을 제공한다. 실제로 부동산 투자자 중 이 책이 나올 때까지만 해도 이렇게 제시하는 사람은 못 본 듯하다.

수익형 부동산을 찾기 위해 어디가 좋더라는 귀동냥식으로 투자를 하면 안 된다. 경제 신문의 산업면을 읽고 어느 지역에 기업들이 입주를 하고 기업이 증설이나 개설을 하는지 파악해야 한다. 이를 위해 향후 사람들이 많이 살게 될 지역을 선정하는 데 있어 신문은 물론이고 상장기업 경우 사업보고서도 참조한다. 각 구청이나 시청의 공개된 회의록까지 참고하고 공장 대비 주거공간까지 파악하여 임대지역을 설정하는 방법은 다른 부동산 책이나 글에서는 단 한 번도 읽어본 적이 없다.

단순하게 각 지역의 급매만 보는 것이 아니라 경매도 활용하여 좀 더 저렴하게 투자할 수 있는 방법을 강구하는 모습에서 진정한 부동산 투자자의 모습도 볼 수 있다. 부동산 투자에서 언제 사고팔아야 하는지 대해서 저자만의 투자 철학을 보여주는데 상당히 참고할 만하다. 약간은 시세차익이 생겼을 때를 이야기하는 것이라 거래시장이 침체되어 있을 때는 그대로 활용하기에는 어려운 측면이 있다.

이런 사람들을 위해서 수익률을 셋팅해서 매매하는 전략도 알려준다. 시세차익을 노리고 들어간 부동산이 뜻하지 않게 매매가 안 되면 매도하려는 물건이 자본 투입 대비 어느 정도의 수익을 가질 수 있는 부동산인지 알려준다. 괜찮은 수익률 조건을 갖춘 부동산이라면 얼마든지 매매가 이뤄질 수 있다. 금리가 3~4%인데 투자 수익률이 10% 정도 나오는 수익형 부동산이라면 당연히 매매가 성사된다.

모든 사람들이 누구나 생각할 수 있는 분야에 접근하여 임대를 놓는 것이 아니다. 저자는 끊임없이 자신만의 방법을 개발해서 이를 부동산 투자에 접목해 지속적으로 새로운 임대지역을 선정한다. 저자가 보여주는 남들과 다른 색다른 임대방법은 가장 보수적이라 할 수 있는 부동산 투자도 얼마든지 자신만의 창의적인 방법으로 할 수 있다는 것을 알려준다. 현재 부동산 투자에 대해 고민하고 방법에 대해 모색하는 사람이라면 읽으면서 꽤 도움이 될 책이다.

책 속으로

부동산중개업소에서 오늘이 금요일 저녁이라 시간이 없고 월요일에는 꼭 계약할 것 같다고 한다면 그거 기다리다가 목 빠집니다. 다른 사람이 또 보러 왔다면 과감히 보여주고 그 사람이 돈을 넣는다면 그 사람이 임자입니다. 돈이 들어와야 계약이 되는 것이고 돈이 들어와야 일을 진행시킵니다.

정부에서 세금 줄여주는 정책을 내놓는다고 했습니다. 만약 지금 팔 수 있는데 정책 실행되면 팔아야겠다 하다가 늙어 죽을지 모릅니다. 물론 지금 급하지 않으면 언젠가는 될 수 있겠지만 현재 최대한 빨리 이익을 내면서 팔 수 있는 방법을 강구해야 합니다.

서울 강남 아파트 값이 최고로 올랐을 때 돈 좀 물더라도 팔았다면 지금쯤 꼭대기에서 잘 팔았다 생각했을 겁니다. 현재 팔 수 있을 때

안 팔고 정책 실행되고 상황이 좋아지면 팔겠다, 더 좋아지면 팔겠다,
이러다 좋은 시절 다 지나갑니다.

아무리 올랐어도 팔아서 내 주머니에 들어와야 내 돈입니다.

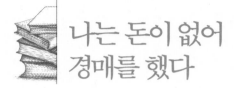

나는 돈이 없어 경매를 했다

한동안 부동산 시장이 안 좋아 시세차익을 보기 힘들자 부동산 경매 책들도 거의 나오지 않았다. 2014년부터 본격적으로 부동산 경매 책들이 나오기 시작했는데 과거와는 다른 경향을 보이고 있다. 임대수익과 어렵지 않은 물건을 통해 수익 내는 이야기를 한다. 자신의 이야기를 하거나 자신과 함께 한 사람들의 이야기를 하는 책이다.

부동산 경매가 어려운 것은 잘 모르는 분야이기 때문이다. 부동산 경매를 한다는 것은 투자를 통해 돈을 벌려고 한다는 의미다. 평범하고 큰 수익이 나지 않는 물건을 소개하는 것보다 특별하고 높은 수익이 나는 물건을 소개하여 읽는 독자들로 하여금 수익률에 현혹하게 만드는 경우가 많다.

직장인 연봉 이상으로 수익 내는 걸 읽으면 나도 한 번 해보겠다는 마음을 품게 된다. 책을 펴낸 사람이 그동안 고생하고 실수하고 실패한 것들은 책에 자세하게 나와 있지 않으니 불나방처럼 뛰어든다. 더 높은 수익을 위해 어려운 물건에 도전한다. 하지만 부동산 경매로 돈을 버는 사람들은 어려운 물건을 처리한 사람들이 아니라 쉬운 물건을 처리하여 수익을 낸 사람이다.

고수의 정의는 사람마다 다르겠지만 핵심은 이익이다. 어려운 물건이든 쉬운 물건이든 중요한 것은 물건을 낙찰 받는 것이 아닌 최종적인 수익이다. 시세차익으로 돈을 벌거나 임대수익으로 돈을 벌거나 돈을 번 사람과 돈을 벌지 못한 사람으로 나눌 수 있다. 어렵고 힘든 물건에 들어갈 이유는 없다. 더 벌겠다고 하다가 자신이 갖고 있는 돈마저 잃게 되는 경우가 많기 때문이다.

오늘도 부동산 경매를 하는 수많은 사람들이 여전히 쉬운 물건보다는 어려운 물건으로 돈을 벌고자 한다. 부동산 경매 책 저자들의 사례가 늘 어려운 물건을 해결한 후 높은 수익을 내는 걸 보고 눈이 높아진 것도 없지 않아 있을 것이다. 쉬운 물건이든 어려운 물건이든 작은 돈이라도 꾸준히 버는 우리 주변의 부동산 경매 투자자 책은 거의 없다시피 하다.

『나는 돈이 없어도 경매를 한다』는 그런 점에서 지극히 평범한 사람도 할 수 있다는 것을 알려주는 책이다. 책을 펴낼 정도면 평범하다고 할 수는 없겠지만 우리 주변에서 흔히 볼 수 있는 아이 엄마이자 주부의 이야기다. 이현정 저자가 특별하거나 대단할 것도 없다는 느낌이 들 정도다.

평범한 사람이기 때문에 지극히 평범한 원칙을 갖고 부동산 경매를 한다. 쉬운 물건만 한다. 어려운 물건을 낙찰받아 수익을 크게 보는 것이 아니라 쉬운 물건이라도 낙찰 받아 작은 수익이라도 본다. 실제로 작은 수익이라고 하지만 결코 작은 수익이 아니다. 매달마다 몇 십만 원의 월세가 들어오는데 이걸 작은 수익이라고 한다면 우리가 벌고 있는 월급은 더 하찮게 봐야 하지 않을까 싶다.

우연히 뛰어든 부동산 경매에서 본인이 갖고 있는 자본으로 끊임없이 현실에 안주하지 않고 상황에 맞는 투자처를 찾아다니면서 전국을 돌아다닌 결과 3년 만에 21채의 집주인이 되었다고 한다. 21채의 집주인이라고 하여 대단한 성공을 거둔 것도 아니고 엄청난 임대수익이 나는 것도 아니라고 솔직히 이야기한다. 책까지 쓴 사람이 그렇게 솔직하기는 힘들다. 조금이라도 더 꾸미고 자신이 대단하다고 해도 시원찮은 판에 여전히 경제적 자유는 멀었다고 하는데 책을 읽어보면 맞는 말이다. 경제적 자유를 향해 가고 있는 여정에 잠시 반환점 정도에서 이 책이 나왔을 뿐이다.

부동산 경매 책이지만 나는 이처럼 대단한 실력을 갖고 엄청난 능력으로 물건을 처리했다는 이야기는 하나도 나오지 않는다. 쉬운 물건, 자신의 자본에 맞는 물건을 위해 전국을 돌아다닌다. 무려 3명의 아이가 있는 상황에 가끔은 아이들을 남편과 부모님에게 맡기고 찜질방에서 자며 현장조사를 하고 입찰을 한다. 주말에 남편이랑 명도를 하러 낙찰 지역을 돌아다닌다. 물건이 쉬울지 몰라도 물건을 처리하는 행동은 결코 쉽지 않음에도 부지런히 자신의 발품을 판 끝에 얻은 결과물이었다.

사람들은 부동산 경매라고 하면 어렵고 힘들고 대단한 물건을 해야만 돈이 된다는 착각을 한다. 결코 그렇지 않다는 것을 『나는 돈이 없어도 경매를 한다』 저자는 책을 통해 온전히 모든 것을 알려준다. 부동산 경매 책을 보면 실전 사례에서 자신이 직접한 투자가 아닌 컨설팅한 투자를 소개하기도 한다. 그런데 이 책에서 이현정은 자신이 직접 쉬운 물건을 낙찰 받아 명도하는 전 과정을 가감 없이 알려주어 더욱 진솔하게 느껴진다. 21채나 되는 주택을 보유하며 그에 따른 관리와 임대의 어려움에 대해서도 친절하게 설명해준다.

부동산 경매에서 알아야 하는 이론적인 부분에 대해서도 딱딱한 설명이 아니라 자신의 언어로 쉽게 설명을 해줘서 책을 읽는 사람들이 좀 더 편하게 부동산 경매를 받아들일 수 있다. 다양한 사례와 이론적인 설명을 통해 어려운 부동산 경매에 쉽게 접근할 수 있게 도와주는 책이다.

책속으로

집을 사는 가장 좋은 방법이 무엇이냐고 묻는다면, 나는 주저 없이 경매라고 말한다. 경매야말로 집을 가장 싸게 살 수 있는 방법이기 때문이다. 이 말은 경매로 집을 싸게 사지 못한다면 아무 의미가 없다는 말이다.

객관적인
부동산 가격 분석의 툴

부동산 책은 크게 두 가지로 나눌 수 있다. 하나는 부동산 전체 시장을 알려주는 책과 부동산 투자에 대해 알려주는 책이다. 전문가의 책은 재미없고 별 쓸데없는 글이 가득하다. 투자자가 쓴 책은 재미있지만 객관적이지 못하고 한쪽에 치우친 편견으로 가득한 경우가 많다. 투자자는 강의나 부가 창출을 해야 하니 '대체적으로 오른다'고 이야기한다. 전문가는 각종 데이터와 논문으로 주장하지만 이 역시도 한쪽으로 쏠릴 때가 많다.

특정 포지션으로 강하게 주장하면 좌우간 한 번은 맞춘다. 이럴 경우 걷잡을 수 없는 상황에 처한다. 추종자가 생기는 것은 물론이고 자신도 물러날 공간이 사라진다. 의도하든 그렇지 않든 확증편향으로 외칠 수밖에 없다. 분명히 데이터란 조금만 가공을 잘 못해도 다른 결과가 나올 수 있지만 한쪽을 강하게 외칠수록 더 인기를 끈다.

부동산 책은 금융 책과 달리 생명력이 짧다. 부동산은 개별성과 사회 분위기를 비롯한 정책에 따른 영향에 많이 좌우되어 시간이 조금만 지나면 옛 이야기가 되어버린다. 무엇보다 금융은 엄청난 이론을 통해 대략적인 분석 틀이 있는데 반해 부동산은 지금까지 분석이 거의 없었다. 솔직히 아직도 난 부동산과 관련되어 분석하는 툴이 없다고 본다. 정확하지 않더라도 비슷하게라도 분석할 수 있는 금융과 달리 부동산은 그마저도 없었다.

책이 나왔던 2010년은 금융위기 이후 부동산이 바닥에 근접한 상황에 하우스 푸어까지 등장하며 악재로 넘쳐났다. 어느 누구도 부동산으로 돈을 벌 수 있다는 생각을 거의 하지 못하던 시절이다. 상승에 대한 이야기는 씨도 안 먹히지만 하락에 대한 이야기는 누구나 수긍하며 동조했다. 책 제목도 그런 영향에서 자유롭지 못해 『부동산 미래쇼크』지만 책 내용은 그와는 다소 다르다. 하락할 것이라고 이야기하기보다 예전과는 달리 움직일 것이라 말한다.

상승에 대해서도 하락에 대해서도 주장하지 않고 객관적으로 부동산의 과거와 현재, 미래에 대한 설명을 해준다. 상당히 많은 논문까지 알려주며 객관성을 담보한다. 시장에는 끊임없이 전문가와 투자자들이 나왔다 사라진다. 한때 각광받는 사람들이 출몰하고 퇴출된다. 과거에 나온 책을 읽으며 어떻게 미래를 이야기했는지 참고로 삼으면 과거에서 이야기한 미래가 현재가 되었으니 검증이 된다.

우리나라가 참조하는 외국 사례는 대부분 일본이다. 실제로 우리나라에서 하는 여러 정책들이나 사회현상을 볼 때 일본을 따라가는 현상이 심하기 때문이다. 더구나 위성도시나 신도시 등은 일본의 사례를 똑같이 따라했다. 일본의 과거와 현재를 비교하며 한국에서 벌어진 현실을 파악하면 미래를 예측하는 데 많은 부분에서 참조가 된다. 다만 일본에서 벌어진 자산 감소현상은 세계에서도 유래가 없는 현상이라 그걸 그대로 우리나라에 적용하기엔 무리가 있다.

그런데도 일본을 보라며 한국이 그 전철을 밟을 것이라며 공포를 조장하는 것은 올바른 예측이 아니라고 본다. 이 책에는 그에 대한 저자 나름대로의 주장이 담겨 있는데 상당 부분 동의하게 만든다. 한국 주택보급율이 100%가 넘었지만 외국 선진국은 이미 110%도 넘었다. 이런 상황에도 지난 호황기에 부동산(주택) 가격 상승률은 우리나라와는 비교가 안 될 정도로 높았다. 고령화가 일본보다 더 진행되었지만 도시의 주택 가격은 더욱 오르는 현상이 발견되었다. 고령화로 각종 편의시설을 찾아 도시로 회귀하는 현상이 한국뿐만 아니라 전 세계적으로 오히려 증가했다.

『부동산 미래 쇼크』에서 첫 번째 장인 부동산 시장, 패러다임의 지각변동이 가장 유용했다. 각종 개념을 알려주고 이에 대한 설명과 더불어 부동산 가격에 대한 분석 툴을 설명하고 있어 참고할 만하다. 부동산은 과거에도 현재에도 미래에도 계속해서 거래되고 인간에게 반드시 필요한 필수재로써 중요한 요소일 것이다. 책에 나온 개념처럼 교환가치보다 사용가치로 더 부각되었으면 하지만 아마도 불가능하지 않을까.

'인구 쇼크'를 유발하는 3대 요소(인구감소, 저출산, 고령화) 중 하나로 급증하는 고령 인구를 꼽는다. 2005년 기준으로 전체 인구 중 65세 이상 인구가 차지하는 고령세대 비율이 한국은 9.07%다. 같은 해 영국(16%), 프랑스(16.43%), 스페인(16.75%) 등 유럽 선진국들은 우리나라보다 크게 높았다. 하지만 이들 유럽 국가는 2000년 중반 버블 논란이 일만큼 집값이 크게 올랐다. 한국의 고령화 비율은 2018년에 14%를 넘어설 것으로 예상되는데, 영국·프랑스·스페인 등의 2005년 수준인 16~17%에 도달하려면 2020년이 지나야 할 것이다. 2000년대 초중반 영국·프랑스·스페인과 비슷한 환경이 조성된다면 2020년대에 가서도 한국 집값이 급등할 수 있는 것이다. 이처럼 다른 변수를 무시하고 인구 잣대만으로 부동산시장을 재단하면 심각한 오류를 낳을 수 있다.

정책 설계자의 시선으로 부동산을 보다

부동산을 투자가 아닌 분석의 대상으로 삼은 책들도 있다. 이런 사회 르포식 책은 저주를 내리는 듯한 논조다. 투자로 성공했다는 걸 알려주는 책은 많은 사람들에게 꿈과 희망을 심어준다. 반면에 그 책을 읽고 따라 했으나 불행히도 실패한 사람들도 꽤 많이 나온다. 후자는 사회계층화를 조장하고 각종 사회문제를 불러일으키는 주범으로 부동산을 지목한다. 어떻게 하든 주택가격은 때려잡고 폭락해야 한다고 주장한다.

가끔 상승론이나 하락론을 펼치는 대신 균형 잡힌 시각에서 현재 주택 시장의 문제와 해결책을 알려주는 책도 있다. 저자가 교수들인 경우가 압도적으로 많다. 부동산 관련 교수답게 균형 있는 시선과 정책적인 대안을 제시한다. 일반인이 읽기에 다소 재미없고 피부로 와닿지 않는 경우가 많지만 여기서 소개할 『부동산은 끝났다』는 재미

있다.

주택가격이 올랐다. 전세가격이 올랐다. 대체적으로 이런 집들은 좋은 집이다. 좋은 집에 대한 정의는 다르겠지만 흔히 말하는 입지가 좋은 곳이다. 입지는 또 다시 여러 가지 고려해야겠지만 학군, 교통, 기반 시설이다. 그 중에서도 대체로 아파트다. 그렇지 않은 주택 유형은 상대적으로 덜 올랐고 별 상관이 없기도 하다. 서민이 거주하는 주택유형은 큰 변동이 없고 중산층이 주로 거주하는 주택들이 상승장을 주도했다.

내 편견인지 몰라도 전세에 살며 집 주인이 2년마다 전세가격을 올려달라고 하는 주택에 거주하는 전세 임차인들이 다시 전세를 끼고 다른 주택을 구입한다. 최대한 매매가격과 전세가격의 차이가 적은 주택을 찾아 전세 가격을 다시 올려 매매한다. 자신이 거주하는 주택의 전세가격도 그런 식으로 올라간 것은 아닐까. 어쩌면 자신이 전세가격을 올리고 전세가격이 올랐다고 한탄하는 것은 아닐까 하는 생각도 든다. 닭이 먼저인지 달걀이 먼저인지 모르겠다.

주택에서 투자와 투기의 구분은 무의미하다. 한국만의 독특한 전세제도가 다시 가격상승을 견인한다. 현재 베이비부머 세대는 보유한 주택을 전세 놓고 시세차익을 노리기보단 임대수익을 원한다. 30~40대가 현재 전세에 살고 있으면서 전세를 낀 갭투자를 한다. 옳고 그름의 문제는 아니지만 제대로 된 과세가 이뤄지지 않고 있는 것이 현실이다. 현재 월세가 1,000만원에 10만 원이 아닌 5만 원 수준이니 이에 맞게 과세를 하는 것이 맞다. 전세가 2억이라면 100만 원의 소득으로 보고 과세하면 된다.

이렇게 하면 갭투자가 상대적으로 적어질까? 그건 정확히 예측하기 어렵다. 다른 국가에 비해 자가에 거주하지 않는 주택 소유자가 유독 많다. 그 부분은 전부 과세를 하는 것이 맞다. 갭투자 자체가 시세차익을 전제로 한다. 다주택자들을 투기자로 치부하지 말고 사업자로 인정하고 그에 따라 과세를 하면 된다. 그에 따른 비용처리를 형평성에 어긋나지 않게 해주면 된다.

철저하게 거래세는 낮추는 방향으로 가고 보유세를 올리면서 다주택자들에게는 그만큼 과세하고 비용처리를 해주면 된다. 현재는 다주택자들에게 해주는 비용처리가 적다보니 메리트가 없다. 외국처럼 사업자 통장을 만들어 활용하고 이곳에 임차인이 제대로 월세를 지불하지 못하면 연체에 따른 신용 문제가 생기게 하면 굳이 높은 보증금을 받을 필요도 없다. 전세는 전환율을 정해 과세한다. 이에 맞춰 전세 보증금이나 월세 상향은 일정 한도를 정하고 분쟁이 생기면 조정위원과 협의한다. 주택 노후화와 불량화는 소유주들에게 인테리어 비용 등 지원을 해준다. 일정 금액 이상의 월세는 정부에서 지원해주는 방법도 있다.

현재 한국은 너무 많은 걸 정부가 민간에게 떠넘기고 있다. 재개발이 진행되면 10채가 6채로 줄어든다. 그만큼 녹지가 늘어나고 쾌적해지지만 원래 그곳에 살던 거주민은 전부 밀려난다. 이들이 밀려나면 어디로 가 살아야 하는가. 원거주민들이 계속 살아가는 비율이 너무 적다. 대다수가 50대 이상 분들로 그곳에서 터를 잡고 오랜 기간

동안 살아온 분들이다. 지금과 같이 집을 밀어내는 방식은 쾌적한 주택을 선사할지 몰라도 그 주택에 거주하는 사람들도 대부분 상당한 빚을 안고 살아간다. 신규 아파트에 거주하는 주민들은 실소유주보다 전세입자들이 아주 많다.

한국은 대체적으로 거주비가 타 국가에 비해 작은 편이다. 그 이유는 월세금액이 작아서 그렇다. 과도한 보증금 때문이다. 기껏 돈을 모아도 보증금을 내면 없다. 삶의 질이 떨어질 수밖에 없다. 보증금 덕분에 주택 구입 시 추가 부담금이 적어지는 효과가 그동안 있었지만 이제는 그 보증금마저 빚으로 쌓은 경우가 많다. 정부도 그 심각성을 깨닫고 현재 보증금을 점점 낮추면서 월세로 방향을 돌리려 한다. 판을 설계하는 정부의 의지가 그렇다. 판에서 열심히 뛰어다니는 장기들은 결국 그 판에서 움직일 뿐이다.

『부동산은 끝났다』는 투자도 투기도 아닌 균형 잡힌 시각을 담았다. 무엇보다 대부분 투자자나 전문가들이 기껏해야 정부의 의도를 알아채려 노력하거나 자신의 경험을 자양분 삼아 말한다면 이 책의 저자는 직접 정책을 설계하고 만들며 그 과정까지 전부 지켜본 사람이다. 보다 큰 그림을 볼 줄 알고 그 진행 과정을 직접 현장에서 관찰한 그 누구도 갖지 못한 경험으로 쓴 책이다.

건설업을 통한 경기부양은 안 된다.

부동산 세금의 원칙을 정하고 흔들림 없이 추진한다.

가계와 은행의 건전성을 지키는 것은 부동산 경기보다 우선하는 가치이다.

본인의 노력에 의하지 않은 개발이익은 공공과 나눠야 한다.

주식 편	
『Value Investing(가치투자)』, 브루스 그린왈드 지음	☐
『Value Timer의 전략적 가치투자』, 신진오 지음	☐
『가치투자의 비밀』, 크리스토퍼 브라운 지음	☐
『겁쟁이를 위한 투자전략』, 하상주 지음	☐
『경제적 해자』, 팻 도시 지음	☐
『기대투자』, 알프레드 래퍼포트, 마이클 모부신 지음	☐
『남에게 가르쳐주기 싫은 주식투자법』, 브라운스톤 지음	☐
『돈, 뜨겁게 사랑하고 차갑게 다루어라』, 앙드레 코스톨라니 지음	☐
『돈, 사랑한다면 투자하라』, 앙드레 코스톨라니 지음	☐
『모닝스타 성공투자 5원칙』, 팻 도시 지음	☐
『모든 주식을 소유하라』, 존 보글 지음	☐
『백만불짜리 개미경제학』, 박성민 지음	☐
『보수적인 투자자는 마음이 편하다』, 필립 피셔 지음	☐
『블랙 스완』, 나심 니콜라스 탈레브 지음	☐
『수익률 5600% 신화를 쓰다』, 존 네프 지음	☐
『슈퍼 스톡스』, 켄 피셔 지음	☐
『스토리에 투자하라』, 박장동, 하상주 지음	☐
『아이 러브 펀드』, MBN 아이러브펀드팀 지음	☐
『영업보고서로 보는 좋은회사 나쁜회사』, 하상주 지음	☐
『왜 채권쟁이들이 주식으로 돈을 잘 벌까?』, 서준식 지음	☐
『워렌 버핏은 왜 여자처럼 투자할까?』, 루앤 로프턴 지음	☐

『워렌 버핏처럼 분석하고 존 네프처럼 투자하라』, 김재완, 김범규, 구자혁 지음	☐
『위대한 기업에 투자하라』, 필립 피셔 지음	☐
『이제는 가치투자다』, 신형준 지음	☐
『재무제표를 읽으면 기업이 보인다』, 홍성수, 김성민 지음	☐
『존 보글 투자의 정석』, 존 보글 지음	☐
『주식시장을 이기는 작은 책』, 조엘 그린블라트 지음	☐
『주식시장의 17가지 미신』, 켄 피셔, 라라 호프만스 지음	☐
『주식에 장기투자하라』, 제러미 시겔 지음	☐
『주식해부학』, 배문호 지음	☐
『쥬라기의 인디안 기우제 투자법』, 쥬라기 지음	☐
『청춘의 투자학』, 이주영 지음	☐
『투자의 미래』, 제러미 시겔 지음	☐
『한국형 가치투자 전략』, 최준철, 김민국 지음	☐
『현명한 초보 투자자』, 야마구치 요헤이 지음	☐
『현명한 투자자』, 벤저민 그레이엄 지음	☐
『현명한 투자자의 재무제표 읽는 법』, 벤저민 그레이엄 지음	☐
『회계가 이렇게 쉬운 거였나』, 아마노 아츠시 지음	☐

부동산 편	
『10억짜리 경매비법』, 제이원 지음	☐
『32세 32평 만들기』, 노용환 지음	☐
『NPL 부자들』, 우형달, 이영준 지음	☐
『경매야 놀자』, 강은현 지음	☐
『나는 부동산 싸게 사기로 했다』, 김효진 지음	☐
『나는 부동산과 맞벌이한다』, 너바나 지음	☐
『나는 쇼핑보다 경매투자가 좋다』, 박수진 지음	☐
『나도 월세 부자가 되고 싶다』, 전용은 지음	☐
『나무 부자들』, 송광섭 지음	☐
『뉴스테이 시대, 사야 할 집 팔아야 할 집』, 채상욱 지음	☐
『당신이 원하는 부동산 경매 권리분석』, 이임복 지음	☐
『대한민국 부동산의 미래』, 김장섭 지음	☐
『대한민국 직장인 부동산 경매로 재테크하라』, 이임복 지음	☐
『돈 나오지 않는 부동산 모두 버려라』, 장인석 지음	☐
『돈 버는 부동산에는 공식이 있다』, 민경남 지음	☐
『메트로폴리스 서울의 탄생』, 임동근, 김종배 지음	☐
『뭘 해도 돈버는 부동산 투자 습관』, 김장섭 지음	☐
『부동산 경매 백과』, 김창식 지음	☐
『부동산 공매 가이드북』, 김종성 지음	☐
『부동산 권리분석의 바다에 빠져라』, 김재범 지음	☐
『부동산 비타민』, 아기곰 지음	☐
『부동산 성공 법칙』, 박원갑 지음	☐
『부동산 임대사업』, 매튜 마티네즈 지음	☐
『부동산 타이밍 투자법』, 홍정한 지음	☐
『부동산 투자 200억 만들기』, 방미 지음	☐
『부동산 투자의 정석』, 김원철 지음	☐

『부동산경매 필살기』, 김종성 지음	☐
『부자들만 아는 부동산 아이큐』, 장인석 지음	☐
『생생 경매의 현장』, 안수현 지음	☐
『서른셋 싱글 내집마련』, 최연미 지음	☐
『세상모든 왕비를 위한 재테크』, 권선영 지음	☐
『수도권 알짜 부동산 답사기』, 김학렬 지음	☐
『싱글맘 부동산 경매로 홀로서기』, 이선미 지음	☐
『아파트 투자지도를 다시 그려라』, 최명철 지음	☐
『아파트값 5차 파동』, 최명철 지음	☐
『야생화의 기초 경매』, 배중렬, 고정훈 지음	☐
『울보멘토 야생화의 경매 이야기』, 배중렬 지음	☐
『위험한 경매』, 우형달 지음	☐
『이것이 진짜 토지투자다』, 박규남 지음	☐
『저는 부동산 경매가 처음인데요』, 신정헌 지음	☐
『젊은 부자의 부동산 경매 투자일기』, 조상훈 지음	☐
『직장인을 위한 100% 성공경매』, 김은정 지음	☐
『친절한 경매』, 오은석 지음	☐
『하우스푸어』, 김재영 지음	☐
『한국인의 부동산 심리』, 박원갑 지음	☐
『한방에 끝내는 부동산경매』, 조재팔 지음	☐
『행복한 경매투자 첫걸음』, 정충진 지음	☐

Read the book to be rich

PART 04

실전투자 이야기

직접 투자로 자산을 모았다는 사람의 이야기만큼 짜
릿하고 흥분되는 것도 없다. 인구 대비로 볼 때 아주
소수에 불과하지만 출판된 책을 살펴보면 어마하게 성공한 투자자가
많다. 몇 십억은 물론이고 몇 백억이라는 단어가 책에 제목으로 찍혀
있는 경우가 많다. 10년 전 만해도 몇 십억이 찍혔다면 지금은 100억
정도는 찍히는 일이 다반사라는 차이만 있다. 책을 펴낸 저자가 진짜
그만큼 벌었는지 확인할 방법은 전혀 없다. 본인들이 주장하니 그러
려니 할 뿐이다.

확인할 수 있는 좋은 방법이 있다. 주식은 계좌를 오픈하면 된다.
부동산은 등기부 등본을 열람시켜주면 된다. 계좌라면 직접 현재 수
익률과 투자금이 나오는 걸 확인한다. 등기부 등본은 소유주와 거래
된 금액을 확인하면 된다. 어느 누구도 이렇게까지 확인시켜주지 않
는다. 그저 그들이 하는 이야기 중 가려서 배우고 익혀야 할 것만 내
것으로 만들면 된다.

실전 투자자들은 자신이 지금까지 했던 투자 방법을 공개하고 어
떻게 접근했는지 알려준다. 중간에 어려움을 겪을 때마다 어떤 식으
로 슬기롭게 헤쳐 나갔는지 읽으며 간접경험을 하는 게 중요하다. 여
러 생각과 관찰, 고민 끝에 내린 결정이 수익으로 이어진 투자결과를
읽을 때면 나도 어서 빨리 투자하고 싶어 몸이 들썩거린다. 아직 알
고 있는 것도 별로 없지만 책을 읽을 때만큼은 간접경험과 감정이입
으로 마치 내가 지금 투자를 하고 있다는 착각이 든다.

책의 저자들이 소개하는 내용은 각자 투자 스타일이 다르고 접근

방법도 다양하다. 아직 투자를 시작하지 않은 독자 입장에서는 신기할 따름이다. 어떻게 저런 생각을 하고 저런 식으로 접근해 풀어내는지 감탄하며 읽게 된다. 투자자들은 남들이 무서워 도망갈 때 과감히 뛰어들고 대중이 환호하며 달려갈 때 겁에 질려 도망간다. 책은 오랜 시간동안 투자하며 익힌 저자 자신만의 방법과 스킬, 마인드를 한 권으로 전해준다. 모든 걸 다 흡수하긴 힘들지만 읽으며 최대한 내 것으로 만들려 노력해야 하는 이유다.

투자는 나보다 조금 앞선 사람들이 했던 방법일 뿐이다. 나는 하지 못했고 그들은 했다. 이 차이는 생각보다 엄청나다. 그 과정에서 수익을 창출한 투자 고수 이야기는 언제나 즐겁다. 단, 조심해야 한다. 이들의 글에는 독이 숨어 있다. 자신이 보여주고 싶은 면만 보여준다. 자신이 실패하거나 실수한 것들은 될 수 있는 한 공개하지 않는다. 이런 점을 유념해서 읽는다면 큰 도움이 될 것이다.

여기서 선정해 소개한 책보다 훨씬 더 많은 책이 있다. 마음 같아서는 전부 소개하고 싶지만 될 수 있는 한 중복되지 않으면서 각자 다른 영역에서 투자한 사례로 뽑았다. 함께 소개하고 싶지만 중복된 관계로 탈락한 책이 더 많다. 어쩌면 그 책들이 더 좋을지도 모르겠다. 여기 소개된 책들을 통해 실제 투자한 사람들이 행한 방법과 그 과정을 눈여겨보길 바란다.

11장

실전 투자자의
투자법을 훔쳐라

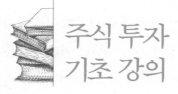

『피터 린치의 투자 이야기』 | 피터 린치, 존 로스차일드 지음
| 흐름출판

주식 투자
기초 강의

주식 투자에서 성공한 사람들은 극히 드물다. 그래서 그들의 책과 인터뷰와 보유 종목은 물론 일거수일투족이 많은 사람들에게 관심을 받는다. 우리나라와 달리 미국은 주식 투자가 시작된 지 100년이 넘었다. 그만큼 많은 내공과 다양한 이야기들이 축적되고 전수되었다. 아무래도 한국 저자의 투자 책보다 미국 저자의 투자 책이 좀 더 내공이 깊다.

피터 린치는 굳이 주식 투자를 하지 않는 사람들이라고 해도 펀드 공부만 해도 아는 이름이다. 그 이유는 우리나라나 미국이나 몇 년 연속으로 벤치마크를 지속적으로 이기는 펀드가 없기 때문이다. 그런데 사모펀드도 아닌 누구나 가입할 수 있는 대중적인 펀드가 오랜 세월동안 그 어려운 걸 해냈다.

피터 린치가 운영한 마젤란 펀드는 13년간 연평균 투자수익률이 무려 29.2%에 달한다. 만약 첫 해에 1만 달러를 투자했다면 13년 후에 27만 달러가 되었을 것이다. 그가 투자한 종목만 해도 1만 5천 개에 달했다. 피터 린치는 47세에 가족과 함께 하겠다며 은퇴를 선언한다. 그가 쓴 『전설로 떠난 월가의 영웅』처럼 전설이 된 투자자다.

피터 린치는 단순히 투자만 잘한 것이 아니라 일반 대중을 위해서도 3권의 책을 펴냈다. 그 중에서 『피터 린치의 투자 이야기』는 가장 대중적이다. 단순하게 주식 투자 방법을 배우려는 사람뿐만 아니라 주식 투자란 과연 무엇인가를 공부하는 초보자에게도 도움이 된다. 더불어 경제를 전혀 모르는 사람들도 읽으면 큰 도움이 되는 책이다.

투자를 하는 데 있어 고려해야 할 사항으로 경제 전반을 보는 거시적인 측면과 부분을 세밀하게 보는 미시적인 측면이 있다. 어느 포지션에 기반을 두고 투자를 할 것인지는 자신의 선택이다. 하지만 거시적인 측면과 미시적인 측면을 모두 어느 정도는 공부를 해야만 한다. 알고도 하지 않는 것과 몰라서 못하는 것의 차이는 굳이 덧붙일 필요가 없다. 거창하게 경제에 대해 알고자 경제학과를 나와야 하거나 두껍고 어려운 경제학 원론을 읽을 필요도 없다. 이 책과 같이 간단하게 경제와 관련된 역사를 알려주는 책을 읽는 것만으로도 충분하다.

그 이유는 바로 역사가 반복되기 때문이다. 예전에 읽을 때는 유념하지 않았던 내용인데 금융 위기 이후 벌어지는 상황을 저절로 떠오르게 만드는 내용이 있다. 먼저 대공황은 다시 발생하지 않는다는 이야기다. 공황도 오기는 힘들 것이라는 것이 피터 린치의 설명이다. 당시와 달리 국가에서 돈을 받고 있는 공무원이나 준 공무원들이 엄청나게 많다. 공황이라면 일단 돈이 돌지 않아야 하는데 최소한 공무원들은 매월 빠지지 않고 월급을 받게 된다. 이 월급으로 사회에 돈을 쓰기 때문에 공황은 오지 않는다. 이 점이 현대 사회가 대공황 당시와는 다른 점이라고 한다.

이 책을 기준으로 지난 50년 동안 경기는 호황과 불황을 반복적으로 경험했는데 10년으로 치면 2번의 불황이 온다고 한다. 50년 동안 총 10번의 불황이 왔다고 하는데 지금의 현상도 그런 불황이라고 할 수 있지 않을까. 인구 구조로 볼 때 과거와 같은 일은 벌어지지 않을 것이라고 한다. 여전히 폭발적으로 인구가 늘고 있는 국가들은 존재한다. 그들이 빠르게 선진국의 경제를 이어 받을 수 있다.

이 책은 어려운 이야기가 전혀 없다. 편안하게 할아버지가 손자에게 과거를 추억하며 이야기 보따리를 푸는 느낌이다. 지나온 경제 역사에 대해 이야기하며 우리가 투자하는 기업의 흥망성쇠가 어떻게 되는지 설명한다. 일반 주식 투자 책에서 나오는 어려운 용어들은 없다. 우리가 투자를 할 때 어떤 면에 집중하고 유심해서 봐야 하는지 알려준다.

안정적으로 이미 성인이 된 기업에 투자를 할 수도 있다. 지금은 아직 중소기업이지만 — 상장기업이라도 — 미래에 거대 기업이 될 수 있는 기업에 투자하여 오랫동안 그 기업과 함께 성장할 수도 있다. 비록 몇몇 투자에서 실패를 겪더라도 성공한 기업 덕분에 모든 실패가 회복되고도 남을 수 있다고 한다.

끝으로 투자는 단 하루라도 빠른 시간에 해야 한다고 알려준다. 그래야 더 빠른 시간에 경제적 자유를 얻을 수 있다. 중요한 것은 투기가 아니라 투자다. 책에 나온 이야기 중 가장 소홀히 다뤄지지만 주식시장이 단 한 달만 문을 닫는 모습을 보여준다. 엄청난 사회 불안과 소요가 일어날 수 있다. 이제 주식시장은 실물 경제와 밀접한 관계가 있다.

『전설로 떠나는 월가의 영웅』이나『피터 린치의 이기는 투자』같은 경우에 어떤 방법으로 기업을 선택하고 그 기업을 분석했는지에 대해 알려준다. 이들 책과 함께 읽으면 훨씬 더 도움이 된다. 이 책과 같이 쉽지만 기본에 대해 알려주는 책을 먼저 읽고 순차적으로 독서하기를 권한다.

책 속으로

학교에서는 '투자'를 가르치지 않는다. 역사는 가르치면서 자본주의의 발전과 인류의 생활 방식을 변화시킨 기업의 역할에 대해서는 가르치지 않는다. 또한 수학은 가르쳐도 수학이 기업 분석에 어떻게 활용되고, 기업이 앞으로 성공할지 여부를 분석하는 데 어떤 도움을 주는지는 알려주지 않는다. 그리고 주식을 보유하는 것이 이익이 될지 손해가 될지를 파악하는 데 수학이 얼마나 유용한지에 대해서도 가르치지 않는다.

또한 어린 시절부터 저축을 하는 것이 미래에 도움을 주고, 저축한 돈을 주식에 투자하는 것이 집을 사는 것 다음으로 유익한 일이라는 사실을 가르치지 않고 있다. 더 일찍 저축을 시작하고 더 빨리 주식에 투자하는 방법을 배울수록 경제적으로 여유 있는 삶을 누릴 수 있다는 것도 가르쳐주지 않는다. 덕분에 대부분의 사람들은 눈이 침침해지고 배가 나오기 시작하는 중년에 이르러서야 투자에 관심을 가지기 시작한다. 그때가 돼서야 주식 투자의 이점을 발견하고 더 일찍 투자에 눈 떴더라면 좋았을 것이라고 후회한다.

시장에서 살아남은 가치투자자들

　　10억 벌기와 같은 종류의 책들이 많지만 실제로 10억 번 사람들이 직접 쓴 책은 드물다. 부동산으로 성공한 사실이 알려지면 여러 가지로 귀찮고 각종 세금 등의 문제로 골치 아픈 일이 많다. 주식으로 성공하면 종목을 찍어달라고 하는 경우가 많다. 이런 이유로 투자로 먹고살 수 있는데 굳이 그 내용을 책으로 귀찮게 시간 들여가며 알리려는 사람도 드물지 않을까.

　　그래서 주식으로 돈 벌었다고 하는 사람들 책을 볼 때 색안경을 끼고 보게 되기도 한다. 그런 책들이 방법을 알려주지만 사실은 자신이 운용하는 카페나 사설 모임 등에 사람을 불러들여 유료로 운영하면서 그들의 실제적인 자산이 형성된 게 아닌가 하는 의심의 눈길을 갖게 되는 것이다. 『진짜 돈 버는 대한민국의 고수분석』에 나오는 사람들도 실명과 사진이 공개되어 있고 현재 자신의 카페를 운영하고 있다. 하지만 카페를 통해 이들의 진정성과 투자에 대한 철학을 읽으면 지금까지 투자를 통해 거둔 노력의 보답이 진짜인지 거짓인지 알 수 있다.

책에 나온 사람들의 공통점을 굳이 찾자면 〈벨류스타〉와 〈아이투자〉라는 가치투자 사이트의 교집합이라 볼 수 있다. 두 사이트를 통해 만들어진 투자모임에 활발하게 참여하며 투자 철학과 방법을 갈고 닦은 이들이 지금의 위치에 오를 수 있었던 듯하다.

책에는 한결같이 개미라 불리는 개인 주식 투자자들에게는 꿈과 같은 수익률과 결과를 얻어낸 장본인들이 나온다. 장기간에 걸쳐 많은 수익을 거둔 사람들도 있고 1년 만에 자신감을 획득하여 겨우 몇 년 밖에 지나지 않았지만 직장을 벗어던지고 전업으로 활동하는 투자자도 있다.

우리나라에서 가치투자라는 개념이 전파되고 이를 실제 응용해 투자하는 사람들이 늘고 있다. 2000년대 초반부터 가치투자를 시작한 사람들이 어느덧 10년을 넘어가고 있다. 본격적으로 이 사람들의 성공담이 소개될 것이라 생각된다. 이 책은 그럴 수 있는 사람들 중에 현재 가치투자 분야에서 그래도 제법 알려진 사람들로 구성되어 있다.

이 책은 다이제스트 인터뷰 형식으로 각자의 투자 방법과 종목 발굴 방법, 매수, 매도 법칙에 대해 알려준다. 한 권의 책에 여러 명을 소개하기 때문에 구체적 내용보다는 전체적인 맥락에서 이 책을 읽고 있는 당신도 할 수 있다고 독려하는 데 의미가 있다.

미국 같은 경우에는 최소 10년 이상은 시장에서 살아남아 꾸준히 수익을 내는 사람들이 책으로 소개된다. 『진짜 돈 버는 대한민국 고수분석』에 소개된 이들은 책이 나올 시점에는 아직까지 그 정도의 경험을 쌓지는 못했다. 책이 2010년에 나왔으니 그 후로 어느 덧 꽤 긴 시간이 지났다. 끝까지 살아남은 사람이 결국에 승리자라는 말이 투자계도 통용될 수 있다. 지금 시점에서 살아남은 투자자는 누구일까?

책에 소개된 원칙과 투자 자세와 방법을 지키면 주식을 투기가 아닌 투자로 접근할 수 있다. 아무런 준비도 공부도 없으면서 그저 카더라와 같은 이야기로 주식 투자를 하는 사람들이 너무 많다. 겸손한 자세로 공부를 해야만 그나마 수익을 낼 수 있는 곳이라는 사실을 깨닫기만 해도 이 책의 목적은 달성했다고 할 수 있다.

책 속으로

남산주성 김태석

"주식 투자로 지속적으로 성공한다는 것은 의사, 변호사와 같은 전문직 종사자가 되는 길이라고 생각하면 됩니다. 의사는 오랜 시간 동안 인간의 신체와 질병에 대해 공부하고 많은 지식을 축적합니다. 그러고 나서 환자를 진료하면서 더 많은 경험을 쌓아나갑니다. 주식 투자로 성공하는 길도 비슷하다고 생각합니다. 처음 종목을 분석할 때는 시간도 많이 걸리고 어떻게 해야 할지 어렵고 난감하지만 꾸준히 하다 보면 데이터와 노하우가 쌓이게 됩니다.

압구정교주 조문원

"장세를 맞출 줄 안다면 주식이 아니라 선물옵션을 해야 맞습니다. 미래 예측을 할 수만 있다면 선물옵션은 수십 배, 수백 배의 수익도 가능하니까요. 주식은 그렇게 하기 어렵습니다. 장세 예측을 전제로 주식 투자를 한다는 것은 논리적으로 앞뒤가 맞지 않습니다. 저는 장세를 모르기 때문에 주식 투자를 하고, 가치투자를 합니다. 주식시장은 마르지 않는 샘입니다. 종목은 언제나 있습니다. 시간을 들여 연구하면 주식 장세가 좋든 나쁘든지 간에 수익을 가져다주는 주식을 언제나 찾을 수 있습니다."

하울 김승환

"주식 투자자들을 보면 상당수가 기업에 관련된 데이터를 그냥 눈으로 슬쩍 보고 지나가는 정도에 그치더군요. 이렇게 하면 기업 정보를 나의 머릿속에 기억해두기 어렵습니다. 내가 직접 엑셀에 입력해야 그 정보가 온전히 나의 것이 됩니다. 손으로 입력하는 과정을 통해 기업의 실적이 직접적으로 다가오거든요."

아마리 이상철

"개별 기업들을 분석하고 있는데 저평가 기업들이 아주 많이 보이면 전체 주식시장이 오르더군요. 반대로 수많은 기업들을 분석했음에도 저평가 종목이 손으로 꼽을 정도가 되면 주식시장이 무너지곤 했습니다. 그래서 저는 투자에 앞서 투자할 만한 기업이 얼마나 많은지를 따져봅니다."

은퇴의사 유재억

"선물옵션은 제로섬 게임입니다. 누군가는 반드시 돈을 잃게 돼 있어요. 기관, 외국인, 개인투자자 가운데 누가 돈을 잃겠습니까. 선물옵션은 개인투자자가 도저히 돈을 벌 수 없는 구조를 갖고 있습니다. 선물옵션에 비하면 주식은 그나마 개인투자자가 수익을 낼 가능성이 큽니다. 이제 주식은 한국의 보통사람이 반드시 관심을 가져야 할 재산 증식 수단입니다. 주식은 특히 부동산보다 매력적이라는 사실을 인식해야 합니다. 주식의 리스크는 내가 공부하는 만큼 줄어듭니다."

현상을 보는 안목에
기회가 있다

인터뷰 형식의 글을 좋아한다. 인터뷰를 한 내용이 글로 정리된 걸 읽는 것은 재미있고 즐겁다. 한 개인에 대해 인터뷰로 집약해서 알 수 있어 좋다. 자신이 쓴 글은 하고 싶은 이야기를 일방적으로 전달하는 것인데 반해 인터뷰는 아니다. 상대방이 원하는 질문에 대해 답변하는 과정에서 스스로 생각하지 못했거나 의도하지 않았던 답도 나오기 마련이다.

질문에 대한 정확한 답변을 하면서 자신의 생각을 보다 객관적으로 상대방에게 전달하려 쉽게 설명하려는 측면도 있다. 이런 이유로 분야를 가리지 않고 인터뷰 글을 좋아한다. 인터뷰 당사자뿐만 아니라 질문을 하는 사람이 어쩌면 더 중요하다. 읽을 만한 인터뷰나 도움이 많이 되는 인터뷰를 보면 좋은 질문을 적절하게 당사자에게 던지는 것을 볼 수 있다.

대체적으로 인터뷰를 전문으로 하는 사람들이 좋은 질문을 던지기도 하지만 — 이를테면 해당 분야 기자 — 그보다는 해당 분야 일을 하는 사람이 보다 전문적이고 심층적인 대화를 서로 주고받는다. 상대방이 하는 이야기를 알아듣고 그에 맞는 주변 사례나 관련 내용까지 알아 질문을 파고들어 상대방에게 이야기를 끌어내기 때문이다.

어느 분야든 일정 이상의 성과를 내고 있는 사람은 관련 분야에 대해서 — 말을 잘 하거나 못 하거나 상관없이 — 하고 싶은 이야기와 할 이야기가 무궁무진하다. 여러 경로로 하고 싶어 하지만 그럴 기회가 많지 않을 뿐이다. 또는 자기 주변 사람들에게만 열심히 이야기를 하고 있거나. 이런 사람들에게 그가 지금까지 했던 작업과 성과에 대해 들려 달라고 하면 싫어할 사람은 없다. 책에 소개된 인물들도 나름 성공한 사람들로서 자신만의 철학과 인생, 투자관에 대해 이야기를 한다.

헤지펀드를 취급하고 있는 사람들이라 나처럼 일반인들에게는 도움이 안 될 수도 있다. 이들이 들려주는 내용이 내가 하는 투자와 관련성이 없거나 이들이 하는 투자 방법을 쉽게 따라할 수 있는 것은 아니기 때문이다. 더구나 이들이 하는 투자 방법은 각양각색 천차만별이다. 대체적으로 거래라는 관점에서 볼 때 일반인이 거래를 통한 투자로 돈을 버는 것도 쉽지 않고 실천하는 것은 더더욱 쉽지 않다.

누군가의 이야기를 억지로 들으면 따분하지만 내가 궁금한 분야의 내용은 따분할 틈 없이 침을 묻혀가며 책을 넘기게 된다. 비록 알아듣지 못하는 이야기가 있을지라도 말이다. 책에 소개된 사람들 이야기는 하나같이 전부 도움이 되었고 많은 생각을 하게 해줬다. 단순히 큰돈을 거래하고 투자한 사람들 이야기가 아니다. 이들이 투자하며 거래한 이야기는 그 자체로 내가 한 투자와 연결시키거나 내 투자를 반추하며 되돌아보면서 읽게 해줬다.

꼭 주식에 한정된 투자를 하는 사람들은 아니고 — 헤지펀드의 속성상 — 거래되는 대상이라면 무엇이든지 가리지 않고 거래의 틈을 노려 이익을 추구한다. 현재 가격과 자신이 생각하는 가격만큼 벌어진 차이점을 이용해서 수익을 낸다. 남들이 생각하는 추세와 본인이 생각하는 추세의 차이점을 근거로 이익을 내기도 한다.

이들이 이익을 내는 방법은 다들 다르면서 똑같다. 특정 분야에 한정되지 않고 현재 벌어지는 현상에 대해 자신만의 관점으로 본다는 점에서 같다. 돈을 잃기도 하지만 손해보다는 이익을 주로 보면서 시장에서 계속 살아남았다는 점도 똑같다. 이성에 근거해서 철저하게 현재 벌어지는 현상에 함몰되지 않고 늘 객관적으로 바라보려고 노력한 점도 똑같다.

어떤 사람들은 가치투자를 접목해서 투자하고, 어떤 사람들은 많은 시뮬레이션을 돌려 그 차별성을 통해 투자하고, 흔히 말하는 차트투자를 통해 돈을 벌기도 한다. 눈앞에 벌어지는 폭등과 폭락 속에서 자신의 포지션을 결정해서 돈을 벌기도 한다. 그들은 '공매도'를 할 수 있다는 점에서 일반인과 다르다. 개인이 할 수 있는 공매도라는 관점에서는 ELW 정도가 가능한 것으로 알고 있다. 또는 리버스 ETF 정도가 있다.

거래를 위해서는 현재 벌어지고 있는 현상에 대한 자신만의 분명한 관점이 있어야 한다. 그 관점이 틀리거나 — 다른 것이 아니라 — 맞거나 그에 따른 투자 결정을 해야 한다. 물론 맞다면 돈을 버는 것이고 틀리면 돈을 잃는 것이지만 중요한 건 바로 리스크 관리다. 무조건 손실 확정을 위한 자신만의 원칙이 있어 자신이 틀렸다고 생각하면 언제든지 손해 본 상태라도 빠져 나와야 한다.

거래로 이익 또는 손해를 볼 수 있다. 내가 맞을 수도 있고 틀릴 수도 있다. 시장은 내 생각대로 움직일 수도 있고 반대로 움직일 수도 있다. 그렇기에 모든 인터뷰 대상자들이 리스크 관리에 대해서 이야기를 한다. 지금까지 시장에서 살아남은 것은 훌륭한 선택을 통해 늘 이익을 본 것이 아니라 — 주로 맞는 선택을 했지만 — 틀린 선택을 한 후 이를 통해 배운 바를 어떻게 실천할 것인가를 고민한 덕분이다. 잘못된 선택으로 자신의 생각과 달리 시장이 움직인다면 손실을 줄이는 방향으로 빨리 움직여야 한다. 살아남으면 다시 거래를 할 수 있다.

금융 투자는 도박과 속성이 비슷하다. 건설적으로 무엇인가 창조한다는 개념과는 다르다. 무엇인가를 만들어 결과물을 내는 것이 아니라 현재와 미래에 벌어지는 상황이 맞는지 틀린지 확인하는 작업이다. 여기서 중요한 것은 인간의 속성이다. 인간들의 생각과 심리가 현재 상황과 괴리감이 얼마나 존재하느냐의 차이만큼 돈을 벌 수 있는 범위가 달라진다. 투자를 거래의 관점에서 실행하고 도박처럼 결과물을 확인한다. 돈을 내고 참여해서 상대방에 따라 대응을 달리하다 최종적으로 결과를 확인해야 한다.

모든 가격은 올라갔다 떨어졌다를 반복한다. 그 현상에 대해 이해하고 밝히려고 노력하기보다는 인정하고 그 안에서 돈을 버는 이들이 『헤지펀드 시장의 마법사들』에 소개된 사람들이고 투자를 잘하는 사람들이다. 아무리 자신의 생각과 다른 현상이 펼쳐져 이해가 되지 않더라도 많은 사람들이 지불하는 가격이면 인정하고 그 안에서 내 생각을 선택해서 맞는지 틀린지 확인하는 것이 거래이다. 인간은 이성적이지만 이성적이지 않다. 누구나 다 똑같은 방향으로 바라보고 생각할 때 비로소 균열이 생기고 다른 에너지가 나올 수 있다. 이런 때를 잽싸게 파악해서 들어갈 수 없기에 투자의 성적표가 달라진다.

책에 소개된 사람들은 자신의 거래 방법과 철학에 대해 털어놓는데 그들은 늘 가격의 괴리감을 노린다. 책에서는 한국 이야기도 나온다. 2005년에 한국의 주가가 얼마나 싼지 파악을 하게 되어 많은 사람을 만나고 한국인을 고용하여 번역을 하게 만들어 많은 수익을 올렸다고 한다. 실제 가격과 가치의 차이점이 너무 분명하게 보여 투자를 했다고 한다. 외국인들은 보는 것을 우리는 보지 못했다.

대상 자체는 많이 변하지 않았는데 바라보는 시선이 달라져 생기는 차이점을 노리고 거래하는 방법은 결국에는 자신의 '관점'을 확인하는 것이다. 재미있게도 그저 맞는지 틀린지만 확인하지 않고 돈을 넣고 확인하는 과정에서 돈을 벌기도 하고 잃기도 한다. 잃을 때 얼마나 손실을 최소화 하느냐가 거래의 핵심이다. 대체적으로 맞을 때보다 틀릴 때가 더 중요하다. 살아남기 위해서는.

나는 가치투자를 기본 베이스로 하고 거래관점으로 투자하는 것에 대해 고민과 생각을 하고 있다. 미국과 달리 단순한 가치투자를 이용해 돈을 번다는 것은 쉽지 않다는 판단을 내렸다. 솔직히 확인하는 과정이 좀 지겹기도 하고. 대한민국의 속성상 — 인구 숫자, 수출로 먹고사는 환경 등 — 먼저 들어가서 기다린다는 개념으로 접근해도 시간이 너무 오래 걸린다. 결국에는 기관이나 외국인이라고 하는 큰 손들이 움직여야 가격은 움직이게 되어 있는데 이들은 손실을 많이 보지 않으려고 하고 이익도 적당하게 즐긴다.

기업 자체가 큰 문제가 있는 것이 아니라면 대체적으로 너무 떨어지지도 너무 올라가지도 않는다. 본래 가격은 올라갔다 떨어졌다를 반복한다. 떨어졌을 때 내가 맞는지 틀린지 확인하는 지적게임을 즐기는 것이 투자 잘하는 사람들이 하는 투자 방법이다. 심지어 2~3종목만으로도 계속 이익을 내는 사람들도 실제로 존재하니 말이다.

관심이 없다면 어려운 용어나 이해하기 어려운 내용들도 나오지만 그런 것들은 가볍게 넘기면 된다. 이들의 거래 철학과 방법, 이익이 났을 때와 손해가 났을 때 어떻게 하는지 읽어보고 현재 벌어지고 있는 현상을 자신만의 관점으로 어떻게 정리해서 거래하는지를 배우는 것만으로도 엄청난 도움이 될 책이다. 현재 거래를 통해 10년이 넘는 시간동안 이익을 보고 있는 사람들이니 이들의 말을 귀담아 들을 이유는 충분하지 않을까.

시장의 거품 속에서는 낙관적인 시각을 가진 투자자가 높은 수익을 올립니다. 거품을 믿는 투자자들이 언제나 승리합니다. 그건 나쁘지 않아요. 다만 상당한 수익을 올린 다음에는 시장의 방향이 전환되기를 기다려야 합니다. 그렇게만 한다면 많은 돈을 벌 수 있습니다. 저는 혼합된 투자방식을 신뢰하며, 손실은 용납하지 않습니다. 2006~2007년 당시 거품에 동참하고는 있었지만 마음만 먹으면 언제든지 시장을 빠져나갈 수 있도록 유동성을 확보하고 있었습니다. 거품에 휩쓸리는 투자자들이 저지르는 가장 큰 실수는 출구가 없는 투자 포지션을 구축하는 것입니다. 거품이 낀 시장은 유동적인 것처럼 보이지만, 거품이 사그라지면 유동성이 가장 큰 문제가 됩니다.

『메트릭 스튜디오』 | 문병로 지음 | 김영사

산술평균과 기하평균

알고리즘에 따라 투자를 하는 세계는 많이 알려졌다. 한국에도 꽤 많은 사람들과 기관에서 하고 있는 것으로 알고 있다. 퀀트Quant라고 하여 물리학자들이나 수학자들이 짠 프로그램을 통해 기계적으로 투자를 한다. 이와 관련된 저술은 번역서들이 대부분이다. 국내 저자가 쓴 책은 알고리즘 투자보다는 자신이 노력했다는 것에 좀 더 방점이 찍히는 편이다. 이에 반해 문병로 교수의 『메트릭 스튜디오』는 직접 자신이 프로그램한 모든 데이터를 전부 공개한다.

그래서 이 책은 데이터가 가득하다. 자신의 주장을 펼치기 위해 온갖 데이터를 잔뜩 들이민다. '이래도 내 말이 틀려?!'라는 느낌이다. 감히 이토록 온갖 데이터를 보여주면 내 주장의 정당성과 확실성을 밝히는데 반대 의견을 제시하려면 제시해 보라는 자신감마저 느껴진다. 그럴 수밖에 없는 것이 매 챕터마다 자신의 주장을 위한 데이터뿐만 아니라 반대 주장을 할 사람을 위한 데이터까지 스스로 보여준다.

투자 시장에서 수익을 내는 방법은 루머와 잡음을 얼마나 제거하느냐와 선별하느냐다. 잡음을 잡음으로 볼 것인가, 잡음 속에 포함된 의미를 파악해서 선택을 할 것인가 여부다. 이런 의미에서 인간의 인지작용은 잘못 발동할 수 있기에 적당한 알고리즘을 통해 프로그램이 선별하는 것으로 인지능력의 한계를 극복할 수 있다. 이런 연구로 수익을 내는 것은 또 다른 측면인데 책 저자인 문병로는 옵투스투자자문을 통해 코스피를 능가하는 수익을 낸다고 한다.

여기서 중요한 점은 산술평균과 기하평균이다. 산술평균으로 돈을 벌면 안 되고 기하평균으로 돈을 벌어야 한다. 흔히 50% 수익이 났다고 막연히 이야기하면 잘못되었다. 정확히 그것이 산술평균에 의한 수익인지 기하평균에 의한 수익인지를 말해야 한다. 그 이유는 바로 투자는 수학에서 계산할 때와 다르기 때문이다. 흔히 숫자에서 평균 50%는 대부분 양의 숫자만으로 이뤄진 데 반해 투자에서는 마이너스와 플러스가 반복되며 합산된다. 산술평균이 아닌 기하평균으로 투자 수익을 바라볼 줄 알아야 하는 이유다.

책에 나온 개념에 이런 것이 있다. 투자를 할 때 '몰빵'이라는 표현을 하는데 이런 방법은 장기간 투자할 때 오히려 마이너스가 된다. 예를 들면 다음과 같다.

1억을 갖고 투자하는 2명이 있는데 한 명은 1억을 갖고 50% 수익과 손실이 난다. 또 다른 사람은 갖고 있는 자산의 반만 투자를 한다.
둘 다 1년 기준이다.

자산 전액을 투자하면,

50% 수익이 나면 1.5억

50% 손해면 나면 7,500만 원

50% 수익이 나면 1억 1,250만 원

50% 손해가 나면 5,625만 원

자산 반만 투자를 하면,

50% 수익이 나면 1.25억

50% 손해가 나면 3,125만 원에 남은 6,250만원을 합치면 9,375만 원

50% 수익이 나면 7,031만 원에 남은 4,688만 원을 합치면 1억
1,719만 원

50% 손해가 나면 2,930만 원에 남은 5,860만 원을 합치면 8,790만 원

시간이 지날수록 1억 전액을 투자한 사람과 반만 투자한 사람의 자
산 차이는 갈수록 벌어진다. 자산의 반만 투자하는 게 처음에는 다소
느린듯하지만 갈수록 전액을 거는 투자자에 비해 리스크 관리 측면
에서 훨씬 유리하다. 이걸 이겨낼 수 있는 방법은 레버리지를 활용하
는 거다. 그런 이유로 나를 포함한 많은 사람이 대출을 활용한다. 이
론과 달리 현실 세계에서는 다소 다른 점이 있다. 레버리지는 한 방

에 훅 갈 수 있고 극단값을 왔다 갔다 하지만 대체적으로 투자에 성공한 많은 이들이 활용하는 방법이기도 하다.

책에서 제일 중요하게 다루는 사람은 켈리다. 자신이 기대하는 만큼 투자금을 투입할수록 성공한다는 '켈리 공식'을 만든 인물이다. 모든 정보는 가격에 전부 반영되어 있다는 효율적 자산 시장 이론과는 반대다. 『메트릭 스튜디오』의 저자는 효율적 자산 이론에 대해 신랄하게 비판한다. 효율적 자산 시장이 얼마나 허무맹랑한 것인지 직접 데이터를 근거로 반박한다. 이를 위해 가치투자자들의 재무제표에 따른 투자와 차트 투자자들의 방법을 비교하며 데이터를 만들어 검증한다. 정확한 데이터를 위해 2000년부터 시작해서 2012년까지 주식 시장의 데이터를 보여준다. 방대한 데이터로 보여주니 딱히 반박할 말이 없다.

한국 자산시장의 성장을 볼 때 2017년 정도가 되었을 때 주가 지수가 3,000이 될 수 있다고 한다. 그 전에 된다면 과거 역사를 보더라도 자산 시장이 아직 성숙하지 못해 다시 떨어질 수 있다고 한다. 물론 2017년도 여러 변수가 있어 확실한 것은 아니며 기초 자산을 볼 때 그러하다는 거다. 전체 주가 지수를 놓고 투자하는 방법에만 데이터를 보여주고 개별 기업에 적용한 데이터는 보여주지 않아 그 점은 좀 아쉽지만 아마도 개별 기업에 대한 투자보다는 전체 자산의 데이터를 갖고 알고리즘을 만들어 투자해야 보다 정확하고 안전하기 때문일 거다. 개별 기업은 변수가 너무 많이 작용할 테니.

갈수록 알고리즘에 따른 트레이딩으로 투자 수익을 내는 사람이 많아지고 있다. 다행이라면 이들의 수익은 엄청나지만 대부분 개별 기업이 아닌 전체 자산이나 특정 섹터에만 국한하여 프로그램을 돌린다는 거다. 나와 같은 개인 투자자는 개별 기업에서 투자수익을 노려야 한다. 한편으로는 코스피 전체 자산을 근거로 투자하는 것이 훨씬 안전하고 쉽다고 하는 사람도 있어 해본 적은 없지만 지속적으로 관심을 두고 있다.

책 속으로

뉴스는 잡음이다. 투자 정보로서의 가치가 전혀 없는 것은 아니지만 거의 없다고 보아야 한다. 시장에 잡음을 주는 뉴스, 잡음을 주는 투자자들의 비이성적 탐욕, 공포, 이런 것들이 없다면 평균을 넘는 수익을 올리는 투자는 정말로 힘들어진다. 다행히 전 세계 모든 시장은 정도의 차이만 있을 뿐 잡음투성이의 잔치판이다. 판세를 1년 이상의 관점에서 확률적으로 접근할 수 있고, 투자 결산을 3년 단위로 할 수 있는 정신적 힘만 있다면 이 시장은 거의 질 수 없다. 나 같은 컴퓨터 알고리즘을 사용하지 않아도 지수를 한 해 평균 5% 포인트 정도 초과해서 이기는 것은 어렵지 않다.

12장

실전 고수의
투자 방법 따라하기

원금을 지키는
상가투자 기본서

만인의 꿈이 임대사업자라 한다. 그중에서도 수익형 부동산의 꽃인 상가를 보유하는 것이 꿈이라고 말한다. 주변에 상가를 갖고 있으며 훌륭한 수익을 받아 좋아하는 분도 있지만 속앓이를 주는 상가로 고생하는 분도 있다. 거의 대부분 딱 한 가지 때문에 이런 결과가 나타난다. 상가에 대한 제대로 된 공부와 학습과 준비가 된 상태에서 보유하느냐, 그저 돈이 된다고 하니 덜컥 사고 보는 경우냐에 따라 달라진다. 전자와 달리 후자는 대체로 마케팅에 현혹된 경우가 대다수다.

주택만 하더라도 잘못하면 제대로 된 수익이 나지 않는 경우가 많다. 그나마 상대적인 손해가 덜할 뿐이다. 상가는 이런 면에서 쉽지 않은 부동산 투자인데도 정작 제대로 된 상가투자 방법을 알지 못하고 무모하게 덤비는 분들이 상당히 많다. 시중에 나와 있는 상가투자 책이나 상가투자 강의도 드물다. 나오는 경우도 순수한 상가 투자가 아닌 임차인 입장에서 좋은 상가를 만드는 방법이나 좋은 입지를 발견하는 방법 등이 주를 이룬다.

상가란 결국 임차인이 영업을 하는 곳이다. 이런 곳을 간접적으로 공부하며 상가가 좋을지 나쁠지 유추하며 상가투자를 한 사람들이 많았다. 약간 주먹구구식이나 도제 비슷하게 상가 투자를 하던 시대를 지나 이제 조금씩 상가투자를 알려주는 책들도 나오기 시작한다. 그런 책들이 대부분 좋은 상가를 발견하는 방법을 알려주는데 아직 내가 읽은 책이 적어 그런지 제대로 된 상가 투자 책이 드물었다.

이 책의 저자는 몇 년 전부터 상가와 관련된 좋은 글을 지속적으로 올려왔다. 부동산 투자에 대해 좋은 글을 올리는 사람은 많지만 그 중에서도 상가에만 특화되어 글을 올리는 사람은 극히 드물다. 실제로 상가로 꽤 많은 수익을 냈다고 하는 사람들이 많은데도 정작 그들이 올리는 글은 1~2개로 그치는 경우가 많았다. 그에 비해 저자인 서울휘는 올리는 글 대다수가 상가에 관한 것이었다.

솔직히 이런 글도 올리고 저런 글도 올리며 부동산이라는 카테고리 안에서 벗어나지 않는 정도로 글을 올리는 사람들에 비해 서울휘는 올곧고 줄기차게 상가 투자만 다뤘다. 스스로도 주택 투자를 해본후에 상가로 눈을 돌린 후 상가투자만 전문적으로 했다고 하니 상가에 관련되어 그가 하는 주장은 귀담아 들을 수밖에 없었다. 입만 열면 상가에 대한 이야기니 신뢰성이 올라가는 것도 당연했다.

오래 전부터 저자가 쓴 글이 카페나 블로그에 있어 이미 읽었던 내용도 있지만 하나로 뭉쳐 요모조모 조리 있게 알려주는 책이다. 대부분 상가투자 책은 이렇게 성공했다고 공치사하거나 입이 떡 벌어질 수익률을 제시하며 잘난 체하느라 바쁘다. 『나는 상가에서 월급 받는다』는 그렇지 않다. 오히려 성공한 투자에 대해 많은 부분을 할애하지 않는다. 오히려 꼭 피해야 할 부분에 대해 집중하다. 그 점이 좋다. 상가는 아주 조금만 삐끗하면 자신의 의지와 상관없이 다시는 투자를 못할 수도 있다. 상가는 부동산 투자의 천국이자 지옥이 된다. 돌이킬 수 없는 상처를 입고 쓸쓸히 퇴장하는 수많은 사람들을 보았다. 아주 극히 일부의 성공사례보다 수많은 실패사례가 더 중요하다. 단순히 실패사례를 알려주는 것이 아니라 이를 피하고 예방할 수 있는 방법을 알려준다면 그보다 더 좋을 수 없다.

책에서 알려주는 것만 인식하고 실수하지 않는다면 최소한 상가투자로 실패는 하지 않는다. 수익이 먼저가 아닌가 하겠지만 책에서 저자도 지속적으로 주장하고 강조한다. 수익이 중요한 것이 아니라 안정이 더 중요하다고. 이 말은 원금을 잃지 말라는 말과 같다. 평생 갖고 갈 것도 아니라 매수 시점에 이미 매도 시점에 대해 충분한 심사숙고를 하고 투자해야 한다는 조언은 오랜 기간 동안 투자를 한 투자자다운 핵심이다.

책에서 나온 사례는 거의 대부분 경매로 많이 특화되어 있다. 대부분 상가투자 책은 일반 매매만 열심히 알려주고 있다. 경매와 일반 매매 중 어떤 것이 더 좋은지 여부는 중요하지 않다. 투자자가 얼마나 무기를 더 많이 갖고 있느냐 차이일 뿐이다. 딱 한 가지 무기만 있는 사람과 다양한 무기를 갖고 있는 사람 중 누가 더 투자를 오래 하고 잘할 것인지는 물어보나 마나다.

　기존 책과 가장 차별성을 갖는 장점은 오랜 시간동안 상권이 어떻게 변했는지 친절하게 사진으로 알려주는 부분이다. 기본적으로 상가를 투자하는 데 있어 어떻게 해야 하는지 이보다 더 확실하고도 분명하게 알려주는 방법은 없을 듯하다. 현재 눈앞에 화려하게 인테리어한 모습만 보는 것이 아니라 계속해서 추적 관찰하며 상권과 상가가 어떻게 변하는지 봐야 한다. 투자를 1년만 하고 끝낼 것이 아니라면.

책 속으로

이제는 고위험 고수익 물건보다는 조금 수익이 적더라도 안정적인 물건을 찾는다. 리스크 관리가 가능한 안정성이 최우선인 물건을 골라내는 것이 상가투자, 상가경매의 핵심이다. 그 이유는 간단하다. 향후 내 물건을 받아줄 예비 임대사업자가 가장 선호하는 것은 수익률이 아닌 안정성이기 때문이다. 시간이 흐르고 리스크를 관리하며 꾸준히 공부하는 사람들은 아직도 종횡무진 투자세계를 누빈다. 하지만 임대수익에만 눈이 멀어 명확한 투자기준 없이 마구잡이로 입찰하던 사람들은 어느 날부턴가 보이지 않는다.

2년에
한 채씩 구입하기

　　부동산 투자는 분명히 호불호가 있다. 주식 투자도 마찬가지다. 투자 속성 자체에 호불호가 있다. 어떤 투자가 더 좋으냐에 대해서는 무의미한 이야기라 본다. 극단적으로 주식 투자자와 부동산 투자자는 서로를 적대시하는 분위기도 있다. 전세계적으로 주식과 부동산은 이제 불가분의 관계인데도 '부동산이 떨어지고 올라야 한다. 주식이 떨어지고 올라야 한다' 등으로 지금도 열심히 갑론을박 한다. 둘 중 무엇이 더 뛰어난 자산이냐 투자냐의 논쟁은 무의미하다.

　　둘 중에 자신에게 좀 더 맞는 투자를 하면 된다. 재미있게도 주식 투자를 잘하는 사람이나 부동산 투자를 잘하는 사람은 서로의 투자를 인정하고 훌륭한 방법이라 여긴다. 각자 방법이 다를 뿐이라 본다. 주식이나 주택 투자나 똑같은 전략으로 활용하면 될 뿐이다. 주식보다 주택 투자가 좀 더 편한 점은 분명하다. 시시각각으로 가격변동이 확인되는 주식시장에서 위기를 더 크게 느끼는 인간의 인지본능 때문이다. 이 책은 분명히 밝힌다. 2년에 1채씩 집을 늘려가라고 한다. 그런 식으로 늘려가며 평생 갖고 갈 주택을 보유하며 자산을 증식하라고 권한다.

먼저 주택 투자에 대한 개념을 잡아준다. 그 다음으로 본인이 직접 투자한 사례를 설명한다. 마지막으로 향후에 어떤 식으로 하는 것이 좋을지 알려준다. 이 부분에 있어 솔직히 개정판이라 참신하지는 않다. 이 책이 처음 나왔을 때는 무척 참신했을 것이다. 2000년대 주택 투자에서는 오래도록 보유하는 것보다는 단기로 사고파는 것이 더 좋다는 의견이 지배적이었다. 특히나 서울, 수도권 주택가격이 상승할 때는 보통 2년 정도 보유한 후에 매도했다.

좀 더 시간이 지난 후 2000년 후반부터 주택 투자로 돈을 벌고 자산을 모은 사람들은 정작 수시로 사고판 것이 아니라 진득하니 갖고 있던 사람이 최종승리자가 되었다는 이야기가 곳곳에서 들렸다. 처음부터 물건을 보는 눈은 같을지라도 전략과 전술이 달라진다. 처음부터 2년 후에 매도할 주택을 구입하는 것과 10년 후에 매도할 주택을 구입하는 것은 별것 아닐지라도 엄청나게 큰 차이가 난다. 마음가짐도 다르고 주택을 바라보는 관점도 다소 다르다.

이건 어디까지나 틀리다가 아닌 '다른' 관점이다. 실제로 주택 투자 시장에서 단기로 매매를 하며 좋은 수익을 보는 투자자들도 있다. 여기서 저자와 내 생각이 완벽하게 일치하는 부분이 '자신의 일을 하면서 꾸준히 투자하라'는 것이다. 본업이 우선이고 자신이 하는 일을 잘 하면서 자산을 늘리는 것이 맞다. 그러다 주택 투자를 했더니 너무 재미있고 즐겁다면 전업투자자로 나서도 된다. 그렇지 않다면 꾸준히 자산을 늘린 후에 자신에게 잘 맞는 업을 위한 버팀목으로 주택 투자를 활용하면 된다.

저자도 현재는 주택 투자도 꾸준히 하고 있지만 식당 운영을 하고 있다는 것을 보면 자신이 쓴 책대로 살고 있다. 책에서도 언급했듯이 꽤 긴 시간동안 주택 투자를 하며 자산을 늘리라고 했지만 정작 저자는 무척 짧은 시간에 자산을 급격히 늘렸다. 갖고 있는 자본이 많은 상황에서 시작했기 때문이다. 그렇기에 꽤 다양한 주택 투자를 경험을 늘리기 위해서도 시행했다. 그런 다양한 경험까지『노후를 위해 집을 이용하라』에 함께 녹여냈다.

책에서는 무조건 대출은 1건 이상 하지 말라고 한다. 갭투자를 하고 계속 보유하며 올라간 전세금액만큼 최대한 다른 주택 전세자금을 줄이며 반전세, 월세로 세팅하는 걸 권한다. 그러기 위해서는 꽤 장기플랜을 갖고 해야 한다. 그렇기에 2년에 1채라는 광고 문안이 나왔다. 내 경우에 대출을 받아 이자 이상의 월세세팅을 하는데 그런 면에서는 나보다 더 보수적일 수 있다. 나도 저자의 방법이 보다 좋다고 보지만 여유 자금이 적은 일반인(?)이 쉽게 할 수 있는 방법이 아니라는 점 때문에 내 방식을 권한다. 당연히 대출 없이 투자하는 것이 최고지만.

고백하자면 내가 쓴 다양한 책에서 이야기한 개념과 방법을 ― 부동산 주택 투자에서만 한정해서 — 이 한 권에 썼다고 해도 될 듯하다. 내 모토가 '천천히 꾸준히'이고, 주택가격이 상승하든 하락하든 상관이 없다고 하는 이유다. 무엇보다 기존의 주택 투자 책들이 너무 큰 액수나 보유 주택을 언급하며 다소 질리게 하는 반면에 이 책은 현실적인 조언과 방법을 알려준다. 방법은 이제 널리 알려졌지만 여전히 유효한 방법이니 읽으면 좋을 듯하다.

책 속으로

우리는 어떻게 해야 할까요? 투자를 해야 합니다. 은퇴하기 전까지 매년 저축한 돈을 월세나 현금흐름을 취할 수 있는 자산으로 반복적으로 바꿔야 합니다. 언제까지 투자해야 할까요? 근로로 얻는 고정수입이 끊길 때까지 계속해야 합니다. 그 기간 안에 비 근로소득이 근로소득을 앞지르도록 만들어야 하는 겁니다. 언젠가 내가 하고 있는 일과 직장이 없어진다고 해도 내게 꾸준히 수입을 줄 수 있는 나무를 심어야 합니다. 1~2년에 1그루씩만 심어도 그것이 나의 노후를 보장할 것입니다. 제가 심은 최고의 나무는 부동산이었습니다.

『월세 혁명』 | 조영환 지음 | 매일경제출판사

현실적인
임대사업의 모든 것

추천 도서를 바꾸었다. 지금까지 임대와 관련되어 국내에 출판된 책 중에는 조던이란 닉네임으로 활동하는 김장섭의 『실전 임대사업 투자기법』을 최고로 쳤다. 국내 저자, 외국에서 번역된 책을 포함해서 가장 현실적이고 실제 임대 사업을 하는 사람의 진짜 이야기가 드물었기 때문이다. 대체로 실제 임대 사업을 하지도 않으면서 외국 사례를 소개하는데 그치거나 주변 임대 사업자들의 이야기를 엮어 책을 출판한 경우가 많았다. 조금이라도 도움은 되었지만 읽고 실망한 경우가 많았다.

『월세 혁명』은 그런 점에서 사람들에게 새롭게 추천할 수 있는 책이다. 임대 사업 혹은 수익형 부동산은 최근 트렌드와 맞아 떨어지며 사람들의 관심이 점점 늘어가고 있다. 그럼에도 제대로 된 임대 사업 관련 책은 없었다. 경매 책이나 부동산 책에서 임대 사업에 대한 맛만 살짝 보여주는 데 그치는 경우가 대부분이다. 임대 사업을 할 때 발생할 수 있는 여러 상황이나 임대 사업을 위해 어떤 부동산을 취득하는 것이 좋은지에 대해 구체적인 내용이 빠져 있었다.

재미있게도 임대 사업에 대해 알려주는 기사나 책은 대부분 일반 사람이 쉽게 접근할 수 있는 투자 방법이 아니다. 대출을 끼지 않고 순수 자본으로 최소 5억 정도는 갖고 투자해서 월세가 들어오는 임대 사업을 주로 알려주니 그림의 떡인 경우가 많다. 그런 투자는 굳이 기사나 책으로 출판되지 않아도 그 정도의 돈을 갖고 있는 사람은 알아서 잘한다. 누가 말려도 본인들이 적극적으로 지인이나 투자 모임이나 여러 이해관계인을 통해 먼저 이야기를 듣는다.

정작 정보도 부족하고 돈도 상대적으로 적은 사람은 수익형 부동산이라고 하면 자신과는 완전히 상관없는 남의 일이라 여긴다. 그런 글에서 나오는 금액이 도저히 도전할 수 있는 액수가 아니라 좌절만 한다. 부동산은 비싸기만 하고 아무나 접근할 수 없고 그들만의 리그라는 인식이 강한 것이 사실이다. 부동산 투자에 대해 언급하고 이야기하는 것 자체가 투기로 읽히고 남들 앞에 대놓고 말하는 것이 꺼려지는 현실도 있다. 그러다 보니 오히려 적은 자본으로 가능한 투자 방법이 있음에도 정말로 그들만의 리그가 된다.

꼭 큰돈이 있지 않아도 얼마든지 부동산 임대 사업이 가능하다는 것을 『월세 혁명』은 보여준다. 별의별 방법으로 돈을 버는 사업이 많다. 부동산 임대 사업이라고 다를 것 없다. 부정적으로 볼 것이 아니라 좋은 집을 좋은 가격에 시장에 공급하는 사람이다. 이들이 없으면 좋은 집이 아닌 썩은 집만 유통된다. 임대 사업자들은 오히려 사업이기에 집 상태를 청결하게 유지하고 리모델링이라는 서비스로 고객을 맞이한다. 그들은 사업을 위해 고객에게 최선을 다해야 하니 말이다.

임대 사업은 꼭 큰돈이 필요 없다고 아무리 알려줘도 소용이 없다. 직접 가능한지를 설명하고 직접 보여주는 것 이외에는. 믿음의 영역에 대해 각자의 기준이 다르다. 듣기만 해도 믿는 사람이 있고 봐야 믿는 사람이 있고 직접 경험해야 믿는 사람이 있다. 믿음은 설명 불가능한 영역이다. 워런 버핏은 "1달러짜리를 40센트에 살 수 있다는 개념"이라고 가치투자에 대해 설명했을 때 듣자마자 깨닫지 못하면 평생을 가도 깨닫지 못한다고 말했다.

마찬가지로 소액으로 임대 사업이 가능하다는 것을 아무리 떠들어도 믿지 않는 사람이라면 이 책을 읽어야 한다. 읽다 보면 서서히 변화되고 있는 자신을 발견하게 될 것이다. 극단적으로 이야기해서 영화 〈매트릭스〉에서 빨간약과 파란약을 선택하는 것에 따라 세상이 달라 보이는 것과 같다. 가능하다. 가능한 방법을 책에서 자세하게 설명한다.

크게는 경매와 급매로 나눠진다. 『월세 혁명』은 주로 경매에 포커스를 맞춘다. 그 중에서도 적은 자본으로 임대 사업이 가능한 특정 지역을 주로 소개하고 투자한 사례를 보여준다. 게다가 투자를 피해야 하는 지역도 직접 그림과 함께 보여준다. 나도 그쪽 지역 투자를 할 때 책에서 언급한 지역은 보지도 않는다. 몇 번 가보고는 도저히 안 되겠다는 판단을 했다. 경험을 통해 알게 된 사실을 책에서는 직접 설명한다. 물론 그럼에도 나는 직접 돌아다니며 본인이 겪어 보는 것이 더 좋다고 본다.

부동산 투자의 가장 핵심인 ― 소액으로 가능한 이유 ― 대출에 대해서도 자세하게 소개한다. 시세차익을 노리지 않고 임대 수익만 노리는 이유도 알려준다. 나도 부동산 관련 강의를 할 때 이런 이야기를 한다. "지금까지 투자로 큰돈을 벌지 못했어도 최소한 잃어 본적이 없다. 나는 미래를 보는 투자를 하지 못한다. 그저 현재만 보는 투자를 한다. 나중에 큰돈이 되는 투자가 가장 훌륭한 투자겠지만 아둔하고 똑똑하지 못해 오로지 갖고 있으면서도 돈이 되는 투자만 한다. 그런 투자는 소외감을 느낄 수는 있어도 최소한 잃지 않는다."

임대 사업을 할 때 발생하는 다양한 문제가 있다. 이를 테면 월세가 제대로 들어오지 않는다거나 리모델링을 해야 한다거나 임차인을 들이거나 지역을 돌아다니며 하는 현장 조사 등. 『월세 혁명』에서는 이 부분이 자세하게 나와 있다. 단순히 이렇게 하라고 설명하는 데 그치지 않고 직접 어떻게 해결했는지를 자세하게 관련 자료까지 다 공개를 했다. 인도명령이나 명도소송을 했던 기록과 내용까지 공개하니 그대로 독자가 적용하면 된다. 그 외에도 리모델링한 금액까지 전부 가감 없이 알려준다.

아마도 임대 사업과 관련되어 있는 모든 궁금증이 책에 전부 나왔다고 보면 된다. 심지어 불법 건축물과 같은 특수한 사항도 어떻게 풀어내야 할지도 공개한다. 이렇게 다 공개하면 본인도 투자해야 하는데 경쟁률이 치열해질 가능성이 큰데도 알려준다. 이렇게 해도 할 사람만 하는 투자니 딱히 문제될 것은 없을지도 모르겠다.

평소에 내가 부동산 투자와 관련되어 사람들에게 하는 이야기가 책에 다 들어 있다. 임대 사업만큼 현금 흐름이 확실한 투자는 없다. 모든 사업의 핵심은 현금흐름이다. 아무리 사업성이 좋아도 현금이 돌지 않으면 몸속에 피가 돌지 않아 사망하는 것과 같다. 반면에 임대 사업은 ― 여기서 핵심은 월세 ― 계속 현금이 돌 수 있게 셋팅만 잘 된다면 흔히 말하는 파이프라인이 완성된다. 이 글을 읽고 사람들이 『월세 혁명』을 더 많이 알게 되는 게 과연 좋은가 하는 우려가 갑자기 생긴다. 그만큼 나만 알고 싶은 알짜 정보가 가득한 책이다.

책 속으로

▶ 빌라 경매의 주의할 점

1) 벽돌조는 낙찰 받지 않는다

벽돌조는 위치가 좋고 월세가 많이 나와도 낙찰 받지 않습니다. 세입자에게서 여기저기 수리해 달라고 전화가 와 수리비가 나가거나 스트레스를 받을 확률이 크기 때문입니다. 집이 낡아 세입자의 요구로 바닥난방, 샤시 등만 해주게 되면 일년치 월세가 다 나갑니다. 개인적으로 전 마음이 약해 세입자의 요구를 다 들어주는 경향이 있어서, 아예 입찰을 하지 않는 편입니다.

2) 높은 곳의 빌라는 피한다

연세 드신 분들은 물론이고 요즘 젊은이들조차도 힘든 것을 싫어하는 경향이 있어 세입자가 한정됩니다. 세입자 구하기도 힘들고 월세도 낮춰줘야 하므로 같은 가격이면 평지이며 버스나 지하철에서 가까운 곳의 빌라를 낙찰 받는 것이 유리합니다.

3) 가파른 언덕의 빌라는 낙찰 받지 않는다

겨울에 눈이 조금만 내려도 차가 올라가지 못하고 사람도 골절상 등에 당할 위험이 있습니다. 여름에 낙찰을 받더라도 이를 유의해서 살펴보시길 바랍니다.

4) 가능한 네모난 구조의 빌라만 낙찰 받는다

한 층에 3~4가구가 있을 경우, 가운데 낀 가구는 구조가 좋지 않을 수 있습니다. 저의 경우 전용12평이 네모난 10평 빌라보다도 작은 것도 있었고, 16평 빌라인데도 방이 2개 밖에 안 나와 임차인을 구하는 데 애를 먹었던 경우도 있습니다. 결국 5만원 싸게 놓았습니다. 또한 같은 평형이라도 방 3개짜리가 방 2개짜리보다는 세놓기가 수월하고 매매도 잘 됩니다.

『마흔 살, 행복한 부자아빠』 | 아파테이아 지음 | 길벗

나만의
수익 로봇 만들기

어느 날 다음 재테크 카페 〈텐인텐〉에 올라온 아
파테이아의 글이 순식간에 많은 사람들의 주목을 받았다. 처음 글은
투자 마인드에 대해 사람들에게 설명하는 내용이었다. 다음으로 자
신이 투자한 방법 중 건물을 직접 건축하는 방법을 알려줬다. 많은
사람들이 궁금해하지만 누구에게도 속 시원하게 듣지 못한 방법이었
다. 아파테이아가 자신만의 가치관과 마인드로 직접 경험한 사례를
하나씩 이야기할 때마다 사람들은 익숙하지 않은 것에 대한 호기심
을 넘어 최소한 그 게시판에서는 열광을 했다.

투자에도 하나의 싸이클이 있고 유행이 있다. 유행에 따라 투자하
는 사람들은 사실 투자를 잘하는 사람은 아니다. 투자 고수는 다들
자신만의 확실한 영역을 갖고 있다. 투자를 하고 싶지만 방법을 모르
거나 종잣돈을 모았지만 어떻게 해야 할지 모르는 사람들이 많다. 이

들이 기존과 다른 투자 방법에 호기심을 갖고 더 알아보고 싶어 하는 것은 너무나 당연하다.

그러한 이유로『마흔살, 행복한 부자아빠』책을 펴낸 아파테이아의 글은 많은 사람들에게 새로운 투자 방법에 대한 갈증을 해소해 주었다. 곳곳에 올라가고 있는 빌딩이나 원룸 주택들은 건축가나 어느 정도 자본이 있는 부자들이나 하는 투자 방법이라고 생각하며 부러움에 '좋겠다'만 외쳤던 일반인들에게는 생각지도 못한 획기적인 사례였다.

이 책 덕분에 다가구 건축이 생각보다 돈이 들어가지 않는 것을 알게 되었다. 심지어 투자금이 한 푼도 들지 않을 수도 있다고 하니 이 얼마나 기가 막힌 투자 방법인가. 물론 이런 이야기는 아주 자세하고 세밀하게 잘 들어야 한다. 돈이 적다는 것은 상대적인 개념이며 투자금이 들어가지 않는다는 것은 투자를 한 후에 전액을 다 회수할 수 있다는 이야기지 적은 돈이나 투자금이 없어도 된다는 뜻이 아니다.

아파테이아의 마인드에서 중요한 것은 정확한 목표금액을 정하고 그 이상의 금액은 욕심을 내지 말라는 것이 핵심이라 생각된다. 다만 그 목표금액을 어떤 식으로 정할 것인지에 대한 부분은 빠졌다. 각 개인마다 각자 목표금액을 정하는 방법에 대한 서술이 있었으면 보다 좋았겠다. 책을 통해 보면 저자도 꽤 많은 자산을 형성했지만 목표금액이 커 아직 달성하지 못해 밝히지 않았다는 느낌도 있다. 물론 목표금액을 달성 못한 이유가 상당히 큰 금액이어서일 뿐 경제적 자유를 달성하지 못했다는 의미는 아니다.

책에서 다룬 새로운 개념은 바로 '수익 로봇'이다. 기존에 수익형 부동산이라는 표현으로 월세 나오는 부동산에 대해 이야기를 했다면 이 책에서는 '수익 로봇'이라는 정의를 사용한다. 내가 놀고 있어도 로봇이 나를 위해서 수익을 창출한다는 개념이다. 수익형 부동산보다는 수익 로봇이라는 단어가 더 근사하고 머리에 잘 들어온다.

책을 읽어보면 자신이 투자한 곳을 잘 관리하고 다른 곳보다 뛰어난 수익률이 날 수 있게 노력하는 저자의 모습이 보인다. 이를 위해 마케팅을 잘 활용하는 모습을 보게 된다. '수익 로봇'이라는 참신한 개념을 사람들에게 선사한 것을 보면 자신이 투자하는 분야에서 얼마나 노력하고 가치를 창출하기 위해서 고심했을지 저절로 알 수 있다.

어떤 투자방법이든 그 원리는 거의 비슷하다. 부동산이든 사업이든 주식이든 원리는 비슷하나 그 원리를 자신이 투자하는 분야에 어떻게 응용하고 창의력을 발휘하느냐가 중요하다. 『마흔살, 행복한 부자아빠』에서 투자로 성공한 다양한 방법 중 하나로 '수익 로봇'을 만드는 자신만의 방법에 대해 자세하게 서술하고 있다.

토지를 구입하는 방법이나 어느 정도의 가격에 구입해야 하는지 참 궁금하다. 이런 궁금증을 해결해줄 뿐만 아니라 건축비는 어느 정도 들어야 하는지도 알려준다. 좋은 공사업자를 만나는 방법에 대해서 설명하고, 토지 투자의 가장 핵심인 하나의 도시가 성장하는 과정에서 어떤 토지를 선점하고 건축하고 매매해야 하는지 설명한다.

가장 참신했던 것은 트램폴린이라 불리는 방방이를 활용하여 자신의 토지나 공실을 활용하는 방법이다. 아이들이 방방이를 좋아한다는 것은 누구나 알고 있다. 심지어 나도 좋아한다. 이런 방방이를 쉽게 찾을 수 있는 것은 아니다. 그 이유는 자세하게 모르지만 이러한 점에 착안해서 저자가 자신의 공터에 설치하고 돈 버는 방법에 대해 이야기한다. 아주 작은 팁이고 생활 속 발견이지만 그러한 생각의 전환이 지금처럼 아파테이아를 유명하게 만든 비결이 아닐까 싶었다.

읽으면서 정말 괜찮은 아이템이라는 생각이 들었다. 다만 여러 문제점들이 있다고 한다. 그런 것에 대해서는 자세한 설명을 해주지 않고 피했는데 생각보다 어려운가 보다. 그래도 부동산 경매를 통해 자투리땅을 구입해서 한 번 해볼까 하는 생각이 들 정도로 기발한 방법이다.

이미 어느 정도 노하우를 쌓은 저자를 따라 이제 관심을 갖기 시작한 사람들이 단순히 책만 읽고 '나도 할 수 있어'라며 뛰어들기는 힘들고, 위험하다. 저자와 일반인 사이에는 상당한 갭이 존재하지만 내 인생도 바뀔 수 있다는 일념과 희망으로 도전하는 것도 나쁘지 않다. 개인의 인생에 있어 엄청난 자양분이 되지 않을까 한다. 책에서는 종잣돈이 부족해도 실천력이 있으면 가능하다고 독려한다. 때를 기다리다가는 이미 늦을 수 있다는 저자의 경험처럼 최소한 관심을 버리지 말고 도전의 계기로 삼으면 좋을 듯하다.

십중팔구의 부자들이 죽을 때까지 돈을 추구하면서 돈의 노예로 살아가는 것을 보면 부자가 되기 전에 사고방식을 확립하는 일이 얼마나 중요한 것인지 알 수 있다. 이미 채워진 욕구는 더 이상 의미 없게 여기고 끊임없이 더 채우려 하는 인간의 본성에 지배당하지 않으려면 미리부터 사고의 훈련을 꼭 해야 한다.

경제적 자유를 얻었음에도 불구하고 돈에 속박되어 살아가는 사람들을 분석한 결과 돈과 시간을 장악하고 돈으로부터 자유로워지는 데 영향을 미치는 중요한 요소는 돈의 액수가 아니라 가치관, 철학, 사고방식임을 깨달았다.

13장

워런 버핏처럼 투자하기

아무리 생각해도 워런 버핏을 빼 놓고 책을 마무리하면 안 될 것 같았다. 처음 투자공부를 시작할 때 워런 버핏을 접하고 국내에 출판된 모든 책을 읽었다. 그 후로도 출판된 모든 책을 거의 하나도 빼놓지 않고 읽었다. 2000년 초반에는 아직까지 워런 버핏이 미국에 비해서 명성이나 인지도가 높지 않았다. 투자로 전 세계 부자 순위에서 항상 3등 안에 드는 인물이지만.

지금이야 어지간한 책도 전부 워런 버핏을 제목에 넣는다. 실제로 워런 버핏과 아무런 상관이 없는데도 제목으로 사람들을 현혹시키는 책마저 있다. 심지어 전혀 관련 없는 인물을 함께 엮어 사람들의 관심을 끄는 경우도 많다. 과거에 비해 워런 버핏 이름이 들어간 책 중 읽을 책이 적지만 워런 버핏만큼 투자하는 사람에게 도움 되는 인물도 없다. 무엇보다 워런 버핏은 자산시장의 상승과 하락을 전부 경험했다. 수십 년 동안 흔들린 경우는 있어도 지금까지 망하지 않고 투자 세계에서 우뚝 서있는 인물은 역사적으로도 드물다.

워런 버핏은 스승 벤자민 그레이엄에게 안전마진을 배웠다. 어떤 투자든 최소한 안전마진을 확보하고 투자할 때 잘못되더라도 살아날 가망성이 크다. 버핏은 이미 30세에 백만장자가 되었다. 50년 전에 백만장자가 되었으니 얼마나 대단한지 알 수 있다. 그가 했던 주식 투자 방법은 단순히 주식 투자에만 적용되는 것이 아니다. 우리가 투자하는 모든 방법에 전부 적용하고 응용할 수 있다. 심지어 삶에도 적용할 수 있다.

내 경우도 투자 철학과 가치관을 거의 대부분 워런 버핏에게서 배우고 익혔다. 특정 시점에 많이 벌고 특정 시점에 망하는 사람이 속출할 때 워런 버핏은 꾸준하게 자신의 자리를 유지했다. 남들이 두려워할 때 욕심내고 남들이 환호성에 기뻐할 때 한발 물러나 시장을 관망했다. 워런 버핏이 바보처럼 취급당할 때는 거의 어김없이 시장이 과열되었을 때였다. 그가 빛을 발할 때는 과열된 시장이 정신차리고 속절없이 무너질 때였다.

이런 워런 버핏에 대한 책을 제외하고 마칠 수 없었다. 특정 카테고리에 넣기 애매해서 제외하다 보니 워런 버핏에 대한 책이 단 하나도 소개되지 않았다. 차라리 다른 책은 제외하고 워런 버핏 책만 읽어도 된다고 난 생각한다. 그래서 마지막 순서에 넣게 되었다. 단순히 주식 투자 책을 읽는다는 편견을 버리고 투자 철학만 취해도 충분하다. 전 세계에서 가장 투자를 잘한 사람의 이야기를 듣지 않고 어떻게 투자를 시작할 수 있겠는가.

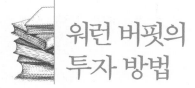

워런 버핏의
투자 방법

　　모든 주식 투자자들의 선망 대상은 워런 버핏이다. 100%는 아니겠지만 말이다. 나 역시 살아있는 인간 중 부모님 제외하고 유일하게 존경하는 멘토다. 워런 버핏과 관련되어 우리나라에 나와 있는 책의 90% 이상을 읽었다. 그 중에는 좋은 책도 그저 그런 책도 있었지만 사실 나쁜 책은 없었다.

　　이 책은 아주 단순하게 EPS를 통해 적정주가를 산출하고 PER와 곱한 후에 향후 10년 동안 미래 현금 흐름을 계산한 후 어느 정도의 주가에 매수해야 수익을 낼 수 있는지 공식 아닌 공식을 아주 단순화해서 이야기한다. 저자 역시 이렇게 워런 버핏이 단순하게 투자하지 않는다고 알려준다. 이렇게 단순하고 간단하게 회사의 적정가치를 구한 후 그보다 중요한 그 회사의 진정한 가치에 대해 연구하고 조사한 후 매수하라고 이야기한다.

모든 워런 버핏의 책에는 적정주가를 어떻게 계산할 것인지에 대한 이야기가 나온다. 사실 회사 적정주가가 아니라 그 회사의 진정한 내재가치와 미래에 대해 그림을 그릴 줄 알아야 한다. 과거 재무제표를 살펴보면서 안정적으로 수입을 창출하는 회사를 선택하는 것이 더 중요하다.

길을 걷다 담배꽁초 하나를 발견했다. 누가 버린 담배꽁초라도 한 모금 필 수 있다. 한 모금이라도 피운 후에 버리면 된다. 이렇게 아주 적은 수익이라도 낼 수 있는 기업에 투자하는 걸 '담배꽁초 투자'라 한다. 담배꽁초 한 모금이라도 필 수 있을 정도의 수익이 나면 미련 갖지 않고 팔아버리는 투자를 스승인 벤저민 그레이엄이 알려주었다. 버크셔를 통한 투자는 자산의 규모가 커서 쉽지 않지만 버핏의 개인 계좌로는 이런 투자도 하고 있다. 그렇게 선택한 회사가 포스코 같은 기업이다.

단기로 이익을 바라는 많은 사람들이 있다. 그건 인간이 갖는 너무나 당연한 속성이다. 1,000만원 넣고 몇 달만에 2,000만원이 될 것이라는 환상으로 투자한다. 워런 버핏의 위대함은 여기에 있다. 장기간 회사의 내재가치가 올라가면 기업의 주가도 같이 올라간다. 지속적으로 기업의 이익이 증가하면 워런 버핏이 매수한 회사의 주가가 상승한다. 워런 버핏이 팔지 않고 계속 보유하면 자산이 올라간다.

처음에는 좀 더디지만 그렇게 참고 인내하면 복리의 효과로 인해 어느 순간부터 게임의 지배자가 된다. 차익거래 개념으로 볼 수 있는데, 사실 이것이 진정한 담배꽁초 투자이다. 아주 작은 이익이라도 확실하다면 그 이익률이 얼마 되지 않을지라도 투자를 한다. 그러기 위해서 미리 선점하기보다는 조금 늦더라도 확실할 때 뛰어 들어 투자를 해야 한다. 바로 손실을 입지 않는 투자법이다. 게임의 규모가 달라져 지금의 버크셔에는 그다지 자주 실행되지는 않지만 여전히 워런 버핏은 실행하고 있는 방법이다.

갖고 있는 돈이 1,000만원인데 한 달 단위로 2~3%가 확실하다면 한 달 뒤에는 2~30만원이 생기는 아주 훌륭한 투자라 난 생각한다. 연 수익률로 따지면 무려 25~36%가 넘는 엄청난 수익률이지만 한 달로 볼 때는 적은 금액이다. 일반인은 운용하는 투자금액이 적어 대부분 사람들은 그 정도를 바라보고 투자하지 않는다. 자산의 규모가 크다면 생각이 달라질 수 있다. 1억이면 3%만 해도 300만 원 정도가 한 달만에 들어오니 상당히 훌륭하다고 느껴진다.

투자하는 금액이 작아 잠시 기쁨을 줄지언정 내 인생에 의미 있는 금액이 되지 않기 때문에 사람들은 그 정도의 수익을 보자고 뛰어 들지 않는다. 여전히 주식시장에는 이런 기회가 많이 있지만 사람들은 의미 없다고 무시한다. 갖고 있는 돈이 몇 백만 원이니 몇 만원 벌자고 투자를 실행하지 않는다. 더 큰 돈을 벌 수 있는 기회를 찾아나서기 일쑤다.

당장 큰 수익이 나지 않더라도 시간이 지난 후 의미 있는 금액이 될 투자처에 투자하는 것이 결국 더 좋다. 투자할 수 있는 금액이 작든 크든 지금부터 실천해야 할 투자 방법이다. 작은 금액부터 이런 훈련이 되어 있지 않다면 큰돈으로도 할 수 없다.

워런 버핏과 관련된 의미 있는 글은 전부 Owner's manual을 보면 된다. 1년에 한 번 주주들을 위해 장문의 보고서를 직접 작성하여 주주에게 보내고 홈페이지에 올린다. 벌써 몇 십년 동안 올렸기 때문에 그 글을 읽는 게 최고다. 이 책은 워런 버핏에 대한 책을 읽지 않은 분들이나 투자에 대해 알고 싶은 분이 보면 좋다.

책 속으로

주식 투자로 돈을 번 억만장자들 중에 버핏을 제외하면 월스트리트에서 자신의 전 재산을 벌어들인 사람은 아무도 없다. 오히려 그들 대부분은 처음에는 회사생활을 하다가 나이가 든 후에야 변덕스럽고 변화가 극심한 월스트리트에 발을 들여놓음으로써 돈을 벌어 나갔다. 반면 워런 버핏은 처음부터 주식 투자가 돈 버는 수단이었다(그는 11세 때부터 주식을 사기 시작했다). 자신의 고향 사람들이 평범하게 생계를 꾸려 갈 때, 20대의 워런 버핏은 여러 기업들의 연례보고서, 스탠더드 앤드 푸어스의 투자안내서, 콜라 병이 어지럽게 널려 있는 자신의 침실에서 투자조합을 운영하고 있었다.

『워런 버핏의 실전 주식 투자』 | 메리 버핏, 데이비드 클라크 지음 | 이콘

숫자놀음이라도
손해보지 말기

가치투자를 지향하는 사람들은 사업의 미래를 보는 혜안을 갖기 전 회사의 가치가 저평가인지 고평가인지 여부에 더 신경쓴다. 숫자놀음이라고 할 수 있지만 처음 주식 투자를 하는 사람이라면 — 차트 투자가 아닌 재무제표로 투자를 하는 — 책에 나온 내용을 참고하면 좋다. 최소한 좋은 기업을 발견하여 연구하고 언제 들어가야 하는지에 대한 답을 찾는 사람에게 이 책은 어렴풋이나마 도움이 된다.

투자 속성 자체가 과학보다는 예술의 영역이라고 생각하는 이유다. 책에 나온 국채 수익률이 분명히 누구나 쉽게 적용할 수 있는 절대 수익률이란 관점은 부인할 수 없는 사실이다. 그 해 국채 수익률이 3%대인데 이 수익률이 마음에 들지 않으면 그보다 높은 걸로 변경하면 된다. 이를테면 은행 금리처럼. 이처럼 본인이 생각하는 절대

수익률을 근거로 매수할지 여부로 회사에 투자할지 판단을 내릴 수 있다.

책에 나온 방법 말고도 워런 버핏이 쓰고 있는 여러 가지 방법이 존재한다. 그런 방법들이 대부분 회사 본연의 가치와 미래에 어떻게 변할지 알려주는 것은 아니다. 단순히 숫자상으로 사람들이 거래하는 회사 주가를 근거로 고평가인지 저평가인지에 대해 논하는 방법이다.

누군가 워런 버핏은 이런 방법으로 그 회사의 숫자상 가치를 평가한다고 이야기할 때 워런 버핏은 자신의 연례보고서를 통해 공식적으로 부인하는 경우가 다반사이다. 자신은 그런 방법을 쓰지 않는다고 알려주며 그 방법에 대해 오히려 반박하고 잘못되었다고 이야기한다. 이러니 워런 버핏이 어떤 방법을 쓰는지에 대해 정확하게 알고 있는 사람은 없다.

그나마 이 책에 나온 국채 수익률을 근거로 미래 가치와 현재 가치를 측정하는 방법이 가장 쉽고 계산하기 편하다는 장점이 있다. PER라는 것 자체가 현재 시장에서 그 회사에 투자하고 있는 사람들의 생각이 담긴 것이라 그 회사의 평균 PER를 근거로 계산하는 방법도 어느 정도 타당성을 갖고 있다. 다만, 이런 모든 방법이 절대적인 방법은 아니다. 아주 조금의 숫자 변화만으로도 현재의 주가가 고평가인지 저평가인지 큰 차이가 생긴다.

처음 주식 투자를 가치투자라는 개념으로 출발하는 사람들이 숫자 놀음에 불과한 이 방법으로 투자를 시작한다면 최소한 투자의 제

1원칙인 '잃지 않는다'는 법칙을 잘 지킬 수 있다. 말도 안 되는 개념으로 주식 투자를 하는 사람들이 많다. 회사가 갖고 있는 모든 자산이 100억인데 현재 이 회사가 시장에서 90억에 거래되고 있다면 싸게 거래되고 있는 것은 분명하다. 또는 현재 매년 10억을 벌고 있는 회사가 현재 시장에서 50억에 거래되고 있다면 이 회사 역시 싸게 거래되고 있다고 봐도 무방하다. 부동산 투자의 경우에도 상가 거래를 할 때 1년 안에 10억을 벌 수 있는 점포를 50억에 살 수 있다면 분명히 20%의 수익이 날 수 있는 상가로 본다. 그런 상가라면 엄청난 수익률을 제시하는 광고가 신문에 나올 수 있다.

이런 관점에서 보면 분명히 책에 나온 방법으로 투자를 한다면 최소한 잃지 않는 투자를 할 수 있다. 문제는 바로 투자는 과학이 아니라 예술이라는 점이다. 투자하는 사람들의 대부분이 조급한 마음을 갖고 조금이라도 더 빨리 돈을 벌고 싶어 한다. 자신이 투자하지 않은 회사가 얼마 되지 않아 10% 수익을 올렸다고 해보자. 내가 투자한 회사가 비록 손해나지 않았지만 몇 달째 수익도 나지 않고 답보 상태를 보이면 마음이 변한다. 이런 상황에서 초연하고 초월할 수 없다. 주식 투자의 가장 큰 어려움이다.

이렇게 엉덩이 무겁게 주가가 별로 변하지도 않고 움직이지 않는 회사들이 주식 시장에는 꽤 많다. 이때 숫자상으로 저평가인가의 여부가 판단의 기본이 될 수밖에 없다. 이 기본을 꼭 지켜야만 잃지 않는다. 과거 실적에 기초해 투자하려는 회사의 미래를 예측하고 예상해야 한다. 미래를 보는 혜안은 주식 투자에서 예술 영역이다. 더구나

이 영역은 성공해야 예술이 된다. 실패할 가능성이 훨씬 크기 때문에 재무제표와 같은 과거를 통해 기본을 지켜야 한다.

이 책에는 워런 버핏이 각 회사를 어떻게 평가했고 투자 시점에 주가를 어떻게 계산했는지 저자들이 책에 나온 평가툴로 유추해 준다. 워런 버핏의 전 며느리라는 타이틀로 저자가 소개되지만 솔직히 며느리라고 워런 버핏이 어떻게 투자했는지 알 수는 없고 그저 광고하기 위해 내세운 멘트일 것이다. 며느리라는 타이틀이 없어도 메리 버핏이 지은 책들은 전부 쉽게 써져 있다. 가치투자의 개념에 대해 소개하고 방법에 대해 설명하고 있어 처음 주식 투자를 접하고 공부하는 사람들에게 큰 도움이 되는 책이다.

책 속으로

▶ **버핏이 제시하는 10가지 체크 리스트**

1. 지속적으로 높은 ROE(12% 이상)를 보여주는가?

2. 지속적으로 높은 ROTC(12% 이상)를 보여주는가?

3. 수익 등이 강한 상승 추세를 보이는가?

4. 보수적으로 재무관리를 하는가?

5. 해당 시장에서 경쟁우위를 제공하는 브랜드 제품이나 서비스를 가지고 있는가?

6. 노조에 의해 좌지우지 되는가?

7. 인플레이션에 비례해 제품 가격을 올릴 수 있는가?

8. 유보 이익을 어떻게 활용하는가?

9. 자사주를 매입하는가?

10. 주가와 주당 장부가치가 상승하는가?

『현명한 투자자(핵심 요약판)』 | 스티그 브라더선, 프레스턴 피시 지음 |
북돋움

현명한 투자자를
요약본으로 만나자

벤저민 그레이엄의 『현명한 투자자』를 지금까지
몇 번 읽었다. 예전 개정판 전에 한 번 읽었고, 새로 개정되면서 또 읽
었고, 그 이후로 한 번 더 읽었던 것으로 기억한다. 몇 년 전에 해외
여행갈 때도 들고 갔다. 들고 가서 몇 페이지 읽지 못하긴 했지만 여
행지에 들고 갈 한 권으로 선정했다. 그만큼 주식 투자를 하는 사람
에게 『현명한 투자자』는 꽤 의미있는 책이다. 굳이 주식 투자를 하지
않아도 책에서 나온 개념은 두고두고 써먹고 기억해야 한다.

읽었다고 투자를 더 잘하는 것도 아니고 완벽하게 이해를 했다는
것도 아니다. 이번에 『현명한 투자자』 요약판을 읽으려고 하는데 초
반에 기라성 같은 분들이 이 책의 완전판을 처음부터 끝까지 읽지 못
했다고 고백한다. 그 글을 읽으니 내가 더 잘났다는 우월감보다는 내
가 도대체 제대로 읽었을까 하는 우려가 들었다. 나보다 뛰어난 사람

들도 완벽히 읽지 못했다고 하는데 내가 읽은 것은 글자뿐이라는 좌절로 다가왔다.

어렵든 쉽든 일단 손에 잡은 책은 끝까지 읽는 스타일이라 그냥 읽었다고 고백한다. 지금은 예전보다는 조금 덜 하지만 예전에는 아무리 어려워도 끝까지 정독으로 읽었다. 어려우면 내 수준이 아직 못 미치는 것이라 탓하며 그래도 끝까지 읽었다. 그렇게 읽었던 『현명한 투자자』가 요약판으로 우리 곁에 찾아왔다. 누구나 다 알기 때문에 오히려 읽지 않는 책들이 고전이다. 고전을 바탕으로 다양한 이야기가 나오기에 이미 어떤 내용인지 알고 있어 아예 읽을 생각도 하지 않는다.

『현명한 투자자』도 그렇다. 이 책에 대해 모르는 사람은 드물다. 투자하는 사람치고 ― 주식 투자자라면 더더욱 ― 이 책을 모를 리 없고 누구나 한 번 정도는 도전했을 것이다. 막상 도전하지만 쉽지는 않다. 책이 어려워 그런 것도 있지만 그보다는 책을 펴낼 당시의 기업들을 예로 들며 직접 주가나 내재가치를 계산해서 그렇다. 투자 마인드나 쉽게 가치를 계산하는 책이 아니다. 이미 어느 정도 주식 투자를 했다는 사람을 대상으로 쓰여진 책이다.

이러다 보니 8장과 20장처럼 투자뼈대가 되는 원칙과 개념을 설명하는 내용을 제외하면 다들 길을 헤매게 된다. 그나마 이전 개정판에서 매 장마다 해설이 있어 그걸 읽는 것만으로도 도움이 되었다. 다행히 요약판은 쉽고 분명하게 핵심만 다룬다. 이마저도 당시 기업을 설명하고, 기업분석하고, 가치 계산하고, 적정주가를 알려주고 있어 실제로 책을 읽는 사람 입장에서는 건너뛰어도 무방하다. 이해하는 데 큰 지장은 없다.

벤저민 그레이엄의 위대함은 숫자다. 주식은 온갖 숫자가 난무하는 투자다. 기본적인 분석에는 다양한 분석이 들어가지만 어디까지나 주가라는 숫자를 기본으로 삼는다. 예전에는 주먹구구식으로 '오를 것이다, 떨어질 것이다'라는 막연한 감으로 투자했다. 여러 호재나 악재로 오르거나 떨어질 것이라는 희망과 공포를 갖고 매수하거나 매도했다. 하지만 벤저민 그레이엄은 이를 숫자로 표시하게 만들어줬다.

기준점이 생긴 것이다. 이제 주식 투자를 하는 사람들은 주가가 높은지 낮은지에 대한 기준이 생겼다. 이보다 더 위대한 발견(?)은 없다. 최소한 막연히 투자하는 시대가 종말을 맞았다. 이제 사람들은 그럼에도 주가가 올라갈 것이라고 외친다. 다른 편 사람들은 그렇기 때문에 내릴 것이라고 떠든다. 누가 맞는지 틀린지는 여기서 논외의 대상이다. 오로지 벤저민 그레이엄은 이런 기준점을 사람들에게 제시했다.

모두가 공감하고 인정할 수 있는 가격을 산정할 수 있는 툴을 제시했다. 주가가 높은지 낮은지 내재가치를 제시했다. 내재가치를 계산하는 방법을 알려줬다. 여전히 이런 방법은 다수에게 받아들여지지 않을지라도 누구나 다 참고한다. 차트를 투자하는 사람도 가치투자하는 사람도 참고한다. 절대로 무시하지 못할 중요한 개념을 사람들 머릿속에 심었다. 이보다 위대한 투자개념은 없다. 아직까지 다른 영역에는 제대로 전파되지 않았어도 주식 투자에서 만큼은 확실하게 인지되었고 많은 이들이 활용한다.

이 책을 전부 다 읽지 않아도 된다. 중요한 몇 장만 읽어도 크게 문제되지 않는다. 나머지 부분은 계산하고 실제 사례를 알려주는 부분이라 어렵기도 해서 그 부분을 읽지 않아도 지장은 없다. 많은 사람들이 언급한 것처럼 ─ 워런 버핏마저 ─ 8장과 20장만 읽어도 된다. 그 부분만 여러 번 읽어 확실히 내 투자 원칙으로 삼고 참고해서 투자한다면 아마도 크게 잃는 일은 없을 것이다. 인간의 본능에 좀 역행하는 것이라 실천이 힘들 뿐.

솔직히 그마저도 힘들다고 하는 사람은 ─ 이건 영업 비밀이겠지만 ─ 마지막에 한국판 특별 부록으로 실려 있는 신진오의 글을 읽으면 된다. 『현명한 투자자』의 핵심사항만 정확하게 전달해준다. 그것도 한국 상황에 적용해서 알려주고 있어 이 책을 서점에서 구입하지 않고 그 부분만 읽을까 걱정될 정도다. 하지만 이 책을 제대로 읽는 것이 당연히 좋다. 아울러 아예 이 책의 원본인 『현명한 투자자』 8장과 20장을 제대로 읽는 것을 권한다.

매년 『현명한 투자자』를 한 번은 읽어야지라는 생각만 하고 잊고 있었는데 덕분에 오랜만에 읽게 되었다. 비록 요약판이라도 반드시 알아야 할 개념은 전부 포함되어 있다. 그래도 갈급함이 조금 생겨 최소한 8장과 20장이라도 다시 원본(그래봤자 번역본이지만)을 읽어봐야겠다는 생각이 든다. 가격과 가치의 차이와 안전마진만 제대로 기억한다면 절대로 손해볼 일은 없다.

투자란 철저한 분석을 통해 원금을 안전하게 지키면서도 만족스러운 수익을 확보하는 것이다. 그렇지 않다면 투기다. 그러나 시장이 붕괴되어 가장 매력적인 가격이 되었을 때는 오히려 주식을 투기적이라고 위험하게 인식하고, 반대로 시장이 상승해서 위험한 수준이 되었을 때는 실제로 투기를 하면서도 투자라고 착각한다.

『워런 버핏의 주주서한』 | 워런 버핏 지음 | 로렌스 커닝햄 편집
| 서울문화사

워런 버핏의
투자 철학

워런 버핏에 관한 거의 모든 책들을 읽으면서 현
재가치와 미래가치 뿐만 아니라 PER, PBR, ROE 등을 배우고 현금흐
름에 대해 알았고 주가 계산하는 방법을 공부했다. 미국 책, 일본 책,
좀 시간이 지나며 한국 저자가 쓴 책들도 나오기 시작했다. 다양한
책들이 우후죽순처럼 책 제목에 워런 버핏을 넣고 보자는 식이다.

결국 워런 버핏에 대해 일생을 다루는 전기를 쓴 비공식 책과 공식
책마저 나왔다. 그럼에도 여전히 아쉽게 느낀 것은 바로 워런 버핏이
직접 쓴 글은 없다는 점이다. 이 부분에 대해 아쉬움을 풀어주는 책이
『워런 버핏의 주주서한』이다. 초판을 읽고 직접 구입해서 고이고이 갖
고 있다. 그 이후에 재개정판이 나와 또 읽었다. 이번에는 미국에서 이
책의 2014년도 개정 4판이 나왔다. 벌써 세 번을 읽은 셈이다.

워런 버핏 자신은 지금까지 책을 쓴 적이 없다. 앞으로도 쓸 일은

없는 것으로 안다. 하지만 워런 버핏은 신기하게도 미국에서 글 잘 쓰는 사람에게 주는 상을 받은 적이 있다. 비록 책을 쓴 적은 없어도 가끔 이곳저곳에 기고도 하지만 그보다는 이 책인『워런 버핏의 주주서한』의 뼈때가 되는 사업보고서로 상을 받았다. 도저히 상상할 수도 없는 일이다. 사업보고서로 글 잘 썼다고 상을 받았으니 말이다.

매해마다 어김없이 모든 회사는 사업보고서를 발행한다. 분기보고서도 마찬가지고. 사업보고서만큼은 워런 버핏이 직접 쓴다. 그것도 2달 전부터 준비해서 쓰는 것으로 알려졌다. 해마다 쓴 사업보고서를 버크셔 해서웨이 사이트(http://www.berkshirehathaway.com/letters/letters.html)에 올리고 있다. 학구열에 불타 영어공부도 할겸 예전에 저 주소에 있는 모든 글을 출력해서 번역할 생각도 했다. 너무 방대한 양에 출력만 하고 번역은 시도조차 하지 못했다. 그저 열심히 하려고 노력했다는 마음만 간직했다.

몇몇 사람들이 인터넷에 사업보고서를 토대로 자기 입맛에 맞는 글을 올린다. 그런 글을 찾아 읽을 정도로 사실 워런 버핏의 사업보고서는 — 정확하게는 버크셔 해서웨이 — 투자를 하는 사람에게는 무조건 반드시 필히 읽어 보아야만 하는 글이다. 왜 아니겠는가. 전 세계에서 워런 버핏만큼 투자로 성공한 사람이 있을까. 절대로 없다. 전무후무하다. 가족 단위로 성공하거나 여러 비공식적인 방법까지 동원하거나 사업으로 성공한 사람은 있어도 투자개념으로는 없다. 워런 버핏도 사업가로 자본 배치를 했다고 할 수 있지만.

매해마다 어김없이 사업보고서가 발표되면 경제 신문들은 이를 해석한다. 한국 신문에서도 이를 받아 적어 중요 내용만 알려준다. 안타깝게도 우리같은 투자자들은 워런 버핏이나 버크셔 헤서웨이의 사업 전망과 실적 등에 대한 내용보다는 워런 버핏이 직접 이야기한 투자와 관련된 이야기를 유념하고 캐치해야 하는데 신문들은 그런 내용을 알려주지 않는다. 그런 점에서 『워런 버핏의 주주서한』을 읽지 않는 것은 말도 안 된다.

물론 책은 단순히 투자를 배우려는 사람에게는 다소 어렵다. 순수하게 투자 이야기를 하는 책이 아니다. 투자에 대한 기본적인 자세와 방법을 알려주는 책도 아니다. 이미 언급했듯이 책은 사업보고서 내용을 편집했다. 그런고로 뒷부분은 다소 지루할 수도 있다. 사업보고서라 버크셔 헤서웨이를 비롯한 회사 관련 내용이 대부분이다. 이 부분을 생략하고 취할 것만 취해도 이 책을 읽을 가치는 차고도 넘친다.

알게 모르게 워런 버핏은 주옥같은 명언을 많이 남겼다. 투자를 배운 사람이라면 한 번씩은 써 먹는 경구가 이 책에 있다. 워런 버핏 자신이 직접한 이야기니 너무 당연할 수 있지만 그 글들만 읽어도 어지간한 책을 읽는 것보다 낫다.

햄버거를 사 먹는다. 햄버거 가격이 떨어진다. 이러면 울어야 할까, 웃어야 할까. 당연히 웃어야 한다. 더 싸게 햄버거를 사 먹을 수 있으니까. 이런 당연한 사실이 투자로 들어가면 다들 반대로 행동한다. 햄버거 가격이 떨어진다고 무서워하고 우는 반면에 햄버거 가격이 올라가면 웃으면서 사 먹는다. 반대가 맞을 텐데도. 꼭 필요한 물건을 사려고 하는데 가격이 오르는 것보다 떨어지는 것이 좋다. 그래야 더 싸게 살 수 있는데 사람들은 그러면 쳐다보지도 않다가 오르면 관심을 갖는다.

소중한 물건을 취득하면 사람들은 어지간해서는 팔지 않는다. 닻내림 효과가 발동한다. 남의 것보다 내 것을 더 소중하고 비싸게 생각한다. 마음을 움직일 정도로 엄청난 금액을 제시하지 않는다면 꿈쩍도 하지 않는다. 투자도 이처럼 해야 한다. 쉽게 팔 생각으로 취득하면 안 된다. 좋은 기업을 보유해서 기업이 성장하는 만큼 그 과실을 함께 공유해야 하는데 사람들은 소중하지 않은 공산품을 소비하듯이 매수하자마자 팔지 못해 안달이다.

예전에 읽었을 때 가장 인상적인 것이 차익거래였다. 10개 펀치구멍에 들어갈 회사를 선택하듯이 신중하라고 했지만 워런 버핏 자신도 단기간 돈을 벌 수 있는 기회가 있으면 참여한다. 이미 확정되어 있는 상태에서 아주 적은 수익을 바라보고 들어간다. 단기간에 몇 프로 수익을 볼 수 있다는 관점에서 들어갈 때 이미 청산포지션을 정한 상태에서 매수하고 청산절차에 따라 매도를 한다. 보통 1년에 이런 기회는 1~2번 정도 온다. 다만, 그러기 위해서는 확실하게 투자 대상에 대해 알아야 한다. 그래야 차익거래가 손해나지 않고 100% 수익으로 돌아온다.

보통 버핏은 10년 뒤나 20년 뒤에 이익이 높아질 기업에만 투자한다. 그것도 이해하기 쉬운 기업. 이해하기 쉽다는 것은 각자 능력 범위 안에서다. 그런 기업을 찾으면 햄버거 가격이 떨어지면 기뻐하듯이 매수를 한다. 1년 정도 떨어져도 기꺼이 매수를 한다. 이런 기업

몇 개만 찾아 보유하면 투자는 성공이다. 수출형 국가인 한국에서 쉽지는 않겠지만 이런 기업을 발견하고 그 과실을 함께 나눠 갖는다면 그것으로 개인 투자자는 충분하다. 이걸 실천하는 것이 죽을 만큼 어려울 뿐.

아마도 이 책을 읽는 대다수는 투자 관점에서 읽게 될테니 2장 금융과 투자편을 읽으면 가장 만족할 것이다. 그 외에도 충분히 보탬이 되고 도움이 된다. 좋은 투자 책은 참 많다. 하지만 두고두고 갖고 있으면서 되풀이하며 읽을 책은 상대적으로 참 적다. 세계 최고의 투자자가 직접 쓴 이런 책을 읽지도 않으면서 투자에 대해 말하는 것은 어불성설이다. 아쉽게도 이런 좋은 책이 환상만 심어주는 책들보다 적게 팔린다는 안타까움이 있다.

책 속으로

부채를 사용해서 큰 부자가 된 사람도 분명히 있습니다. 그러나 부채를 사용하다가 알거지가 된 사람도 있습니다. 부채를 효과적으로 사용하면 이익이 확대됩니다. 배우자는 당신이 똑똑하다고 여기고, 이웃들은 당신을 부러워합니다. 그러나 부채에는 중독성이 있습니다. 부채가 불려준 이익을 한 번 맛본 사람은 부채의 매력을 잊지 못합니다. 그러나 우리가 초등학교 3학년 시절에 배웠듯이 (2008년에 다시 배운 사람도 있습니다.) 아무리 큰 숫자를 여럿 곱해도 그중 0이 하나라도 있으면 답은 0이 됩니다. 역사를 돌아보면 부채는 매우 똑똑한 사람들이 사용하더라도 0을 만들어낸 사례가 너무도 많습니다. 부채는 회사에도 치명상을 입힐 수 있습니다.

흔히 부채가 많은 회사는 만기가 되면 다시 돈을 빌려 부채를 상환할 수 있다고 가정합니다. 이 가정이 평소에는 타당합니다. 그러나 간혹 회사에 문제가 생기거나 세계적으로 신용 경색이 발생하면 만기에 돈을 빌릴 수 없습니다. 이때에는 현금이 있어야만 부채를 상환할 수 있습니다. 비로소 이때 회사들은 신용이 산소와 같다는 사실을 알게 됩니다. 산소가 풍부할 때에는 사람들이 산소를 무시합니다.

그러나 산소가 부족해지면 사람들은 산소만 주목합니다. 신용도 마찬가지입니다. 회사는 신용을 잠시만 유지하지 못해도 무너질 수 있습니다. 실제로 2008년 9월 여러 산업에서 하룻밤 사이에 신용이 사라지면서 미국 전체가 하마터면 무너질 뻔했습니다.

『스노볼1, 2』 | 앨리스 슈뢰더 지음 | 랜덤하우스코리아

워런 버핏의
일대기

『스노볼』의 가장 큰 장점은 워런 버핏의 날것 그대로의 모든 면을 정말 낱낱이 보여준다는 점이다. 그래서 이 책이 완성된 후에 워런 버핏이 먼저 자서전을 부탁했지만 작가와 소원해졌다는 소문이 있다. 어릴적 워런 버핏에 대한 이야기는 너무 유명하다. 도서관에서 주식이나 경영, 투자와 관련되어 있는 책을 거의 1,000권이나 초등학생 시절에 읽어 더 이상 읽을 책이 없었다고 한다. 일찍이 돈에 눈을 떠 핀볼게임 사업을 하고 코카콜라를 팔고 신문 배달로 돈을 벌었다. 이렇게 모은 종잣돈으로 어린 나이에 주식 투자를 시작했다.

무엇보다 워런 버핏은 투자가로서는 천재이며, 모든 사람의 존경과 시기와 부러움을 사는 대상이지만 생활인 워런 버핏은 누군가의 도움을 필요로 했다. 상대방과 인간관계에서 어느 정도 도움이 만족

되면 — 순전히 워런 버핏이 생각하는 — 그 이상은 오로지 투자에 대해서만 생각하며 살았다.

워런 버핏이라고 무조건 성공한 투자를 하지 않았다. 투자 후 실패처럼 보이는 인수 건도 있지만 그 회사의 장래와 CEO를 믿고 끝까지 인내해서 결국 성공한 케이스도 있다. 무엇보다 워런 버핏은 인수하려는 상대방 회사의 CEO를 가장 중요하게 생각한다. 얼마나 열심히 노력하며 비용을 절약하기 위해 힘쓰며 일이 아닌 즐거운 마음으로 회사를 최대한 정직하게 운영하는지에 가장 초점을 맞춘다. 매수 당시에 좋아보였지만 돈을 벌기는커녕 까먹기만 한 회사를 인수한 적도 있다. 워런 버핏의 위대함 점은 이런 것을 깨끗하게 인정하는 것이다.

1권의 내용은 1980년대까지의 내용이다. 워런 버핏이 이제 막 미국이라는 초강대국에서 서서히 이름을 알리고 해당 분야에서 막 유명인사로 존경을 받는 시기에 해당하는 내용이다. 1권은 그의 가족사에 대해 정말 많은 부분을 할애하고 있다.

그는 자녀들에게도 결코 돈과 관계해서는 헛되이 단돈 10원도 그냥 주지 않았다. 무조건 조건을 걸었고, 심지어 내기도 했다. 더구나 그 내기라는 것 자체가 본인에게 불리하지 않고 오히려 유리하게 했다. 자녀들과의 내기에서 말이다. 이를테면, 자녀들에게 어느 정도의 몸무게를 유지해야만 용돈을 준다. 자녀들이 형편이 어려워 도와 달라고 하면 어느 정도 도와주는 일반 부모와 달리 결코 10원 하나도 도와주지 않는다. 다른 부분은 몰라도 그는 돈과 관련되어서는 너무 탐욕스럽다고 이 책의 작가는 표현한다.

자녀들을 돕는 것은 워런 버핏이 아닌 아내 수지를 통해 이뤄졌다. 늘 워런과 수지는 지출 부분에 대해 논쟁을 하고 서로 빼앗으려는 자와 빼앗기지 않으려는 자로 남았다고 한다.

지금은 자신의 부를 거의 전부 사회에 기부했지만 처음에는 이런 기부에 대해서 눈을 뜨지 못했다. 오히려 많은 사람들에게 욕을 먹었다고 한다. 갖고 있는 부에 비해 내놓는 기부가 엄청 작았으니 말이다. 그는 적은 돈을 주기보다는 늘 스노볼을 키워 더 큰 돈을 기부하려 했다.

1권이 워런 버핏이 투자가로서 삶을 시작하고 서서히 세상에 알려지기 시작한 이야기라면 2권은 세상 사람들에게 워런 버핏의 투자와 철학과 투자 세계가 본격적으로 알려지기 시작한 내용이다. 2권에서는 워런 버핏이 이사로 있거나 투자를 한 회사의 어려움을 직접 나서서 해결하는 과정이 자세하게 소개되어 있다.

다른 책에서도 많이 소개 되었지만 워런 버핏 자신의 입을 통해 회자되는 살로먼 브라더스 사건은 흥미진진했다. 한 명의 올바른 투자자이자 CEO가 사회와 회사를 어떻게 변경시키는지 이 책에서는 자세하고도 가감 없이 다룬다. 어떤 사건이든 워런 버핏의 입장에서는 감추고 싶고 굳이 밝히고 싶지 않은 면들도 전부 소개된다.

금융위기 후에도 금융계 사람들에게 막대한 보너스가 지급되었다는 뉴스가 종종 들린다. 일반 사람들의 입장에서 보면 납득이 안 된다. 살로먼 브라더스 사건에서 고객의 돈을 갖고 최대한 레버리지를 활용하여 수익을 낸 후 그에 따라 보너스를 받는 장면이 나온다. 이 당시부터 선진 금융기법이라 불렀던 파생상품 투자는 파생상품이 갖고 있는 시스템이 아닌 탐욕이 불러온 파탄이었다. 아이러니하게도 이 파생상품이 문제가 되어 여전히 세계 경제의 골칫거리가 되고 있다. 웃기게도 직접 이런 상품을 다루는 사람들은 건전한 게임 참가자라고 생각을 하고 워런 버핏 같은 사람들은 쓰레기로 불린다.

살로먼 브라더스 사건이 터졌을 때 워런 버핏은 이 회사의 이사이자 투자자로서 책임감을 갖고 위기 극복을 위해 자신이 알고 있는 모든 정보를 기꺼이 전부 다 오픈한다. 그 어떤 작은 문제라도 본인이 솔선수범하여 먼저 금융위원회와 검사에게 정보를 준다. 이 후로 금융회사나 회사들이 이와 같은 사건이 일어날 때 회사에서 먼저 자신들의 정보를 기꺼이 주는 것이 너무나 당연한 규범처럼 되었다고 한다.

그 후 롱텀캐피탈 사건이 터졌을 때 살로먼 브라더스의 사례처럼 먼저 밝히는 것이 너무 당연하게 되었다. 오히려 그렇지 않은 기업은 더 엄한 벌을 받았다. 살로먼 브라더스 사건이나 LTC(롱텀캐피탈)사건 둘 다 미국뿐만 아니라 전 세계적으로 엄청난 금융 문제를 일으켰는데 그 두 사건이 연결되어 있다는 것을 이 책을 통해 알게 되었다. 살로먼 브라더스에서 근무했던 모든 사람들이 LTC로 이동하여 문제를 일으켰기 때문이다. 물론, 두 사건 다 탐욕이 문제였다는 것은 두말할 필요가 없다.

워런 버핏의 위대함은 그 자신이 돈과 관련되어서 엄청 탐욕스럽다고 이야기를 하지만 아무 때나 탐욕스럽지 않다는 데 있다. 그는 자신에게 기회가 오고 안전마진이 확보되었을 때만 탐욕스러워진다. 워런 버핏은 자신에게 조금이라도 불리한 상황에서는 절대로 투자를 하지 않는다. 아무리 탐스럽고 먹음직해도 자신이 정한 원칙에 단 한 발도 물러서지 않고 철저히 지킨다. 외부 상황이 변해도 마찬가지다. 어떤 회사를 인수하기로 했다면 무조건 회사의 가치보다 저평가되어 있고 향후 개선될 여지가 많아야 한다.

이 사실을 알게 된 많은 사람들이 온갖 유리한 조건과 회유로 협상 시도를 해도 워런 버핏은 자신이 처음 내세운 조건을 흔들림 없이 초지일관 밀고 나간다. 나 같으면 좋은 투자처가 틀림없으니 좀 불리한 조건이라도 우선 매입을 할 듯한데 워런 버핏은 그런 점에서 조금의 빈틈도 보이지 않는다.

또한 버핏은 부자 상속세 폐지에 반대를 한다. 미국에서도 약 2% 사람만이 상속세를 낸다고 하니 당연히 상속세 폐지는 부자를 위한 행동이다. 상속세 폐지 반대는 워런 버핏의 철학을 가장 잘 설명한다. 무엇보다 자신이 미국에서 태어났기 때문에 이렇게 부자가 될 수 있었다고 한다. 부를 사회에 환원해야 한다는 가치관에 나도 공감한다. 버핏은 자신이 만약 아프리카에서 태어났다면 절대로 지금과 같은 부를 쌓을 수 없다고 말한다. 부자가 된 사람들이 분명 노력으로 부자가 된 것은 맞지만 자신이 살고 있는 사회에 어느 정도 빚을 진 것이다.

버핏은 투자 방법을 연구하듯이 자신이 갖고 있는 부를 사회에 가장 잘 환원할 수 있는 방법을 끊임없이 생각하고 고민하여 결국 빌 게이츠보다 자신의 부를 더 사회에 환원할 사람은 없다는 결론을 내린다. 이런 결정은 진정으로 워런 버핏이 단순한 투자자가 아니라 '오마하의 현인'이란 닉네임으로 사람들에게 불리는 이유다.

분명히 워런 버핏은 완벽한 사람은 아니다. 대외적으론 완벽한 사람일지 몰라도 가족의 희생이 있었다는 사실은 부인할 수 없다. 그건 사실, 이 세계에 있는 모든 성공한 사람들에게 공통적으로 나타나는 현상이다. 내가 볼 때 두 가지를 다 완벽하게 소화한다는 것은 불가능하다. 적당한 성공이라면 몰라도.

이 책에서 워런 버핏과 찰리 멍거(버핏의 파트너)가 둘 다 똑같이 한 말이 있다.

"성공을 위한 딱 한 가지는 집중이다."

주식 편	
『가치투자를 말한다』, 커크 카잔지안 지음	☐
『강방천과 함께 하는 가치투자』, 강방천 지음	☐
『김광진의 지키는 투자』, 김광진 지음	☐
『나는 주식투자로 250만불을 벌었다』, 니콜라스 다비스 지음	☐
『단도투자』, 모니시 파브라이 지음	☐
『데이비드 드레먼의 역발상 투자』, 데이비드 드레먼 지음	☐
『불황에도 승리하는 사와카미 투자법』, 사와카미 아쓰토 지음	☐
『슈퍼개미 박성득의 주식투자 교과서』, 박성득 지음	☐
『어느 주식투자자의 회상』, 에드윈 르페브르 지음	☐
『억만장자의 고백』, 조지 소로스 지음	☐
『워런 버핏과의 점심식사』, 가이 스파이어 지음	☐
『이기는 투자』, 왕샤오밍 지음	☐
『이채원의 가치투자』, 이채원 지음	☐
『작지만 강한 기업에 투자하라』, 랄프 웬저 지음	☐
『전설로 떠나는 월가의 영웅』, 피터 린치 지음	☐
『존 템플턴의 가치투자 전략』, 로렌 템플턴, 스콧 필립스 지음	☐
『주식 매매하는 법』, 제시 리버모어 지음	☐
『주식 투자자의 시선』, 박영옥 지음	☐
『주식에 돈을 묻어라』, 정종태 지음	☐
『증권투자로 돈버는 비결』, 피터 린치 지음	☐
『투자전쟁』, 바턴 빅스 지음	☐
『프로야구 명감독이 주식투자를 한다면』, 안혁 지음	☐

『피터 린치 주식회사』, 피터 린치 지음 ☐

부동산 편	
『100배의 축복』, 배중렬 지음	☐
『1년 안에 되파는 토지투자의 기술』, 김용남 지음	☐
『27세, 경매의 달인』, 신정헌 지음	☐
『35세 아파트 200채 사들인 젊은 부자의 투자 이야기』, 고덕진 지음	☐
『365일 월세 받는 남자의 고수익을 내는 진짜 경매』, 강윤식 지음	☐
『경매성공 다이어리』, 이영진 지음	☐
『나는 3개월 안에 부동산경매로 돈을 번다』, 전용은 지음	☐
『나는 경매투자로 희망을 베팅했다』, 이승호 지음	☐
『나는 부동산 경매로 슈퍼직장인이 되었다』, 김태훈 지음	☐
『대박땅꾼의 그래도 땅을 사라』, 전은규 지음	☐
『발품으로 찾은 부동산 경매 유망지역』, 문현웅 지음	☐
『부동산 경매비법』, 김경만 지음	☐
『빌라투자로 100억 부자된 청소부』, 채익종 지음	☐
『생생 경매 성공기』, 안정일 지음	☐
『서른 살 청년백수 부동산경매로 50억 벌다』, 차원희 지음	☐
『송사무장의 부동산 공매의 기술』, 송희창 지음	☐
『송사무장의 실전경매』, 송희창 지음	☐
『여걸 박사무장의 통쾌한 명도비법』, 박사영 지음	☐
『월급쟁이를 위한 부동산 경매』, 오은석 지음	☐
『즉시 팔고 바로 버는 부동산 경매 단기 투자』, 전용은 지음	☐

워런 버핏 편	
『그레이엄처럼 생각하고 버핏처럼 투자하라』, 로렌스 A.커닝험 지음	☐
『나 워렌 버펫처럼 투자하라』, 우런 버핏 지음	☐
『나는 사람에게 투자한다』, 마키노요 지음	☐
『미스터 버핏 한 수 부탁드립니다』, 존 트레인 지음	☐
『버핏 신화를 벗다』, 제임스 올러클린 지음	☐
『버핏톨로지의 비밀』, 바한 잔지지언 지음	☐
『워런 버핏의 실전주식투자』, 메리 버핏, 데이비드 클라크 지음	☐
『워런 버펫 포트폴리오』, 로버트 해그스트롬 지음	☐
『워런 버핏 주식투자 이렇게 하라』, 메리 버핏, 데이비드 클라크 지음	☐
『워런 버핏 투자노트』, 메리 버핏, 데이비드 클라크 지음	☐
『워런 버핏 투자법』, 로버트 해그스트롬 지음	☐
『워렌 버핏 한국의 가치투자를 말하다』, 이민주 지음	☐
『워렌 버핏만 알고 있는 주식투자의 비밀』, 메리 버핏, 데이비드 클라크 지음	☐
『워런 버핏의 부』, 로버트 마일즈 지음	☐
『워런 버핏의 스노우볼 버크셔 해서웨이』, 로버트 마일즈 지음	☐
『워런 버핏의 주식투자 콘서트』, 워런 버핏 지음	☐
『워런 버핏의 포트폴리오 투자 전략』, 메리 버핏, 데이비드 클라크 지음	☐
『워런 버핏이 선택한 CEO들』, 로버트 P.마일스 지음	☐
『워런 버핏처럼 재무제표 읽는 법』, 이민주 지음	☐
『워런 버핏처럼 적정주가 구하는 법』, 이은원 지음	☐
『워렌버핏 평전1, 2』, 앤드류 킬패트릭 지음	☐

부자가 되는 책읽기

초판 1쇄 발행 2016년 10월 5일
초판 2쇄 발행 2016년 10월 20일

지은이 이재범

발행인 곽철식
편집 김영혜 권지숙
마케팅 황호범
발행처 다온북스

출판등록 2011년 8월 18일
주소 서울 마포구 토정로 222, 415호
전화 02-332-4972 **팩스** 02-332-4872

인쇄와 제본 민언프린텍

ISBN 979-11-85439-61-7 03320